墨香财经学术文库

A Positive Analysis on the Economic Effect of Income Tax in China

孙永君 ◎ 著

# 我国所得税经济效应实证分析

东北财经大学出版社
Dongbei University of Finance & Economics Press
大连

**图书在版编目（CIP）数据**

我国所得税经济效应实证分析 / 孙永君著. —大连：东北财经大学出版社，2021.9

（墨香财经学术文库）

ISBN 978-7-5654-4233-9

Ⅰ. 我… Ⅱ. 孙… Ⅲ. 个人所得税-税收政策-研究-中国 Ⅳ. F812.424

中国版本图书馆CIP数据核字（2021）第136877号

东北财经大学出版社出版发行

大连市黑石礁尖山街217号 邮政编码 116025

网 址：http：//www.dufep.cn

读者信箱：dufep @ dufe.edu.cn

大连永盛印业有限公司印刷

幅面尺寸：170mm×240mm 字数：194千字 印张：13.5 插页：1

2021年9月第1版 2021年9月第1次印刷

责任编辑：李 季 吉 扬 责任校对：若 水

封面设计：冀贵收 版式设计：钟福建

定价：49.00元

教学支持 售后服务 联系电话：（0411）84710309

本书由东北财经大学出版基金和财政学高水平科研成果建设项目资助出版

# 前言

我国的税收体系主要由商品税和所得税构成，其中商品税属于间接税，所得税属于直接税。在我国的税收收入中，来源于间接税的收入一直远高于来源于直接税的收入。党的十八届三中全会明确提出，要深化税收制度改革，完善地方税体系，逐步提高直接税比重。《中共中央关于制定国民经济和社会发展第十三个五年规划的建议》也明确指出，“十三五”时期，要继续深化财税体制改革，建立税种科学、结构优化、法律健全、规范公平、征管高效的税收制度。因此，逐步提高直接税比重，优化税收结构，是我国未来财税改革的重要部署与路径方向之一。财税改革历来都是一场牵一发而动全身的改革，提高直接税的比重也不例外。但是长久以来，对直接税特别是所得税的经济效应分析更多地停留在定性分析上，对所得税经济效用的定量分析还没有比较系统的论述。对直接税特别是所得税的经济效应进行分析，不仅有助于综合分析我国所得税改革的现实约束条件，而且能够为提出针对性建议提供清晰思路。本书试图在所得税经济效应分析方面做一些初步的尝试。

本书的研究内容主要包括五个部分。一是市场化视角下的企业税负。我国一直在着力推进市场化改革，政府职能正在向服务型转变，政府治理水平有了很大提高。市场化改革为我国经济高速发展注入了强大的动力，于是市场化水平对企业税负会产生怎样的影响就成为了一个值得思考的问题。基于这些情况，研究市场化水平对制造业企业税负产生的效应。二是企业所得税逃税和地方政府债务。逃税会造成资源配置的扭曲，扰乱企业之间的公平竞争，甚至破坏财政的收支平衡。企业所得税依赖于企业自身的成本核算，有较大的操作空间，大量的税收流失也源于企业所得税这一税种。地方政府债务是由地方政府的借债行为形成的，会对企业所得税的逃税情况产生影响，以地方政府债务规模作为切入点，研究地方政府债务对企业所得税逃税的影响。三是企业所得税优惠对软件企业固定资产投资的影响。自2000年以来我国颁布了一系列税收优惠政策，已基本形成了支持软件产业发展的税收政策框架，但优惠措施实施效果是否达到预期，尤其是对于软件企业固定资产的作用效果如何，是否推动企业加大设备投资，怎样调整和改进相关税收政策，仍需要我们进一步关注和讨论。本书以所得税优惠政策为切入点，研究了其对软件产业固定资产投资及企业发展的影响。四是企业所得税研发税收激励可持续性分析。研发活动不仅有助于提高企业的核心竞争力，还可以推动经济发展，为此政府出台了很多研发税收激励措施，其中就包括高新技术企业资格认定，因此，在高新技术企业资格能否持续认定的背景下，探讨影响企业研发税收激励可持续性的因素，以及持续享受研发税收激励对于企业的研发绩效是否有实质性的提高。五是个人所得税税负对地区间劳动力迁移的影响。劳动力迁移能提高劳动力市场的活力和空间资源配置效率，使劳动力资源得到更充分利用。近年来，我国各地政府纷纷出台各种优惠政策，吸引人才落户，希望为本地区的发展引入源源不断的劳动力资源。个人所得税税负是如何影响劳动力迁移的，影响程度有多大，是值得探讨的重要话题。

针对上述问题，本书进行了比较充分的实证分析，也得出了一些比较有意义的结论：（1）市场化水平对企业税负具有显著的正向效应，具体到不同所有制的企业中，市场化水平对非国有企业税负的正向影响效应强，对国有企业税负的正向影响效应比较弱。（2）在地方政府大量发行债券后，大规模的政府债务所带来的财政压力，对于地方税务机关征税努力的提高并没有超过企业逃税的程度，且企业对于实际税率的变化更为敏感。此时，提高征税努力程度会刺激企业逃税，即省级地方政府债务规模越大，所在省的企业的逃税情况越严重。名义税率的变化特别直观，企业对此控制变量的变化比较敏感。名义税率一旦升高，企业极易为了降低陡升的税负而选择逃税。（3）所得税优惠额与各类资产均有显著正相关关系，但系数存在差异，对固定资产投资的促进效果更强。税收优惠对各分组软件企业的固定资产投资均具有正向推动效果，但组内却存在明显差异，所得税优惠对民营企业两类资产的激励作用相比国有企业更显著，对小规模企业两类资产的激励作用相比于大规模企业更显著。所得税优惠促进全要素生产率提高，推动了软件产业的发展。（4）相比于未持续获得研发税收激励的企业，持续获得激励的企业研发绩效更好，说明高新技术企业资格在持续认定过程中由于存在多次检查、复审和重新认定，加大了研发操纵的难度，反而会因为持续获得了研发税收激励而实质性地提高自己的研发绩效。（5）同一区域内各个省份之间的劳动力吸引能力是协同的，相邻地区对人才的引入并非竞争关系，而是相互促进。换言之，吸引人才对相邻地区而言并不是你增我减的零和博弈，而是互相促进的双赢结果。个人所得税税负对于受教育程度不同的劳动力群体迁移的抑制程度从总体数据看没有十分明显的区别，但考虑到受教育程度较低的劳动力群体中没有达到个人所得税起征点的比例相较于受教育程度高的劳动力群体会较高，可以认为高中学历劳动力群体对于较高的个人所得税税负更加敏感。

本书是辽宁省教育厅青年项目《中国式分权对我国通货膨胀问题影响研究》（项目批准号：LN2017QN022 ）的阶段性成果。

# 目录

1 绪论 / 1

1.1 研究背景 / 1

1.2 研究内容 / 3

1.3 研究方法 / 7

1.4 研究结论 / 8

2 市场化视角下的企业税负 / 11

2.1 引言 / 11

2.2 理论分析与研究假设 / 19

2.3 市场化水平对企业税负影响的实证研究设计 / 24

2.4 市场化水平对企业税负影响的实证分析 / 31

2.5 研究结论和建议 / 50

3 企业所得税逃税和地方政府债务 / 54

3.1 引言 / 54

3.2 相关概念界定和理论分析 / 64
3.3 模型设定及统计分析 / 67
3.4 实证结果 / 76
3.5 结论及建议 / 90

**4 企业所得税优惠对软件企业固定资产投资的影响 / 93**
4.1 引言 / 93
4.2 政策背景与研究假设 / 102
4.3 模型设定与实证分析 / 105
4.4 结论与政策建议 / 122

**5 企业所得税研发税收激励可持续性分析 / 126**
5.1 引言 / 126
5.2 相关概念及研究假设 / 137
5.3 实证分析 / 144
5.4 研究结论和政策建议 / 158

**6 个人所得税税负对地区间劳动力迁移的影响 / 162**
6.1 引言 / 162
6.2 个人所得税税负影响劳动力迁移的理论分析 / 171
6.3 我国地区间劳动力迁移与个人所得税税负现状分析 / 176
6.4 个人所得税税负影响劳动力迁移的实证分析 / 184
6.5 研究结论与政策建议 / 202

**主要参考文献 / 205**

# 1 绪论

## 1.1 研究背景

直接税与间接税的分类方法是以税收负担能否转嫁为标准的。所谓直接税，是指纳税义务人同时是税收的实际负担人，纳税义务人不能或不便于把税收负担转嫁给别人的税种。属于直接税这类税收的纳税人，不仅在表面上有纳税义务，而且也是实际上的税收承担者，即纳税人与负税人一致。直接税的优越之处有：直接税的纳税人较难转嫁其税负；直接税税率可以采用累进结构，根据所得和财产的多少决定其负担水平，同时，累进税率的采用，使税收收入较有弹性，在一定程度上可自动平抑国民经济的剧烈波动；直接税中的所得税，其征税标准的计算，可以根据纳税人本人及其家庭等的生活状况设置各种扣除制度以及负所得税制度等，使私人的基本生存权利得到保障。因此，直接税较符合现代税法税负公平和量能纳税的原则，对于社会财富的再分配和社会保障的满足具有特殊的调节职能作用。直接税的存在与商品经济的稳定发展有着密切关系。在经济发达国家中，首先，国内、国际市场广泛，交易频繁，交易额巨大，要求税收必须尽可能地对商品流通和市场竞争不发生或少发生制约作用，而直接税特别是所得税，是对收益额课征，直接向个人或企业开征的税，能够适应经济发展的客观要求。其次，社会成员贫富悬殊现象日益严重，矛盾趋于尖锐。直接税特别是所得税具有课征、税负公平的特性，能够在一定程度上平均社会财富，缓解社会矛盾。再次，国民收入显著上升，所得税税源丰富。直接税中的所得税，可以对这部分财富课税，以满足国家的财政需要。最后，经济管理、税收管理水平较高，为直接税的征收提供了条件。

在我国的税收收入中，来源于间接税的收入一直远高于来源于直接税的收入。党的十八届三中全会明确提出，要深化税收制度改革，完善地方税体系，逐步提高直接税比重。《中共中央关于制定国民经济和社会发展第十三个五年规划的建议》也明确指出，“十三五”时期，要继续深化财税体制改革，建立税种科学、结构优化、法律健全、规范公平、征管高效的税收制度。因此，逐步提高直接税比重，优化税收结构，是我国未来财税改革的重要部署与路径方向之一。

我国的税收体系主要由商品税和所得税构成，其中商品税属于间接税，所得税属于直接税。所得税又称所得课税、收益税，指国家对法人、自然人和其他经济组织在一定时期内的各种所得征收的一类税收。对比来讲，商品课税比较有效率，但收入再分配能力有限；所得课税能较好促进公平，但在效率方面有欠缺。一般认为付出一定的征收成本，以改善社会公平状况是非常必要的。所得课税具有税基广泛、税率累进的税制特征，加上对各种宽免（宽指税基宽，免指税基范围的免除）与扣除项目的设置，可以有效地促进横向公平与纵向公平。财税改革历来都是一场牵一发而动全身的改革，提高直接税的比例也不例外。但是长久以来，对直接税特别是所得税的经济效应分析更多地停留在定性分析上，对所得税经济效用的定量分析还没有比较系统的论述，对直接税特别是所得税的经济效应进行分析，不仅有助于综合分析我国所得税改革的现实约束条件，而且能够为提出针对性建议提供清晰思路。[①]

## 1.2 研究内容

研究内容主要包括五个部分。

### 1.2.1 市场化水平和企业税收负担

近些年，我国经济增速放缓、市场活力不足，税制结构中存在的偏重向企业征税而轻视向个人征税、偏重在生产流通环节征税而轻视在资本和财产保有环节征税等问题愈加明显。这些因素的综合作用使得企业特别是制造业企业承担了比较重的税负。因此，减轻企业负担、增强市场信心、加快税制改革成为政府的重点工作。与此同时，我国一直在着力推进市场化改革，市场化水平得到很大提升，企业营商环境不断优化，政府的职能正在向服务型转变，政府治理水平有了很大提高，社会主义法治建设实现了巨大的进步。市场化改革为我国经济高速发展注入了强大的动力，于是市场化水平对企业税负会产生怎样的影响就成为了一个值得思考的问题。基于这些情况，研究市场化水平对制造业企业税负产生的效应。在理论分析和研究假设部分，对市场化和税负这两个重要概念进行解释，同时介绍了市场化水平与企业税负关系的相关理论，并从五个方面介绍了市场化水平影响企业税负的经验逻辑，据此提出了研究假设。在实证研究设计部分，利用樊纲和王小鲁等人构建的各省份市场化总指数建立了市场化水平影响企业税负的回归模型，还利用市场化总指数的分指数——政府与市场关系指数，构建政府治理水平影响企业税负的回归模型，对市场化水平影响企业税负的回归研究进行补充分析；以2012—2014年深证A股制造业企业的面板数据为研究样本，利用描述性统计对筛选后的数据做了初步分析；利用现金流量表构造出能够全面体现企业税负的指标，并参考已有文献设置控制变量，利用相关性系数简要分析了被解释变量、解释变量和控制变量间的相关关系。在

---

① 研究背景部分内容参考了百度百科《直接税》和《所得税》词条。

实证分析部分，首先，豪斯曼检验的结果显示应选择聚类稳健标准误的固定效应模型，分析了市场化水平对全体企业样本、非国有企业样本和国有企业样本税负影响的回归结果；在此基础上进一步探析了市场化水平影响企业税负的传导途径；利用工具变量法进行内生性检验以解决可能存在的内生性问题，补充了相关研究在这方面的不足。然后，使用四种方法进行了稳健性检验。最后进行拓展性分析，引入市场化总指数的分指数——市场中介组织的发育和法律制度环境指数，分析市场化水平对治理低效企业的税负产生的影响，作为对市场化水平影响企业税负的回归研究的补充分析。

### 1.2.2 企业所得税逃税和地方政府债务规模

我国存在着比较严重的逃税现象，这一现象是造成税收流失的一个重要原因。逃税问题会造成资源配置的扭曲，扰乱企业之间的公平竞争，甚至破坏财政的收支平衡。企业所得税和增值税的税收收入约占我国税收收入的2/3，其中，增值税采用以票管税，逃税较为困难；而企业所得税依赖于企业自身的成本核算，有较大的操作空间，因此，大量的税收流失也源于企业所得税这一税种。企业所得税由地方税务局负责征收，因此企业所得税的征收和管理受地方政府行为的影响较大。地方政府债务是地方政府的借债行为形成的，会对企业所得税的逃税情况产生影响，也是近年来关注的热点。以地方政府债务规模作为切入点，研究地方政府债务对企业所得税逃税的影响。

随着地方政府债务规模的增加，地方政府会为了缓解财政压力而提高税务机关的征税努力程度，企业的名义税率虽然不会改变，但所面临的实际税率上升，若企业对于实际税率的变动更为敏感，则地方政府债务规模对企业逃税的影响表现为同向作用，企业会增加逃税；反之，随着地方政府债务规模的增加，税务机关的征税努力程度有所增加，税务机关会实施更加强有力的监管，企业的逃税行为更容易被税务机关发现，若企业对税收查处的风险反应较为敏感，则地方政府债务规模对企业逃税的影响表现为反向作用，企业会减少逃税。据此，提出了相关假设。假设1：企业对于实际税率的变动更为敏感，地方政府债务规模增大会刺激企业逃税。假设2：企业对于税收查处的风险更为敏感，地方政府债务规模增大会抑制企业逃税。由此，做了进一步的实证分析。基于沪深两市上市公司2011—2016年微观面板数据和各个省份的地方政府债务数据，采用OLS混合回归模型、固定效应模型、双向固定效应模型分析地方政府债务规模对于企业所得税逃税的影响，并加入了企业层面和省级层面的控制变量。为了保证实证结果的可靠性，还针对基本回归结果中被解释变量的指标选定情况、数据的选取情况和变量中存在的内生性问题进行了稳健性检验。

### 1.2.3 企业所得税优惠对软件企业固定资产投资的影响

自20世纪90年代以来，信息技术快速发展，软件技术及产品都得到了广泛应用，相关技术也从互联网行业向传统行业渗透，成为联合产业上下游的纽带。如今，软件产业成为我国经济发展的主要推力，尤其面临供给侧结构性改革，促进软件企业高速发展成为今后重点关注的对象，但相比发达国家，我国软件企业仍存在区域间发展不均衡、人才队伍学历不高、核心模块技术落后等问题，需要采取相关产业政策加大扶持力度。自2000年以来我国颁布了一系列税收优惠政策，已基本形成了支持软件产业发展的税收政策框架，但优惠措施实施效果是否达到预期，尤其是对于软件企业固定资产的作用效果如何，是否推动企业加大设备投资，怎样调整和改进相关税收政策，仍需要我们进一步关注和讨论，以所得税优惠政策为切入点，研究了其对软件产业固定资产投资及企业发展的影响。

实证分析中选取国泰安数据库中2011—2018年软件产业上市公司的相关数据为样本，以实际税率计算的所得税优惠额的自然对数为解释变量，固定资产净值自然对数、机器设备类固定资产自然对数为被解释变量，构建税收与固定资产投资的面板数据固定效应回归模型，量化分析两者间的作用方向及影响程度，同时加入混合回归模型和随机效应回归模型进行对比讨论。

### 1.2.4 企业所得税研发税收激励可持续性分析

党的十八大指出国家发展全局的核心位置是科技创新，十九大依旧强调引领发展的第一动力是创新，可以说创新已经成为了经济增长的动力源，因为知识积累和技术进步是创新的两种方式，而研发活动作为知识积累和技术进步的主要手段，若想增强创新对经济的带动作用，就要增加研发活动的积累与投入，研发活动不仅有助于提高企业的核心竞争力，还可以推动经济发展，但是研发活动具有不确定性和外溢性的特点，为此政府出台了很多研发税收激励措施，其中就包括高新技术企业资格认定，目前针对这一政策效果的研究较多，但鲜有文献能够站在高新技术企业的角度去探讨企业研发税收激励可持续性问题，因此，本书试图站在企业的角度，在高新技术企业资格能否持续认定的背景下，探讨影响企业研发税收激励可持续性的因素，以及持续享受研发税收激励对于企业的研发绩效是否有实质性的提高。

通过对国内外相关文献进行梳理，发现有关于企业研发税收激励可持续性的文献较少，大多数文献都在探讨企业研发投入和研发绩效，经过罗列梳理，主要为融资约束、政治关联、所有制、企业规模等因素对于研发投入的影响。因为《高新技术企业认定管理办法》（国科发火〔2016〕32号）在资格认定的条件中有关于研发投入的比例规定，所以本书探讨这些因素是否影响企业研发税收激励可持续性。从2008—2016年间获得过高新技术企业资格认定的上市公司入手，用这5 957家企业的财务数据和企业信息，深入研究这四种因素对企业研发税收激励可持续性的影响，以及持续获得研发税收激励的企业能否真实地提高研发绩效。

### 1.2.5 个人所得税税负对地区间劳动力迁移的影响

世界经济发展的历史表明，劳动力迁移是一国经济发展过程中的重要现象。它既能提高劳动力市场的活力和空间资源配置效率，使劳动力资源得到更充分利用，促进经济的增长，改善产业结构，又可以推动相关制度的变革，包括户籍制度、劳动就业制度和社会保障制度等。近年来，我国各地政府纷纷出台各种优惠政策，吸引人才落户，希望为本地区的发展引入源源不断的劳动力资源。劳动力个体在进行迁移决策时，势必要考虑该地区的居住成本和收益，而成本的其中一个直观体现就是个人所得税负担。个人所得税税负是如何影响劳动力迁移的，影响程度有多大，国内相关的研究成果并不多。

本书分析了我国地区间劳动力迁移与个人所得税税负现状，并采用理论模型和空间计量模型来分析个人所得税税负对异质性劳动力迁移的影响；建立劳动力迁移模型，据此得出个人所得税税负影响异质性劳动力迁移的假设。进而，考虑到处于同一经济区域的各个地区之间可能存在空间依赖性，使用空间计量模型进行实证分析。以2011—2017年的省级数据为基础，选取高中学历劳动力和本科学历劳动力分别占劳动力总量的比例为被解释变量，个人所得税税负为解释变量，人均消费性公共支出、人均GDP、产业结构、固定资产投资比例、人均可支配收入、失业率和人口密度为控制变量，建立了一个由中国内地31个省、自治区和直辖市构成的空间计量模型，对理论模型中得到的假设进行验证。

## 1.3 研究方法

本书的分析主题是对所得税的经济效应进行实证分析，在分析中，主要采取了以下方法。

### 1.3.1 面板数据分析

面板数据分析方法是最近几十年来发展起来的新的统计方法，面板数据可以克服时间序列分析受多重共线性的困扰，能够提供更多的信息、更多的变化、更少的共线性、更大的自由度和更高的估计效率。面板数据模型已经成为分析经济问题比较常用的模型。

### 1.3.2 空间计量分析

空间计量模型的研究受到越来越广泛的重视。在现实世界中，观测值实际上存在独立和非独立两种可能，传统的计量理论是建立在独立观测值假定基础之上的，而地理区域空间之间及其经济现象之间的空间依赖性的存在打破了经典计量经济学模型关于样本相互独立的基本假设。空间计量经济学研究的是如何在横截面数据和面板数据的回归模型中处理空间相互作用（空间自相关）和空间结构（空间不均匀性）。

### 1.3.3 稳健性分析

稳健性分析的目的之一是解决内生性分析问题。内生性问题主要由以下四个原因引起：(1) 遗漏变量，且遗漏变量与引入模型的其他变量相关；(2) 解释变量和被解释变量相互作用，相互影响，互为因果；(3) 自我选择偏误；(4) 样本选择偏误。在分析中，充分考虑了可能存在的内生性问题，利用工具变量等方法试图得出比较稳健的结论。另外，稳健性检验是一个证伪的过程。真实世界的经济现象和影响结果是客观存在的，不可能随着经济模型的改变而改变，模型在不同时期，或者变量增减后不应该出现大的变化，为验证模型的可靠性，需要做稳健性检验。为了防止结论的偶然性，通过多种稳健性检验方法做附加的再检验，以保证结论的稳健性。

## 1.4 研究结论

研究创新主要体现在通过实证分析得出了一些比较有意义的结论。

关于市场化水平和企业税负：(1) 市场化水平对企业税负具有显著的正向效应，具体到不同所有制的企业中，市场化水平对非国有企业税负的正向影响效应强，对国有企业税负的正向影响效应比较弱；(2) 市场化水平影响企业税负的一个重要途径就是减少政府给予企业的关系型税收优惠。

关于企业所得税逃税和地方政府债务规模：(1) 在地方政府大量发行债券后，大规模的政府债务所带来的财政压力，带给地方税务机关征税努力程度的提高并没有超过企业逃税的程度，且企业对于实际税率的变化更为敏感。此时，提高征税努力程度会刺激企业逃税，即省级地方政府债务规模越大，所在省的企业的逃税情况越严重。(2) 名义税率的变化特别直观，企业对此控制变量的变化比较敏感。名义税率一旦升高，企业极易为了降低陡升的税负而选择逃税。(3) 实际税负则具有相对的隐蔽性，这一控制变量的变化不易被企业察觉。这种相对隐蔽的手段不容易使企业产生逆反心理。(4) 企业的其他控制变量的结果表明，企业逃税程度会受到企业自身因素的影响，如企业规模、企业年龄和盈利能力等；同时，企业的逃税程度还会受到地方政府其他行为的影响，如政府规模、财政自主度、市场化水平等变量的影响。

关于企业所得税税收优惠对软件企业固定资产投资的影响：(1) 所得税优惠额与资产均有显著正相关关系，但系数存在差异，对固定资产投资的促进效果更强。(2) 探究税收优惠对不同企业类型的作用差异，以企业规模、所有制性质为标准对样本数据划分，进行异质性分析，研究发现虽然税收优惠对各分组软件企业的固定资产投资均具有正向推动效果，但组内却存在明显差异，所得税优惠对民营企业两类资产的激励作用相比国有企业更显著，对小规模企业两类资产的激励作用相比大规模企业更显著。(3) 将被解释变量替换为全要素生产率进行回归，从结果得知，所得税优惠促进了全要素生产率提高，推动了软件产业的发展。

关于企业所得税研发税收激励可持续性对企业研发绩效的影响：(1) 相比于未持续获得研发税收激励的企业，持续获得的企业研发绩效更好，说明高新技术企业资格在持续认定过程中由于存在多次检查、复审和重新认定，加大了研发操纵的难度，反而会因为持续获得了研发税收激励而实质性地提高了自己的研发绩效。(2) 通过阅读文献发现融资约束对企业的研发投入具有抑制作用，融资约束程度越高，对企业研发投入的制约程度越大，随即提出假设因为高融资约束制约了研发投入，进而导致企业的研发投入无法随着营收规模的增大而增大，使得企业因为无法达到资格认定的标准而无法持续获得研发税收激励，经过实证检验，高融资约束抑制了企业研发税收激励可持续性。(3) 政治关联与企业研发税收激励呈现负相关，建立了政治关联的企业在研发税收激励可持续性问题上并未占优势，结合之前学者的研究，很可能是因为建立了政治关联的企业改变了经营方式以及为了建立政治关联而消耗了大量的资源，进而使得企业在发展的过程中减少了研发投入，难以再次达到高新技术企业资格认定的标准。（4）探讨了企业规模和所有制对研发税收激励可持续性的影响，通过实证研究发现大规模企业、国有企业更容易持续获得研发税收激励，对于小规模企业和民营企业而言，研发税收激励政策并未发挥最大限度的利好。

关于个人所得税税收负担水平对劳动力迁移的影响：（1）同一区域内各个省份之间的劳动力吸引能力是协同的，相邻地区对人才的引入并非竞争关系，而是相互促进。换言之，对人才的吸引对相邻地区而言并不是你增我减的零和博弈，而是互相促进的双赢结果。（2）个人所得税税负对于受教育程度不同的劳动力群体迁移的抑制程度从总体数据看没有十分明显的区别，但考虑到受教育程度较低的劳动力群体中没有达到个人所得税起征点的比例比受教育程度高的劳动力群体更高，所以可以认为高中学历劳动力群体对于较高的个人所得税税负更加敏感。个人所得税税负和消费性公共支出的交互项系数对于高中学历劳动力占比和本科学历劳动力占比来说均为负值，这意味着不管受教育程度如何，个人所得税税负的提高都会导致劳动力对于公共服务水平的评价降低。而在这两个组别之间，高中学历劳动力群体对这种因素的反应明显更加敏感，如果个人所得税税负提高，受教育程度低的劳动力群体对该地区所提供公共服务的评价降低的程度比受教育程度高的群体明显要大。

# 2 市场化视角下的企业税负

## 2.1 引言

1978年，我国开始在经济领域进行改革，经济体制逐步向市场经济方向发展。40多年来，市场化改革极大地解放了生产力、焕发了经济活力，经济高速增长，中国已于2010年成为世界第二大经济体。经济发展、税收法律不断完善和税收管理工作持续加强，使税收收入呈现多年高速增长的状态，从1978年的519.3亿元增加到2019年的14万亿元，增长了近270倍[①]。

宏观税负方面，国家统计局和国家税务总局发布的数据显示，2019年全国国内生产总值达到99.0865万亿元，全国税务机关共取得税收收入（已扣减出口退税）14万亿元。经初步计算，2019年我国宏观税率为14.13%，比2017年下降了3.37%，比2011年下降了4.9%；2019年我国新增减税降费超2万亿元，占GDP的比重超过2%，全国税务机关取

---

本部分是和郭瑞合作完成。

① 利用国家税务总局发布的数据整理而成。

得的税收收入同比增长1.8%，明显低于2018年9.5%的增速。其中，2019年增值税税率明显降低，最高档税率从16%降至13%，在增值税减税中，制造业及其相关环节的减税占全部减税规模的比例达到70%，小微企业得益于普惠性税收优惠政策的出台，减税额达到2 500亿元，有效减轻了实体经济的税负。

微观税负考虑的是自然人和企业法人承担的税负。中国现行的税制结构以流转税为主体，税收收入的90%以上由企业缴纳（企业代扣代缴个人所得税），而且需要为职工缴纳一定比例的社保费用，所以微观税负的主要研究对象是企业。2019年7月9日中国人民大学发布的《中国企业税收负担报告》表明我国的企业税负较重，主要原因是我国的税收收入主要来自间接税和企业所得税，而间接税和企业所得税的纳税人都是企业。近年来制造业企业整体经营的景气程度恢复得比较慢、盈利水平偏低，税负偏重。根据世界银行和普华永道共同发布的《2019年世界纳税报告》，在中国，一个中等规模的传统制造业企业2017年的总税收和缴费率（全部税费占利润的比率）达到了64.9%。中国企业家调查系统发布的《2017中国企业经营者问卷跟踪调查报告》显示：人工成本上升和社保、税费负担过重一直是企业经营面临的最主要困难；从行业来看，建筑业和制造业中的化纤、钢铁、仪器仪表等行业企业的税负增加相对较多，医药、电子设备、仪器仪表行业企业的非税费用增加相对较多。

根据中国人民大学2019年发布的《中国企业税收负担报告》，我国制造业企业的税负常年保持在25%以上，总体来看波动幅度相对平稳，与全部行业企业总税负的平均值基本吻合。金融危机后，我国经济增长速度持续下降，企业的生存状况并不乐观，盈利水平也比较低，但是税负并没有发生显著的下降趋势，由此可知这一时期企业的税负压力比较大，对减税的需求非常迫切。

针对这些情况，我国政府积极出台相关的减税降费政策，着力缓解企业税费负担过重的问题。其中增值税方面主要有实现全面营改增，减并降低增值税税率，减免小规模纳税人的增值税等；企业所得税方面主要有减免小微企业的所得税，给予企业固定资产投资的所得税优惠，提高研发支出加计扣除比例等；社保费用方面延长了缴费期限，降低了企业缴纳比例，一定程度上缓解了企业的困难。2017年全行业企业总税负、增值税税负和所得税税负相比2016年出现了下降的趋势，这和新出台的税收优惠政策开始发力有着较大的关系。

我国政府在为企业减税降费方面付出了巨大努力，减税降费政策取得了明显成果。但是制造业企业税负重的情况未得到完全改善，仍然存在为制造业企业减轻税负的必要性和空间。

建设强大的国家就需要拥有世界一流水平的制造业。改革开放以来，我国通过承接产业转移创造了大量就业、极大地推动了经济发展，并建成了世界上门类最为齐全的工业体系，为我国建成与欧美比肩的世界一流的工业体系夯实了基础。李克强总理在2015年提出《中国制造2025》规划，确立了中国将在2025年迈入世界制造强国行列的目标。国际上，西方传统工业强国也非常重视制造业在国家安全和经济稳定中的战略作用，纷纷出台制造业发展计划，例如美国政府提出《制造业行动计划》、通过大幅减税吸引制造业企业回流以解决就业问题，德国政府提出工业4.0计划，欧盟提出未来工厂计划等等（黄群慧、贺俊，2015）。我国制造业企业税负比较重、国际市场竞争激烈的现状和制造业对增强国家力量的重要性，都要求进一步为制造业企业减轻负担、进一步提升我国的制造业水平。市场化与制造业企业的税收负担有着密切的关系，对制造业企业的发展发挥着重要的影响。

市场化改革始终是我国经济体制改革的重要方向。党的十四大确立了市场在资源配置中的基础性地位。十八届三中全会进一步将市场提高到对资源配置起决定性作用的地位，同时对政府与市场的关系也给出了明确的回答：使市场在资源配置中起决定性作用和更好发挥政府作用。十九大报告进一步提出要推进全国统一市场的形成，营造公平竞争的市场氛围，抑制垄断，加快要素市场的改革，加强市场监管。2018年中央经济工作会议强调要坚持深化市场化改革、扩大高水平开放，加快实现我国经济体制的现代化，在这次会议上首次提出“强化竞争政策的基础性地位”，明确了公平竞争在市场化改革中的重要作用，进一步明确了改革的市场化方向。2019年两会期间李克强总理在记者招待会上也指出了当前政府应对经济下行压力大、企业经营活力不足等局面的主要手段：改善营商环境，放管结合并重，减税降费和简政、公平监管。

世界银行发布的《2019年营商环境报告》显示2019年中国的营商环境在全世界的排名为31位，较2016年上升了47位，在多项指标上取得较大的进步。仅三年间就实现了47位的跨越，而且进入到了世界排名的前列，这是我国营商环境优化的佐证，也是市场化改革取得成效的体现。

根据《中国分省份市场化指数报告（2016）》，不论是全国的市场化整体水平还是各省份的市场化水平基本上都呈波动上升的趋势，市场化水平在2010和2011两年间发生下滑的原因是我国政府为了应对世界金融危机对我国经济造成的严重冲击而进行了巨额政府投资，加强了对市场的干预，"国进民退"的现象十分明显，之后我国较为平稳地渡过了危机，宏观经济政策发生了较大的调整，市场化改革得以继续推进，市场化水平经过短暂回落后呈不断上升态势。总的来看，我国市场环境总体上趋于改善，市场化改革取得了显著成效。但是省份之间的差距非常明显，市场化水平较高省份主要为经济发展水平相对高的省份，水平较低的省份主要为经济发展水平相对低的省份，我国的市场化水平还有继续提高的空间，改革任务远未完成。

基于这些经济背景，就市场化的深入对企业税负的影响进行研究，内容安排如下：

第一部分是引言。介绍背景和选题意义，列出整体结构，整理与主题有关的文献，指出创新点与不足。其中，内容比较多的是选题背景和文献综述。背景主要介绍当前我国宏观税负环境、制造业企业微观税负环境以及市场化改革进程的现实情况；文献综述则主要介绍了已有文献对市场化和一些其他因素对企业税负的影响研究。第二部分是理论分析与研究假设。这部分对涉及的市场化和税负两个重要概念进行了解释，并介绍了相关的理论，根据理论和经验逻辑提出了两个假设。第三部分是市场化水平对企业税负影响的实证研究设计。构建计量模型，介绍了所需的数据和主要变量。利用Stata 15.0计量软件初步分析了样本的特征和变量之间的相关关系。第四部分是市场化水平对企业税负影响的实证分析。根据豪斯曼检验的结果确定固定效应模型，并对回归结果展开了分析；进一步探究了市场化水平影响企业税负的作用机制；进行内生性检验，缓解内生性问题。得出的结论是：市场化水平提升了企业税负，而国有企业的税负受市场化水平影响不明显，非国有企业的税负受市场化水平的影响比较明显。稳健性检验通过四种方法检验了实证结论的可靠性。拓展性分析发现市场化水平对治理低效企业的税负存在正向影响效应。第五部分是研究结论和建议。总结整理了研究结论，然后基于研究结论，分别为政府和企业提出了适用的建议。

现有的文献从市场化水平的不同方面着眼，研究了市场化对企业税负的影响，得到普遍认同的有两种结论。第一种结论认为市场化水平对企业税负具有正向影响。在制度环境方面，刘慧龙、吴联生（2014）指出政府优化制度环境需要大量财政支出，使企业的实际税率提高。杨欠（2015）也发现市场化水平的提高会增加企业税负。罗党论、杨玉萍（2013）把王小鲁和樊纲测算的市场化总指数作为衡量企业外部治理环境的指标，发现随着企业的外部治理环境改善，政府减少了对市场的干预，政企关系无法继续影响民营企业税负。从创新环境方面看，余泳泽等（2017）认为政府为了提供优质的公共物品和服务、打造良好的创新环境增加了财政支出，而筹集相应的财政收入必会导致企业税负水平上升；为了保障良好的创新环境，保持合理的较高税负水平是必要的，反过来又能促进企业创新。从要素市场的发展程度看，刘行、叶康涛（2014）发现金融越发达，企业筹集资金所受的约束越少，企业财务信息也越透明，消除了企业的避税动机，提高了企业税负。刘穷志（2017）通过研究发现投资环境改善能够在一定程度上抵消税收增加的影响，使经济增长和收入公平分配同时实现。在法律环境方面，曹越、赵婷（2018）发现良好的法律环境可以缓解由融资约束而引起的避税问题。在政府治理水平方面，唐飞鹏（2016、2017）发现只有在高治理水平地区增加公共投资，才能够有效吸引企业投资。总的来说，市场化水平的提高会提高企业税负，但是市场化产生的其他益处能够冲减税负上升的不利影响。

第二种结论认为市场化对企业税负存在负效应。吴祖光等（2011）认为民营企业税负与市场化程度显著负相关。樊勇、王蔚（2014）发现市场化程度越高的地区，债务税盾[①]的抵税效果越好，企业更倾向于使用债务融资进行抵税。王百强等（2018）的研究发现税收支出黏性[②]现象普遍存在于我国的上市公司中，而且在外部治理环境好的地区，企业纳税支出随盈利的减少下降得越快，税收支出黏性越弱。

考虑企业产权异质性的问题时，夏立军、方轶强（2005）借鉴并扩展了“终极产权论”，最早把上市企业划分成了非政府控制（民营、乡镇或外资控制）、县级政府控制、市级政府控制、省级政府控制和中央政府控制五种类型。非国有企业的税负对外部因素的影响比较敏感。吴祖光等（2011），刘慧龙、吴联生（2014），刘行、叶康涛（2014）的研究均指出非国有企业和民营企业的税负与市场化程度存在显著的关系。吴文锋等（2009）发现，有政治背景的民营企业实际承担的所得税税负率明显低于没有政治背景的民营企业。薛爽等（2012）发现CFO的影响力对企业税负的影响主要存在于民营企业中。曹书军等（2009）认为不享受15%所得税率优惠的企业，其所得税负担随着本地区的税收征管力度提高而增加，非国有企业受影响最明显。而国有企业的税负受外界的影响小，在很大程度上与政府的需求捆绑在一起，受政府行为的影响更深，而对其他外界因素的变化不敏感。Chen等（2006）认为国有企业注重的是社会目标和政治目标的实现，也就是财富分配而非财富创造，所以国有企业愿意向政府贡献更多税收用于分配，而且吴祖光等（2011），刘慧龙、吴联生（2014），刘行、叶康涛（2014）的研究进一步证明国有企业的税负受市场化水平的影响不明显，薛爽等（2012）也指出CFO的影响力没有对国有企业税负产生显著的作用。刘斌等（2020）发现地方政府对地方国有企业的所得税依赖最强，在政府干预市场程度高的地区，地方国有企业的税收压力更大。王小龙、余龙（2018）指出中央政府减少向地方政府转移支付会提高本地企业的税负，尤其是国有企业、有行政隶属关系的企业和地方税务局负责征管的

---

① 企业的债务利息可以在企业所得税前扣除，能够起到抵税的作用。

② 企业利润下降时纳税支出下降的幅度小于利润上升时纳税支出增加的幅度，也就是说企业利润下降时缴纳的税收减少得慢，利润上升时缴纳的税收增加得快。

企业。李明等（2016）也发现地方政府为缓解财政收入的压力倾向于提高国有企业税负。郑红霞、韩梅芳（2008）论证了国有企业承担的实际税负率显著高于非国有企业这一观点，吴联生（2009）则发现政府控股的比例越高，企业的税负越高。刘骏、刘峰（2014）的研究证明国有企业的控制级别越高、税收负担越低。陈春华等（2019）的研究指出政府掌握着国有企业高管晋升的权力，贡献更多的税收能够为国企高管的政治晋升添砖加瓦；郑红霞、韩梅芳（2008），Chan 等（2013），陈冬等（2016）的研究发现国有企业的税收筹划比民营企业更加谨慎，避税程度更小，在经济萧条时期能够为政府提供税收方面的帮助，过后能得到政府补贴；王跃堂等（2012）从劳动力需求的角度证明了国有企业的税收敏感性要明显小于非国有企业，没有利用就业税盾[①]抵税。这些原因使政府能从国有企业取得更多税收，对国有企业税负产生更深的影响。

政府支出和企业内部治理也对企业税负产生着影响。政府增加公共物品和公共服务投资、营造良好的市场环境需要增加开支，支出竞争会加重企业的税负。Simmons（2006）认为企业为了对某地投资和享受当地公共服务而支付的价格就是企业所承担的税负。许敬轩等（2019）在考察官员绩效考核对税收的影响时发现，当绩效考核更加重视财政税收时政府会加强税收征管，使税收收入保持在较高水平，此时企业税负会增加。常世旺、李齐云（2011）发现 1994 年分税制改革引起了地方政府财权和事权不匹配问题，指出地方政府支出责任大但收入来源有限，财力紧张导致企业税负上升；贾俊雪、应世为（2016）也发现地方政府的收入自主权被不断上收后，税收竞争的空间缩小，地方政府不得不采取支出竞争的策略吸引投资，因此减少了对企业的税收优惠并设法增加财政收入。张景华（2014）指出我国改革的推进愈加困难、国家治理面临的情况愈加复杂，为了有效发挥市场作用，保障政府有效履行职能，支撑国家的高效治理，需要税收做出更大的贡献。公司治理效能对公司税负具有重要影响。吴祖光等（2011）认为不论是民营企业还是国有企

① 企业发生的合理的工资薪金支出可以在企业所得税前扣除。

业，代理成本与税负呈显著正相关。李维安、徐业坤（2013）发现企业治理水平越低，企业股东或高管进行避税的动机越强。严若森等（2018），廖歆欣、刘运国（2016），陈作华、方红星（2018）的研究均指出提高公司治理水平可以缓和管理层和股东之间的代理矛盾，抑制企业的避税行为。

关于企业税收负担的学术研究非常丰富，其中有关其影响因素的讨论也很多，主要集中在内部因素（内部治理水平）和外部因素（政府行为），单独把市场化水平的影响作为研究重点且将产权异质性考虑在内的文献较少。针对市场化水平对企业税负的研究更多的是从市场化的单一方面入手，所得的结论也并不唯一。另外，在梳理文献的过程中，发现许多文献使用的衡量企业实际税负的指标，实际上是衡量所得税税负率的指标，没有覆盖企业承担的全部税负；而且相关的研究很少考虑内生性问题对研究结果产生的影响；没有发现有文献直接探讨市场化水平对治理低效企业的税负产生的影响。这些文献为本部分的写作提供了大量可供借鉴的材料和研究方法。

本部分的理论意义是进一步说明了市场化影响企业税负的传导机制，丰富和拓展了市场化改革在不同所有制企业中推进程度的相关研究，也为我国税收收入多年以来的高增长态势提供了一种合理解释。而且，为继续深化经济体制等相关领域的改革、实现国家治理体系和治理能力的现代化提供了理论支持，为建设公平高效且符合我国经济社会发展新阶段的先进税收制度提供了新思路。现实意义是能够为推进市场化改革与减税降费并行、降低企业税收负担的同时减轻税外负担、激发经济活力、提升发展质量提供建议。

而且，在已有研究的基础上，在以下方面进行了创新：第一，介绍市场化水平影响企业税负的经验逻辑时，将市场化分解为可以代表市场化主要内容的五个方面，分别分析了这五个具体方面对企业税负的影响，分析更加细致、更有说服力；第二，采用了能够更加全面地衡量企业实际税负的指标；第三，进行了内生性检验，在稳健性检验中还使用了双向固定效应模型，解决了内生性问题和时间效应对结论的影响问题，保证了研究结论的可靠性，为已有的研究做了进一步补充。虽然假设都得到了验证，但是在以下几个方面仍然存在改进的空间。首先，验证了单因素变化（市场化水平）对企业税负的影响，市场化与其他因素对企业税负的交叉影响可以在未来进行更加细致的分析；其次，为避免重大税制变动对实证结果的影响，选择了时间跨度为2012—2014年的短面板数据，其他年度的数据有待后续研究；最后，实证部分在分析市场化综合水平对企业税负的影响之外，从法治化水平、政府治理水平两个具体方面对市场化水平影响企业税负的效应进行了补充回归分析，更多的具体方面有待后续进行实证研究。

## 2.2 理论分析与研究假设

### 2.2.1 概念界定

（1）市场化

市场化的概念。在我国，市场化是指从计划经济转向市场经济的体制改革，它是一系列经济、社会、法律，乃至政治领域的伟大变革（樊纲等，2003）。这种市场体系的形成是一个系统发育和逐步完善的过程，也就是说市场化是一个动态的过程，即在经济运行和资源配置过程中，政府的指令和计划越来越少、市场规律和市场力量发挥的作用越来越大。一般而言，完善的市场经济体制包括自由竞争的产品市场、自由流动的要素市场、明晰的产权制度、简便的行政审批制度和完备的法律法规等等。

市场化水平的衡量。研究的主题是市场化这一动态过程会对企业税负产生的影响，那么市场化水平的量化就是一个必须说明的问题。现有的指标体系都无法完全覆盖市场化进程所涉及的所有方面，只能体现市场化进程的主要内容。使用樊纲和王小鲁构造的我国各地区市场化进程相对指数（后文统称为市场化总指数）衡量各地区的市场化综合水平。该套指数由市场中介组织发育和法律制度环境、政府与市场的关系、非国有经济的发展、要素市场的发育程度、产品市场的发育程度五个方面共25个指标和分指标构成。

（2）企业税负

税收负担的概念。税收负担也称税负。政府为了提供公共物品、履行公共职能，需要掌握一部分经济资源，政府向市场主体汲取这部分经济资源，即征收税收这一行为产生的经济负担就是税收负担（马国强，2017）。

税收负担的划分。税收负担有多种划分方法，一种方法是把税收负担分为三类：广义的税收负担、中义的税收负担和狭义的税收负担。广义的税收负担指纳税人为缴纳税款付出的经济福利损失，包括超额负担、因纳税发生的额外支出和缴纳的税款；中义的税收负担指纳税人为纳税产生的经济利益损失，包括纳税过程中发生的额外支出和缴纳的税款；狭义的税收负担仅指纳税人缴纳的税款（马国强，2017）。讨论的税收负担为狭义的税收负担，企业的超额负担和因税收发生的额外支出均不包含在税收负担内。还有一种划分方法是将税收负担划分为宏观税负和微观税负。宏观税负是指一个大的层面，比如国家层面、地区层面的全部税收收入占创造的全部财富的比重，可以在一定程度上衡量经济的运行状况和政府的经济实力，能够为政府的宏观调控提供参考。涉及的宏观税负指小口径宏观税负，用全国税收收入与当期国内生产总值的比值表示。微观税负是指由微观经济主体，即企业和自然人负担的税收，可以用来衡量个人和企业的发展状况以及对政府汲取的承受力。

税收负担的衡量。研究重点在企业税负层面，使用现金流量表中“支付的各项税费”和“收到的税费返还”两项金额的差额代表企业缴纳的全部税款，以当期缴纳的全部税款和当期营业收入的比值衡量企业承担的实际税负。

### 2.2.2 理论分析

（1）市场分割策略与企业税负

市场分割策略是地方政府为避免自己管理地区内的企业遭到外来企业竞争而采取的一种策略，实际上竖起了一堵阻止外地企业进入本地市场的“无形的墙”（刘瑞明，2012），最终目的是实现本地经济的增长和干部的政绩考核。这种策略其实是计划经济的赶超型发展战略的一种延续。

市场分割策略的本意是保护本地企业，特别是本地的国有企业（李元旭、宋渊洋，2011；刘瑞明，2012）。本地企业的生存关系到本地的财源、就业和社会稳定，外地企业在本地设立的分支机构在本地创造的税收将会有一部分流向其总公司所在地，造成了本地政府税收的损失。故而地方政府有很大的动机通过促进本地企业的发展来拓宽税基、涵养税源。

导致市场分割的一个重要原因是政府对资源配置干预过多，从而不可避免地导致权力寻租和政企关系的扭曲，使税收征管和税收执法出现了漏洞；市场分割扭曲了要素价格，对资本、技术、数据和人才等要素的流动产生了阻碍，对跨区域服务造成不利影响；不仅是要素市场，产品市场也因壁垒的存在而遭到了破坏，稀缺资源、原材料等产品无法自由地流通；而且，对本地国有企业的“照顾”破坏了市场竞争的公平氛围，阻碍了非国有经济的发展。市场分割对全国统一市场的整合产生了消极影响，使得企业的生产和销售链条不完整、不透明，在一定程度上造成了税收的流失。其中，地方政府采取的一个重要手段是给予本地企业隐性或显性的税收支持，降低税收成本，提升价格优势。而且，地方政府对通过税收竞争吸引来的特定企业也会有税收优惠方面的承诺，降低了这些企业的税负。

（2）制度变迁理论与市场化改革

制度变迁理论把制度因素纳入到对经济增长的解释当中，认为正是制度的变迁和创新把技术创新成果巩固了下来，才促进了经济的发展，所以制度对经济发展起到了决定性作用。其中的制度被诺思称为制度安排，是指支配经济单位的竞争与合作方式的一种安排，包括正式制度（如税收、法律）、非正式制度（如习惯）和它们的实施，这三者共同界定了经济的激励结构（诺思，2014）。

制度变迁是指对现有制度框架的创新和突破。当制度的供给和需求基本均衡时，制度是稳定的，当制度不能满足人们的需求时，就会发生制度的变迁。在新制度经济学的理论框架下，市场化改革的实质就是制度变革，市场化进程即为制度变迁的过程（孙晓明，2015）。政府对市场干预过多、法治缺失、非国有经济的发展受阻、要素市场和产品市场内存在的壁垒无法满足继续发展经济的需要，都要求突破原有制度的藩篱，并对深化市场化改革起到了倒逼作用。

市场化改革逐渐将被分割的市场整合起来，不断削弱产品市场和要素市场的地方保护倾向，为商品和人才、技术、资本、信息等生产要素的自由流动提供了保障，消除了生产和销售领域的灰色地带；减少了对非国有企业的歧视，促进了非国有经济和国有经济的共同发展，加强了市场对资源配置的决定作用，加快了服务型政府的建设，使地方政府的税收激励和税收竞争行为受到了限制，对企业的税负产生了影响。

### 2.2.3 研究假设

从市场化包含的五个主要方面分析市场化水平对企业税负的影响。

（1）市场化水平对企业税负的影响

政府治理水平。政府对市场的干预少，政策的不确定性减弱，营商环境更加公平，企业更加依靠市场规律做出长远的预期和合理的决策，资源按照市场规律在市场主体之间进行配置，政府与企业的关系由原来的管束多、服务少转变成服务多、管束少，政企关系以及此类政治资源都逐渐失去作用，无法再为企业带来关系型税收优惠。例如2002年地方政府的“先征后返”所得税优惠政策被国务院取消和2008年企业所得税的税收优惠制定权被收归中央，显著增加了曾经享受这些优惠政策的企业的所得税负担（吴联生、李辰，2007；陈运森等，2018）。与此同时，企业也是优质公共服务和公共物品的享受者，从中获得了极大的便利，理应付出更高的价格、缴纳更多税收。

非国有经济的发展。从微观层面看，中小型企业大多数都属于非国有经济范畴。随着它们规模扩大、盈利能力增强，会从最初的小规模纳税人变成一般纳税人、从小微企业变为大中型的企业，适用税率会提高、享受的税收优惠会减少，此时这些企业的税负会增加。随着非国有经济壮大，政府对非国有企业的优惠政策逐渐减少，对征管工作也给予足够的重视，逐步做到对不同所有权性质的企业在税收方面一视同仁；越来越多的非国有企业成为了本地的纳税大户，政府对这些企业的税收依赖越来越强，更加重视对这些企业的税收工作，所以这些企业的税负会增加。另外，非国有经济的发展和经济开放起到了对政府治理和法律制度改革的倒逼作用，提高了政府对企业的管理效率，推动了更加严密的税收法律的出台，堵住了税收漏洞，增加了企业的税负。

产品市场和要素市场的发育程度。产品生产销售的壁垒被破除，有助于打通相关的税收环节，增加企业的税负。要素市场发达意味着金融服务水平高，企业能够以低廉的价格从金融市场获得资金，此时企业利用避税筹集资金的边际成本提高、边际收益下降（刘行、叶康涛，2014）。同时，企业转向外部融资以后，金融市场对企业提供的财务信息质量有严格的要求，在一定程度上抑制了企业避税的动机，客观上提高了企业实际税负。产品和生产要素的合理分配能够使企业的竞争更加公平，会带来市场的繁荣和企业的成长，增强了企业的纳税能力，承担的税负也较原来有所增加。

市场中介组织发育和法律制度环境。完善的法律制度（包括立法和执法）能够提高企业的治理水平，股东或者管理层进行经营活动和涉税行为时会更多地考虑法律成本和企业信誉，利益相关者的权益可以得到保护。此时，法治化水平对治理水平低的企业的税负起到了正效应。市场中介组织，如事务所和媒体，对企业财务信息的披露和经营情况的监督也起到了限制企业逃税的作用。

因此，为了建设良好的市场环境和公正高效的政府，企业税负有必要保持在一个合理的较高水平。基于以上分析，提出如下假设：

假设1：市场化水平对企业税负存在正向影响效应。

（2）市场化水平对国有企业税负的影响

市场化水平对国有企业税负的影响力比较弱，国有企业更容易受到政府税收导向的影响。

政府与市场的关系方面，政府拥有国有企业的实际控制权，对国有企业的纳税活动有很强的影响力，对国有企业的税收依赖比较强。在国有企业中，市场化改革的推进相对缓慢，是因为深化市场化改革就意味着政府减少对企业经营的干预，削弱了政府快速地利用国有企业调动资源、实现施政目标的能力。然而国有企业负有战略性负担和政策性负担，比如保持宏观经济稳定、缓解政府财政压力和保持就业的稳定，一般情况下，国有企业吸纳的劳动力比非国有企业更多（曾庆生、陈信元，2008）。当推动市场化进程与实现施政目标发生冲突时，政府会加强对国有企业的干预，客观上弱化了市场对国有企业的影响。而且政府有权委派国有企业的管理层，所以高管的政治晋升受政府影响很大，国有企业愿意按照政府的需求提供税收，此时市场化水平对国有企业税收负担产生的影响比较小。

要素市场方面，在我国现行的金融体制下，大多数银行属于国有，国有企业的筹资活动会得到国有银行的大力支持，中央和地方国有企业都不存在明显的融资困难，无论金融市场的发展处于何种水平，都不会引发国有企业强烈的避税动机。

产品市场和非国有经济方面，国有企业承担着战略性负担，在关系到国家经济命脉的行业和重要稀缺资源的领域内都拥有绝对的控制力，占有多数市场份额，在国有企业所处的这些领域中，非国有经济所占的比重非常低，所以非国有经济和产品市场的变化对国有企业税负的影响非常小。

法治方面，国有企业普遍会受到强有力的法纪约束。国有企业的领导干部受到党纪国法的约束，企业内部设置的专职机构和政府对其履行纪律监督的职能，而且管理层并不享有对企业剩余的索取权，过多的涉税管理活动有触犯法律的风险，得不偿失，所以国有企业税收负担受到的影响较小。

基于以上分析，提出如下假设：

假设2：市场化水平对国有企业税负产生的正向影响比较小，对非国有企业税负的正向影响比较大。

## 2.3 市场化水平对企业税负影响的实证研究设计

### 2.3.1 模型选择

为分析市场化水平对企业税收负担的影响，被解释变量设置为企业实际税负率，解释变量设置为市场化总指数，构建了模型1：

$$T_{it} = \alpha_0 + \alpha_1 ms + \beta X + \varepsilon_{it} \quad (1)$$

T代表企业税负，i和t分别代表企业和年份，$\alpha_0$代表常数项，$\alpha_1$代表核心解释变量的回归系数，ms代表市场化水平，β代表控制变量的回归系数，X代表控制变量，ε代表随机扰动项。

引入市场化总指数的分指数，即政府与市场的关系指数，构建了模型2。模型2是作为市场化水平对企业税负影响的补充分析：

$$T_{it} = \lambda_0 + \lambda_1 mg + \gamma X + \delta_{it} \quad (2)$$

T代表企业税负，i和t分别代表企业和年份，$\lambda_0$代表常数项，$\lambda_1$代表核心解释变量的回归系数，mg代表政府与市场的关系（市场化水平的一个方面），γ代表控制变量的回归系数，X代表控制变量，δ代表随机扰动项。

### 2.3.2 数据和指标分析

（1）数据来源和初步分析

制造业企业数据来自国泰安数据库，共845家样本企业。考虑到税收政策的稳定性，选取的时间跨度为2012—2014年。为防止财务数据中存在的异常值对结果产生干扰，对所有的财务指标在1%分位和99%分位上进行了缩尾处理。各省税收数据来源于《中国税务年鉴》。市场化水平的指标来自王小鲁和樊纲等人编制的《中国分省份市场化指数报告（2016）》。

数据筛选条件如下：深圳证券交易所上市的A股非SP企业；计算企业实际税负率需要使用2011—2015年的现金流量表和资产负债表数据，要求企业在2011—2015年的5年间一直存续；在数据库中有完整数据的企业；按照税负计算公式，实际税负率不小于0且不大于1的企业。

利用stata15.0计量软件对数据进行描述性统计分析，具体结果见表2-1。

从表2-1可以看出，企业实际税负率$T_1$的最小值为0，最大值达到了0.46，说明制造业企业之间的税负存在较大差距，有些企业的税负比

表2-1 描述性统计分析

| 变量 | 均值 | 中位数 | 标准差 | 最小值 | 最大值 |
|---|---|---|---|---|---|
| 实际税负率（$T_1$） | 0.0600 | 0.0500 | 0.0500 | 0 | 0.460 |
| 市场化总指数（ms） | 7.940 | 8.370 | 1.580 | 2.530 | 9.950 |
| 政府与市场关系指数（mg） | 7.030 | 7.310 | 1.300 | 1.480 | 9.220 |
| 企业规模（size） | 21.07 | 20.94 | 1.230 | 18.77 | 24.97 |
| 存货密集度（inv） | 0.140 | 0.130 | 0.0800 | 0.0200 | 0.450 |
| 盈利能力（roa） | 0.0600 | 0.0500 | 0.0500 | 0 | 0.240 |
| 固定资产密集度（ppe） | 0.240 | 0.220 | 0.140 | 0.0200 | 0.630 |
| 财务杠杆（lev） | 0.370 | 0.350 | 0.200 | 0.0500 | 0.840 |
| 股权集中度（top10） | 0.590 | 0.610 | 0.150 | 0.130 | 0.930 |
| 逃税程度（taxagg） | 0.0400 | 0.0300 | 0.0600 | 0 | 0.400 |

较沉重。市场化总指数（ms）的标准差为1.58，最大值和最小值之差超过了7，反映出有些省份的市场整合程度很低，而有些地区的市场整合程度已经达到了很高的水平，各地区市场的发展程度仍然存在很大差距。固定资产密集度和财务杠杆的标准差较大，分别为0.14和0.2，说明不同企业利用固定资产折旧和债务利息抵税的能力有很大差别；股权集中度的标准差为0.15，说明企业之间的治理能力存在不小的差距。

（2）被解释变量

被解释变量设置为企业的实际税负率（$T_1$）。吴联生（2007，2009）归纳总结了几种比较有代表性的计算公司实际税率的方法，得到了许多学者的应用，比如，实际税率=所得税费用/息税前利润，其他几种方法都是对这一种方法的微小调整，没有本质变化，此处不再列示。上述方法存在一些缺陷，不能有效度量企业的实际税负：第一，我国企业不仅负担着企业所得税，还负担着包括增值税、营业税（全面营改增之前）和消费税等流转税以及流转税的各种附加费，这些税和费在企业税负中也占有很大比重，而上述计算方法只考虑了所得税负担，未考虑其他税费的负担，不能全面衡量企业税负；第二，如果企业使用的会计方法不同，则这些指标的计算结果也不相同，需要结合企业的会计方法不断调整。第三，没有有效利用现金流量表中记录的企业税费收支的数据信息。

一般来说，用“本年度实际纳税额/本年度营业（销售）收入净额”这一指标可以全面衡量企业税负总体水平（赵丽芬、赵杨，2011）。我国会计准则规定：企业现金流量表中“支付的各项税费”项目包含企业应当缴纳的各种税费，“收到的税费返还”项目包含企业收到的全部税费返还。因此参照刘俊、刘峰（2014）的计算方法，使用现金流量表中“支付的各项税费”和“收到的税费返还”两项金额的差额涵盖企业当期全部税费净支出。考虑到编制现金流量表遵循的原则是收付实现制，现金流量表中“支付的各项税费”和“收到的税费返还”两项的金额可能与实际归属于本期的税费支出和返还不一致，为稳健起见，我们对前后三年的税费净支出进行平均化处理。这一指标可以很好地克服上述衡量企业实际税负指标的缺点。

实际税负率=第t年支付税费净现金流移动平均数/营业收入

$$\begin{array}{c}\text{第t年支付税费}\\\text{净现金流移动平均数}\end{array}=\left(\begin{array}{c}\text{第t-1年支付}\\\text{税费净现金流}\end{array}+\begin{array}{c}\text{第t年支付}\\\text{税费净现金流}\end{array}+\begin{array}{c}\text{第t+1年支付}\\\text{税费净现金流}\end{array}\right)\div 3$$

第t年支付税费净现金流=第t年支付的各项税费-第t年收到的税费返还

（3）解释变量

解释变量设置为市场化水平。度量市场化水平需要构建一套包含若干方面的评价体系，用以全面地反映我国市场化改革进程。如果缺乏一套能够综合评价市场化进程的指标体系，只能就市场化的某一方面进行研究，或者利用一些代理变量代替市场化指标进行研究，无法反映市场化进程的全貌。

许多学者在研究我国市场化改革进程的相关问题时，都借鉴或者直接采用了樊纲和王小鲁调查和计算得出的分省份市场化指数体系，作为代表市场化进程的综合性指标。因此也使用这一套指标体系，力求实证研究结果的可靠性。其中ms（市场化总指数）表示上市公司所在省份市场化综合水平；mg（政府与市场关系指数）表示上市公司所在省份的政府治理水平，代表市场化综合水平的一个方面。

（4）控制变量（X）

企业规模（size）：营业总收入的自然对数。关于企业规模和企业税负的关系，存在不同的看法。有的看法认为企业规模与企业税负存在负相关关系，规模越大，企业的政治影响力和经济影响力越强，可以影响税收立法或者与税务机关进行谈判协商，从而降低企业的实际税负；大企业在创新研发方面的投入更多，可以运用所得税的加计抵减政策起到节税的效果；而且大企业有实力聘请专业水平高的财务人员进行税收筹划，帮助企业减少税收流出。还有看法认为企业规模和企业税负存在正相关，企业规模越大越容易吸引社会各方的聚焦，比如媒体监督和政府稽查，对企业的税收筹划或非法避税行为形成了有效的监督，在一定程度上提高了企业税负。所以企业规模和企业税负的关系还没有统一的结论。

固定资产密集度（ppe）：固定资产净额/总资产。固定资产存量与企业税负成反比，固定资产折旧可以抵减企业所得税，固定资产密集度越高则企业税负越低。

存货密集度（inv）：存货/总资产。存货密集度与企业实际税负率的关系也不唯一，存货多有利于税务机关对企业的经营情况进行稽查，企业难以进行避税，企业实际税率与存货密集度正相关。但是，商品销路不好导致存货积压，当期利润减少，企业的税负会下降，此时存货密集度与税负呈负相关。故存货密集度与企业税负的关系不唯一。

盈利能力（roa）：营业利润/总资产。企业的盈利能力越强，产生的应税收入越多，而且企业的资金充足，可能会降低税收筹划力度，企业的盈利能力与企业税负呈显著正相关。

逃税程度（taxagg）：（税前会计利润-应纳税所得额）/期初资产总额，其中，应纳税所得额=（所得税费用-递延所得税费用）/名义所得税率。流转税的每个环节都可以通过增值税发票进行严格管控，逃税难度非常大。企业所得税中的成本和费用项目非常复杂、稽查难度大，容易被企业操纵进行逃税，因此使用企业所得税的逃税情况代表企业整体的逃税情况。企业的逃税程度越高，实际税负率越低。

股权集中度（top10）：公司10大股东持有股数的总和/所有股东持有股数总和。股权集中度一定程度上代表企业的治理水平。一方面，企业治理水平越高，股东和管理层的合作越紧密，越有利于提升企业价值，从而增加纳税。另一方面，治理水平越高，财务信息的透明度和准确性越高，能够加强各方对企业税收违法行为的监督，提高企业的实际税负率。

财务杠杆（lev）：企业总负债/总资产。财务杠杆和税负的关系还没有一致的结论。我国企业所得税法规定企业发生的一切合理的利息支出都可计入成本，从收入中减去，减少了企业所得税的应纳税所得额，理论上企业的债务越多，税负就会越低。反过来看，税负率高的企业更有动力扩大举债规模、提高财务杠杆率，所以财务杠杆率和企业税负可能成正比。

具体变量的说明见表2-2。表示变量之间相关关系的皮尔森相关系数见表2-3。

表2-2 **变量说明**

| | |
|---|---|
| 被解释变量 | 实际税负率（$T_1$） |
| 解释变量 | 市场化总指数（ms） |
| | 政府和市场关系指数（mg） |
| 控制变量 | 企业规模（size） |
| | 盈利能力（roa） |
| | 逃税程度（taxagg） |
| | 股权集中度（top10） |
| | 财务杠杆（lev） |
| | 存货密集度（inv） |
| | 固定资产密集度（ppe） |

表2-3 变量相关系数表

| | $T_1$ | ms | size | ppe | inv | roa | lev | top10 | taxagg |
|---|---|---|---|---|---|---|---|---|---|
| $T_1$ | 1 | | | | | | | | |
| ms | $-0.164^{***}$ | 1 | | | | | | | |
| size | $-0.176^{***}$ | -0.0280 | 1 | | | | | | |
| ppe | $-0.168^{***}$ | $-0.091^{***}$ | $0.194^{***}$ | 1 | | | | | |
| inv | $-0.077^{***}$ | $-0.034^{*}$ | $0.125^{***}$ | $-0.104^{***}$ | 1 | | | | |
| roa | $0.464^{***}$ | 0.0260 | $0.113^{***}$ | $-0.165^{***}$ | $-0.117^{***}$ | 1 | | | |
| lev | $-0.299^{***}$ | $-0.109^{***}$ | $0.502^{***}$ | $0.259^{***}$ | $0.235^{***}$ | $-0.346^{***}$ | 1 | | |
| top10 | $0.059^{***}$ | $0.116^{***}$ | $0.036^{*}$ | $-0.099^{***}$ | $-0.063^{***}$ | $0.157^{***}$ | $-0.244^{***}$ | 1 | |
| taxagg | $0.264^{***}$ | $-0.074^{***}$ | $0.189^{***}$ | $-0.116^{***}$ | -0.0290 | $0.502^{***}$ | -0.0150 | $0.059^{**}$ | 1 |

注：$^{*}p< 0.1$，$^{**}p< 0.05$，$^{***}p< 0.01$。

从表2-3可以看出，选取的解释变量和控制变量都与被解释变量（$T_1$）显著相关，但是相关系数的绝对值不高；解释变量与控制变量、控制变量与控制变量之间也不存在高度的相关性；总的来看，选取的变量之间不存在严重的多重共线性。市场化水平（ms）与实际税负率（$T_1$）的相关系数为负，说明市场化水平（ms）单独作用于实际税负率（$T_1$）时，二者呈负相关，但加入控制变量指标产生的综合作用会使市场化水平（ms）与实际税负率（$T_1$）呈正相关。

## 2.4 市场化水平对企业税负影响的实证分析

### 2.4.1 回归分析

（1）模型选择

使用的是连续3年短面板数据，需要根据豪斯曼检验的结果选择合适的效应模型。

传统豪斯曼检验的结果显示Prob>chi2=0，表明强烈拒绝随机效应模型的原假设，应选择固定效应模型。

如果数据不存在异方差，证明传统豪斯曼检验的结果是非常有效的，如果存在异方差，则稳健的豪斯曼检验比传统豪斯曼检验的结果更加精确。异方差检验结果显示Prob>chi2=0，表明接收数据存在异方差。稳健的豪斯曼检验的结果显示，P值为0，故强烈拒绝随机效应的原假设，应选择固定效应模型。

（2）回归结果分析

利用固定效应模型对模型1进行聚类稳健标准误的回归，对模型2的回归作为补充分析，回归结果见表2-4。

从表2-4可以看出，在总样本中，市场化总指数（ms）的回归系数为0.006，在5%的水平上显著。市场化水平与企业实际税负率正相关，反映出市场体制的完善和市场监管的强化提供了公平透明的市场竞争环境，关系型税收优惠减少，市场中各方对企业逃税的制约力量更强，企业增加了纳税。随着市场化水平提高，营商环境更加优越，消除了企业

表2-4 **固定效应回归结果**

| 变量 | 总样本 | 非国企 | 国企 | 总样本 | 非国企 | 国企 |
|---|---|---|---|---|---|---|
| | 模型1（ms） | | | 模型2（mg） | | |
| 核心解释变量 | 0.00640** | 0.00867*** | 0.00185 | 0.00751*** | 0.00858*** | 0.00183 |
| | （0.00261） | （0.00332） | （0.00263） | （0.00261） | （0.00327） | （0.00268） |
| size | -0.00968 | -0.0113 | -0.0194** | -0.00766 | -0.00787 | -0.0184** |
| | （0.00663） | （0.00757） | （0.00843） | （0.00585） | （0.00673） | （0.00781） |
| roa | 0.125*** | 0.115*** | 0.166** | 0.112*** | 0.102** | 0.160** |
| | （0.0355） | （0.0411） | （0.0703） | （0.0353） | （0.0410） | （0.0688） |
| ppe | -0.0243** | -0.0251* | -0.0379 | -0.0255** | -0.0281* | -0.0372 |
| | （0.0123） | （0.0142） | （0.0248） | （0.0126） | （0.0143） | （0.0249） |
| lev | -0.0118 | 0.00322 | -0.0292 | -0.0120 | 0.00280 | -0.0303 |
| | （0.0164） | （0.0147） | （0.0286） | （0.0158） | （0.0146） | （0.0300） |
| top10 | 0.0281 | 0.0384* | -0.0123 | 0.0244 | 0.0321 | -0.0143 |
| | （0.0186） | （0.0227） | （0.0262） | （0.0186） | （0.0224） | （0.0266） |
| inv | -0.0364* | -0.0393 | -0.0359 | -0.0324 | -0.0359 | -0.0355 |
| | （0.0221） | （0.0242） | （0.0453） | （0.0223） | （0.0244） | （0.0455） |
| taxagg | 0.00178 | -0.0203 | 0.00577 | 0.00307 | -0.0175 | 0.00628 |
| | （0.0200） | （0.0287） | （0.0147） | （0.0197） | （0.0281） | （0.0150） |
| _cons | 0.212 | 0.213 | 0.507*** | 0.170 | 0.155 | 0.488*** |
| | （0.133） | （0.152） | （0.174） | （0.124） | （0.142） | （0.164） |
| N | 1 510 | 1 160 | 350 | 1 510 | 1 160 | 350 |
| $R^2$ | 0.065 | 0.064 | 0.146 | 0.068 | 0.059 | 0.146 |
| F | 4.515*** | 3.788*** | 1.993* | 4.614*** | 3.656*** | 1.962* |

注：①*p< 0.1，**p< 0.05，***p< 0.01；②回归结果基于公司层面聚类稳健标准误；③括号内为t值。

经营普遍存在的堵点和难点，经营环节的畅通伴随着税收环节的畅通，企业的盈利能力和纳税能力更强。同时，建设和维护良好的市场环境增加了政府的公共支出，为了满足支出竞争的需要，政府需要企业缴纳更多税收，这验证了假设1。再看国有企业样本和非国有企业样本的回归结果。国有企业市场化总指数（ms）的系数不显著，是由于国有企业天然的所有制属性要求其承担一部分公共职能，在任何情况下都要依法依规足额纳税；国有企业管理层的人事管理和调动权由政府掌握，高管为了政治晋升也会倾向于向政府贡献更多税收；国有企业很少面临融资约束，不会因此而逃税，所以市场化的提高对国有企业实际税负的影响不明显；而非国有企业的回归结果显示，市场化总指数（ms）的回归系数为0.009，在1%的水平上显著，且系数的绝对值比总样本大，表明非国有企业的税负受市场化水平的影响更明显，证明了假设2的正确性。

在控制变量方面，总样本盈利能力（roa）的系数在1%的水平上显著为正，非国有企业、国有企业盈利能力（roa）的系数分别在1%和5%的水平上显著为正，表明企业的盈利能力越强，企业税负水平越高。

另外，实证结果反映出产权性质也会影响企业特征与税负的关系。非国有企业固定资产密集度（ppe）的回归系数在10%的水平上显著为负，国有企业的系数不显著，这种差别反映出非国有企业积极地利用固定资产折旧抵税进而显著减轻了税收负担，而国有企业用固定资产折旧进行筹划的积极性不高。

政府与市场关系指数越高，表示政府的治理水平越高，政府对市场干预越少。考虑到政府治理是市场化改革的重要组成部分，我们用模型2来测试政府与市场的关系对企业税负的影响，作为对模型1分析的补充。其中，总样本的政府与市场关系指数（mg）的回归系数为0.008，在1%的水平上显著，说明政府提高治理水平会显著增加企业税负。这是因为地方政府有时给予从其他地区进入本地进行投资的企业或者有政治关系的企业各种形式的关系型税收优惠，政府介入市场的程度越深，可能给予企业的税收优惠越多，企业税负越轻；另外，税务机关在税收征管方面有较大的弹性空间，一些公职人员掌握企业税收征管、稽查等方面的权力，可能出现权力寻租的情况，为企业逃税提供了空间。反之，政府给予企业关系型税收优惠的力度就越小，也能够有效地避免权力寻租，填堵税收执法过程中出现的纰漏，企业的税负就会上升。进一步考虑不同所有制的上市企业，非国有企业政府与市场关系指数（mg）的回归系数为0.009，同样在1%的水平上显著，政府治理水平的提高的确在一定程度上显著提高了非国有企业税负，与总样本企业的回归结果一致。观察国有上市企业，政府与市场关系指数（mg）与企业税负的相关关系不显著，说明政府治理水平提高对国有企业税负没有显著影响。由于国有企业最终受到政府的控制，承受着战略性和政策性负担，其税负的上升或下降无法摆脱政府的干预，所以政府减少对市场的介入与国有企业税负之间的关联较弱。模型2的回归结果印证了市场化水平对企业税负的影响的结论。

一般而言，市场化水平作用于企业税负的重要渠道可能是减少给予企业的税收优惠，也可能是提高企业的避税成本（刘慧龙、吴联生，2014）。接下来分析市场化水平主要通过哪条渠道影响企业税负。

在税收压力低的地区，地方政府有能力给予企业较多的税收优惠，降低企业的税负。然而，如果在税收压力低的地区市场化水平的提高显著增加了企业税负，说明市场化改革使地方政府减少了提供给企业的税收优惠，提高了企业税负。在税收压力高的地区，税务机关会严查逃税，通过向企业施加税收压力完成税收任务。所以，如果在税收压力高的地区市场化水平的提高增加了企业税负，说明市场机制的完善使企业的财务信息、经营环节和财产情况更加透明，帮助税务机关堵塞税收漏洞，增加企业逃税被查处的概率，提高了企业税负。

在我国，人为治税和依计划征税的情况比较严重，税收增长率越高，说明税收计划的目标增长率越高，税收压力越大（白云霞等，2019）。用各省份的税收增长率（tgr）衡量税收压力，税收增长率越高表明税收增收压力越大。以全国各省份税收增长率的中位数为标准，当企业所在地区的税收增长率低于中位数时，把企业划入低税收压力样本组；当企业所在地区的税收增长率高于中位数时，把企业划入高税收压力样本组。回归结果见表2-5。

表2-5　　企业税负传导渠道的回归结果（模型1）

| 变量 | 总样本 | 非国企 | 国企 | 总样本 | 非国企 | 国企 |
|---|---|---|---|---|---|---|
| | 低税收压力 | | | 高税收压力 | | |
| ms | 0.00517** | 0.00567** | 0.00622 | -0.00199 | 0.00540 | -0.00281 |
| | (0.00254) | (0.00281) | (0.00479) | (0.00478) | (0.00636) | (0.00572) |
| size | -0.0226*** | -0.0224*** | -0.0259 | 0.00865 | -0.0256 | -0.0213 |
| | (0.00646) | (0.00682) | (0.0180) | (0.0134) | (0.0172) | (0.0219) |
| roa | 0.138*** | 0.141*** | 0.144 | 0.123 | 0.185* | 0.114 |
| | (0.0482) | (0.0529) | (0.106) | (0.0897) | (0.107) | (0.143) |
| ppe | -0.0293 | -0.0341 | -0.00150 | -0.0190 | -0.0175 | 0.00324 |
| | (0.0204) | (0.0221) | (0.0476) | (0.0243) | (0.0258) | (0.0299) |
| lev | 0.00606 | 0.00736 | -0.0258 | -0.0837* | 0.00898 | -0.0846* |
| | (0.0129) | (0.0136) | (0.0350) | (0.0480) | (0.0630) | (0.0446) |
| inv | -0.0324 | -0.00946 | -0.136** | 0.105 | 0.108 | 0.00493 |
| | (0.0336) | (0.0377) | (0.0660) | (0.0753) | (0.0958) | (0.0770) |
| top10 | -0.00340 | -0.00921 | 0.0232 | 0.0733 | 0.0563 | -0.0147 |
| | (0.0226) | (0.0247) | (0.0387) | (0.0629) | (0.0782) | (0.0403) |
| taxagg | -0.00932 | -0.0196 | 0.00153 | 0.0182 | -0.0227 | -0.00912 |
| | (0.0289) | (0.0330) | (0.0466) | (0.0227) | (0.0667) | (0.0108) |
| _cons | 0.505*** | 0.489*** | 0.602 | -0.130 | 0.507* | 0.593 |
| | (0.134) | (0.140) | (0.379) | (0.251) | (0.277) | (0.448) |
| N | 935 | 757 | 178 | 575 | 403 | 172 |
| $R^2$ | 0.099 | 0.094 | 0.258 | 0.172 | 0.094 | 0.226 |
| F | 3.768*** | 2.935*** | 3.529*** | 2.488** | 1.697* | 1.927* |

注：①*p< 0.1，**p< 0.05，***p< 0.01；②回归结果基于公司层面聚类稳健标准误；③括号内为t值。

表2-5报告的回归结果显示，在低税收压力样本组中，总样本的市场化总指数（ms）的回归系数在5%的水平上显著大于零，非国有企业市场化总指数（ms）的回归系数同样在5%的水平上显著大于零；而高税收压力样本组中，总样本和非国有企业的市场化总指数（ms）的回归系数均不显著。表明市场化水平提高企业税负的效应主要是通过减少企业的税收优惠实现的。

下面探讨政府与市场的关系影响企业税负的传导机制，回归结果见表2-6。

表2-6 **企业税负传导渠道的回归结果（模型2）**

| 变量 | 总样本 | 非国企 | 国企 | 总样本 | 非国企 | 国企 |
|---|---|---|---|---|---|---|
| | 低税收压力 | | | 高税收压力 | | |
| mg | 0.00766** | 0.00612* | 0.0161** | 0.000248 | 0.000350 | -0.00631 |
| | (0.00334) | (0.00358) | (0.00695) | (0.00310) | (0.00353) | (0.00447) |
| size | -0.0206*** | -0.0198*** | -0.0249 | 0.00650 | -0.0206 | -0.0200 |
| | (0.00604) | (0.00640) | (0.0156) | (0.0110) | (0.0126) | (0.0181) |
| roa | 0.120** | 0.127** | 0.0886 | 0.127 | 0.178* | 0.123 |
| | (0.0484) | (0.0538) | (0.0885) | (0.0860) | (0.105) | (0.137) |
| ppe | -0.0323 | -0.0366 | -0.00889 | -0.0219 | -0.0102 | 0.00266 |
| | (0.0207) | (0.0225) | (0.0462) | (0.0241) | (0.0244) | (0.0312) |
| lev | 0.00561 | 0.00763 | -0.0338 | -0.0819* | 0.00766 | -0.0966** |
| | (0.0130) | (0.0138) | (0.0328) | (0.0464) | (0.0641) | (0.0420) |
| inv | -0.0297 | -0.00873 | -0.106 | 0.108 | 0.106 | -0.00255 |
| | (0.0337) | (0.0381) | (0.0646) | (0.0758) | (0.0976) | (0.0789) |
| top10 | -0.00462 | -0.0122 | 0.0225 | 0.0763 | 0.0442 | -0.00665 |
| | (0.0230) | (0.0253) | (0.0398) | (0.0604) | (0.0728) | (0.0425) |
| taxagg | -0.00344 | -0.0148 | 0.0240 | 0.0204 | -0.0186 | -0.00981 |
| | (0.0287) | (0.0330) | (0.0450) | (0.0236) | (0.0629) | (0.00970) |
| _cons | 0.450*** | 0.441*** | 0.523 | -0.103 | 0.448** | 0.586 |
| | (0.127) | (0.134) | (0.329) | (0.228) | (0.225) | (0.383) |
| N | 935 | 757 | 178 | 575 | 403 | 172 |
| $R^2$ | 0.104 | 0.093 | 0.304 | 0.171 | 0.088 | 0.252 |
| F | 3.602*** | 2.687*** | 3.883*** | 2.469** | 1.625 | 2.248** |

注：①*p< 0.1，**p< 0.05，***p< 0.01；②回归结果基于公司层面聚类稳健标准误；③括号内为t值。

从表2-6可以看出，在税收压力低的样本组中，总样本的政府与市场的关系指数（mg）的回归系数在5%的水平上显著大于零，非国有企业的回归系数在10%的水平上显著大于零；税收压力高的样本组中，总样本和非国有企业的政府与市场关系的指数（mg）的回归系数均不显著。表明政府减少对微观企业的干预，减少税收优惠，营造了良好的营商环境，最终使得非国有企业的税负提升。这部分结论也印证了市场化影响企业税负的重要渠道是减少企业的税收优惠。

（3）内生性检验

内生性问题可能会对结论产生严重影响，为此利用面板工具变量法克服可能存在的内生性问题。

这里参考了刘行、叶康涛（2014）的研究，选择企业所在省份港口城市的数量（gk）作为市场化水平的工具变量进行内生性检验。港口的兴起主要是由于这些地区拥有非常优越的水运条件，交通发达，与外界的交流畅通，较早地产生了商业活动和市场交易。港口越多说明交通越发达，商业活动越频繁，能够形成公正、诚信和保护产权的商业文化，使商人拥有强大的力量，市场的发展水平相对比较高。所以港口数量这一地理因素只能通过市场化影响企业税负。

表2-7报告了第一阶段回归结果。在总样本、非国有企业和国有企业中，工具变量港口数量（gk）对市场化水平（ms）和政府治理水平（mg）都有着较强的解释力，在经济意义和统计意义上都达到了高度显著。而且还考察了弱工具变量问题，第一阶段回归结果的F统计量远大于经验规则默认的10，不存在弱工具变量的问题，所以此工具变量的设定是有效的。

表2-7 **第一阶段回归结果（港口数量）**

| 工具变量 | 总样本 | 非国企 | 国企 | 总样本 | 非国企 | 国企 |
|---|---|---|---|---|---|---|
| | ms | | | mg | | |
| gk | $0.4421^{***}$<br>(0.04590) | $0.3211^{***}$<br>(0.06096) | $0.5614^{***}$<br>(0.06900) | $0.4487^{***}$<br>(0.04150) | $0.3295^{***}$<br>(0.05517) | $0.5852^{***}$<br>(0.06083) |
| N | 1 510 | 1 160 | 350 | 1 510 | 1 160 | 350 |
| F | $35.42^{***}$ | $34.85^{***}$ | $29.71^{***}$ | $22.48^{***}$ | $20.57^{***}$ | $24.61^{***}$ |

注：①$^{*}p<0.1$，$^{**}p<0.05$，$^{***}p<0.01$；②回归结果基于普通标准误；③括号内为t值。

表2-8报告了第二阶段回归结果。模型1总样本和非国有企业的市场化总指数（ms）的回归系数均在1%的水平上显著为正，而且系数的绝对值均超过了0.01，经济显著性和统计显著性比使用工具变量之前均有提升；国有企业市场化总指数（ms）的回归系数不显著。模型2总样本和非国有企业的政府与市场关系指数（mg）的回归系数均在1%的水平上显著为正，回归系数的绝对值也超过了0.01，经济显著性和统计显著性提升，国有企业政府与市场关系指数（mg）的回归系数不显著。表明经过内生性检验，实证模型是可靠的。

表2-8　　　　**第二阶段回归结果（港口数量）**

| 变量 | 总样本 | 非国企 | 国企 | 总样本 | 非国企 | 国企 |
|---|---|---|---|---|---|---|
| | 模型1（ms） | | | 模型2（mg） | | |
| 核心解释变量 | 0.0174*** | 0.0415*** | 0.000237 | 0.0171*** | 0.0404*** | 0.000227 |
| | (0.00535) | (0.0117) | (0.00529) | (0.00522) | (0.0110) | (0.00507) |
| size | −0.0177*** | −0.0335*** | −0.0176** | −0.0111*** | −0.0169*** | −0.0174*** |
| | (0.00476) | (0.00867) | (0.00838) | (0.00324) | (0.00468) | (0.00667) |
| roa | 0.148*** | 0.168*** | 0.159*** | 0.114*** | 0.104** | 0.159*** |
| | (0.0345) | (0.0481) | (0.0578) | (0.0322) | (0.0430) | (0.0538) |
| ppe | −0.0235** | −0.0224 | −0.0365 | −0.0264** | −0.0365** | −0.0364 |
| | (0.0115) | (0.0157) | (0.0239) | (0.0114) | (0.0155) | (0.0236) |
| lev | −0.0104 | −0.00659 | −0.0338 | −0.0111 | −0.00837 | −0.0340 |
| | (0.0107) | (0.0144) | (0.0283) | (0.0106) | (0.0141) | (0.0267) |
| inv | −0.0325 | −0.0335 | −0.0379 | −0.0244 | −0.0178 | −0.0378 |
| | (0.0217) | (0.0285) | (0.0435) | (0.0218) | (0.0282) | (0.0437) |
| top10 | 0.0501*** | 0.104*** | −0.0154 | 0.0362*** | 0.0723*** | −0.0157 |
| | (0.0158) | (0.0275) | (0.0258) | (0.0131) | (0.0201) | (0.0241) |
| taxagg | 0.00290 | −0.0271 | 0.00560 | 0.00555 | −0.0140 | 0.00566 |
| | (0.0167) | (0.0307) | (0.0169) | (0.0166) | (0.0297) | (0.0170) |
| _cons | 0.280*** | 0.368*** | 0.483*** | 0.167*** | 0.0941 | 0.481*** |
| | (0.0661) | (0.0936) | (0.152) | (0.0568) | (0.0760) | (0.133) |
| N | 1 510 | 1 160 | 350 | 1 510 | 1 160 | 350 |
| F | 15.34*** | 8.63*** | 29.62*** | 15.86*** | 9.31*** | 29.63*** |

注：①*p<0.1，**p<0.05，***p<0.01；②回归结果基于普通标准误；③括号内为t值。

此外，选择企业所在省份在近代史上被列强攫取的租界与租借地数量（zj）作为市场化水平的工具变量进行内生性检验。当时市场经济发达的列强在客观上给租界和租借地带来了先进的市场交易规则、金融制度、法律制度，也为这些地区留下了商业和工业基础，对后来这些地区的经济腾飞产生了影响。例如当时的上海从农业区发展成为近代东亚地区著名的金融中心，至今依然是中国最发达的工商业城市。所以近代史上租界与租借地越多的地方，现今的市场化水平更高。而且租界与租借地数量这一历史因素很难从其他渠道影响企业税负。

表2-9报告了第一阶段的回归结果。在总样本、非国有企业和国有企业中，工具变量租界与租借地数量（zj）对市场化水平（ms）和政府治理水平（mg）都有着很强的解释力，在经济意义和统计意义上都达到了高度显著。而且第一阶段的F统计量远大于经验规则默认的10，不存在弱工具变量的问题，所以此工具变量的选取是有效的。

表2-9　　　　**第一阶段回归结果（租界与租借地数量）**

| 工具变量 | 总样本 | 非国企 | 国企 | 总样本 | 非国企 | 国企 |
|---|---|---|---|---|---|---|
| | ms | | | mg | | |
| zj | 1.3264***<br>(0.13770) | 0.9622***<br>(0.18282) | 1.6843***<br>(0.20700) | 1.3462***<br>(0.12449) | 0.9985***<br>(0.16551) | 1.7557***<br>(0.18249) |
| N | 1 510 | 1 160 | 350 | 1 510 | 1 160 | 350 |
| F | 40.78*** | 37.76*** | 39.07*** | 28.43*** | 23.74*** | 36.34*** |

注：①*p< 0.1，**p< 0.05，***p< 0.01；②回归结果基于普通标准误；③括号内为t值。

表2-10报告了第二阶段的回归结果。模型1总样本和非国有企业的市场化总指数（ms）的回归系数均在1%的水平上显著为正，系数的绝对值均大于0.01，经济显著性和统计显著性增加，国有企业的市场化总指数（ms）的回归系数不显著。模型2总样本和非国有企业政府与市场关系指数（mg）的回归系数均在1%的水平上显著为正，回归系数的绝对值均大于0.01，经济显著性和统计显著性增加，国有企业的政府与市场关系指数（mg）的回归系数不显著。进一步印证了实证模型是可靠的。

表2-10　　第二阶段回归结果（租界与租借地数量）

| 变量 | 总样本 | 非国企 | 国企 | 总样本 | 非国企 | 国企 |
|---|---|---|---|---|---|---|
| | 模型1（ms） | | | 模型2（mg） | | |
| 核心解释变量 | 0.0174*** | 0.0415*** | 0.000237 | 0.0171*** | 0.0404*** | 0.000227 |
| | (0.00535) | (0.0117) | (0.00529) | (0.00522) | (0.0110) | (0.00507) |
| size | -0.0177*** | -0.0335*** | -0.0176** | -0.0111*** | -0.0169*** | -0.0174*** |
| | (0.00476) | (0.00867) | (0.00838) | (0.00324) | (0.00468) | (0.00667) |
| roa | 0.148*** | 0.168*** | 0.159*** | 0.114*** | 0.104** | 0.159*** |
| | (0.0345) | (0.0481) | (0.0578) | (0.0322) | (0.0430) | (0.0538) |
| ppe | -0.0235** | -0.0224 | -0.0365 | -0.0264** | -0.0365** | -0.0364 |
| | (0.0115) | (0.0157) | (0.0239) | (0.0114) | (0.0155) | (0.0236) |
| lev | -0.0104 | -0.00659 | -0.0338 | -0.0111 | -0.00837 | -0.0340 |
| | (0.0107) | (0.0144) | (0.0283) | (0.0106) | (0.0141) | (0.0267) |
| inv | -0.0325 | -0.0335 | -0.0379 | -0.0244 | -0.0178 | -0.0378 |
| | (0.0217) | (0.0285) | (0.0435) | (0.0218) | (0.0282) | (0.0437) |
| top10 | 0.0501*** | 0.104*** | -0.0154 | 0.0362*** | 0.0723*** | -0.0157 |
| | (0.0158) | (0.0275) | (0.0258) | (0.0131) | (0.0201) | (0.0241) |
| taxagg | 0.00290 | -0.0271 | 0.00560 | 0.00555 | -0.0140 | 0.00566 |
| | (0.0167) | (0.0307) | (0.0169) | (0.0166) | (0.0297) | (0.0170) |
| _cons | 0.280*** | 0.368*** | 0.483*** | 0.167*** | 0.0941 | 0.481*** |
| | (0.0661) | (0.0936) | (0.152) | (0.0568) | (0.0760) | (0.133) |
| N | 1 510 | 1 160 | 350 | 1 510 | 1 160 | 350 |
| F | 15.34*** | 8.63*** | 29.62*** | 15.86*** | 9.31*** | 29.63*** |

注：① $^{*}p<0.1$，$^{**}p<0.05$，$^{***}p<0.01$；②回归结果基于普通标准误；③括号内为t值。

### 2.4.2 稳健性检验

（1）替换被解释变量的指标

用新的实际综合税负率（$T_2$）替换实际税负率（$T_1$）

$$实际综合税负率（T_2）=\frac{\text{每年支付的各项税费}-\text{当年收到的税费返还}+\text{当期应交税费}-\text{上期应交税费}}{\text{营业收入}}$$

实际综合税负率（$T_2$）参考吴祖光等（2011）调整的指标。检验结果见表2-11。

表2-11 **稳健性检验结果**

| 变量 | 总样本 | 非国企 | 国企 | 总样本 | 非国企 | 国企 |
|---|---|---|---|---|---|---|
| | 模型1（ms） | | | 模型2（mg） | | |
| 解释变量 | 0.00360* | 0.00527** | 0.00187 | 0.00362* | 0.00523** | -0.000859 |
| | (0.00201) | (0.00245) | (0.00252) | (0.00199) | (0.00224) | (0.00287) |
| size | 0.00485 | 0.00349 | -0.00619 | 0.00619 | 0.00553 | -0.00349 |
| | (0.00523) | (0.00547) | (0.00715) | (0.00470) | (0.00507) | (0.00655) |
| roa | 0.185*** | 0.197*** | 0.157** | 0.179*** | 0.190*** | 0.148** |
| | (0.0406) | (0.0504) | (0.0681) | (0.0406) | (0.0507) | (0.0679) |
| ppe | -0.0116 | -0.0214 | -0.0177 | -0.0122 | -0.0230 | -0.0153 |
| | (0.0169) | (0.0197) | (0.0270) | (0.0170) | (0.0198) | (0.0271) |
| lev | -0.00541 | 0.00256 | 0.0249 | -0.00533 | 0.00280 | 0.0174 |
| | (0.0181) | (0.0185) | (0.0265) | (0.0178) | (0.0185) | (0.0278) |
| top10 | 0.0273* | 0.0304 | 0.0123 | 0.0244 | 0.0264 | 0.00824 |
| | (0.0151) | (0.0185) | (0.0184) | (0.0149) | (0.0179) | (0.0180) |
| inv | -0.0672** | -0.0749** | -0.0611 | -0.0657** | -0.0732** | -0.0648* |
| | (0.0308) | (0.0358) | (0.0382) | (0.0311) | (0.0361) | (0.0386) |
| taxagg | 0.0198 | -0.000548 | 0.0312** | 0.0202 | 0.000587 | 0.0307** |
| | (0.0228) | (0.0356) | (0.0150) | (0.0225) | (0.0352) | (0.0149) |
| _cons | -0.0746 | -0.0613 | 0.179 | -0.0979 | -0.0957 | 0.144 |
| | (0.103) | (0.108) | (0.143) | (0.0981) | (0.105) | (0.133) |
| N | 1 522 | 1 172 | 350 | 1 522 | 1 172 | 350 |
| $R^2$ | 0.104 | 0.090 | 0.131 | 0.103 | 0.088 | 0.129 |
| F | 6.312*** | 5.121*** | 3.140*** | 6.108*** | 5.210*** | 2.994*** |

注：①*$p<0.1$，**$p<0.05$，***$p<0.01$；②回归结果基于公司层面聚类稳健标准误；③括号内为t值。

模型1的检验结果显示，总样本市场化水平（ms）的回归系数为0.004，在10%的水平上显著，验证了市场化水平提高会增加企业税负这一结论。非国有企业的市场化总指数（ms）的回归系数为0.005，在5%的水平上显著，而且回归系数绝对值大于总样本的系数，反映了市场化水平提高对非国有企业税负的提高作用更强；国有企业的市场化总指数（ms）的回归系数不显著，说明市场化水平提高对国有企业税负的作用不明显，与原回归结果一致。控制变量中，总样本的盈利能力（roa）的回归系数大于零，在1%的水平上显著，非国有企业盈利能力（roa）的回归系数大于零，在1%的水平上显著，国有企业盈利能力（roa）的回归系数也大于零，且在5%的水平上显著，表明企业盈利能力（roa）越强企业税负越高。模型1的检验印证了原回归结果的稳健性。

模型2的检验结果显示，总样本的政府与市场关系指数（mg）的回归系数为0.004，在10%的水平上显著，非国有企业的回归系数为0.005，在5%的水平上显著，证明了提高政府治理水平会增加企业税负的效应主要体现在非国有企业中。国有企业的政府与市场关系指数（mg）的回归系数并不显著，表明国有企业的税负受政府治理水平的影响不明显。模型2的检验结果与原回归结果基本一致。

（2）普通标准误的固定效应回归

使用普通标准误的固定效应模型的检验结果见表2-12。

表2-12 **普通标准误的固定效应回归（$T_1$）**

| 变量 | 总样本 | 非国企 | 国企 | 总样本 | 非国企 | 国企 |
|---|---|---|---|---|---|---|
| | 模型1（ms） | | | 模型2（mg） | | |
| 解释变量 | 0.00640*** | 0.00867*** | 0.00185 | 0.00751*** | 0.00858*** | 0.00183 |
| | （0.00164） | （0.00198） | （0.00271） | （0.00179） | （0.00218） | （0.00293） |
| size | −0.00968*** | −0.0113*** | −0.0194*** | −0.00766*** | −0.00787** | −0.0184*** |
| | （0.00288） | （0.00329） | （0.00669） | （0.00269） | （0.00307） | （0.00621） |
| ppe | −0.0243** | −0.0251* | −0.0379 | −0.0255** | −0.0281** | −0.0372 |
| | （0.0112） | （0.0132） | （0.0236） | （0.0112） | （0.0132） | （0.0235） |

续表

| 变量 | 总样本 | 非国企 | 国企 | 总样本 | 非国企 | 国企 |
|---|---|---|---|---|---|---|
| | 模型1（ms） | | | 模型2（mg） | | |
| inv | −0.0364* | −0.0393* | −0.0359 | −0.0324 | −0.0359 | −0.0355 |
| | （0.0211） | （0.0238） | （0.0432） | （0.0211） | （0.0239） | （0.0432） |
| roa | 0.125*** | 0.115*** | 0.166*** | 0.112*** | 0.102*** | 0.160*** |
| | （0.0319） | （0.0373） | （0.0548） | （0.0316） | （0.0373） | （0.0537） |
| lev | −0.0118 | 0.00322 | −0.0292 | −0.0120 | 0.00280 | −0.0303 |
| | （0.0104） | （0.0117） | （0.0252） | （0.0104） | （0.0118） | （0.0249） |
| top10 | 0.0281** | 0.0384*** | −0.0123 | 0.0244** | 0.0321** | −0.0143 |
| | （0.0117） | （0.0131） | （0.0243） | （0.0114） | （0.0128） | （0.0238） |
| taxagg | 0.00178 | −0.0203 | 0.00577 | 0.00307 | −0.0175 | 0.00628 |
| | （0.0163） | （0.0257） | （0.0169） | （0.0163） | （0.0258） | （0.0169） |
| _cons | 0.212*** | 0.213*** | 0.507*** | 0.170*** | 0.155** | 0.488*** |
| | （0.0568） | （0.0639） | （0.136） | （0.0558） | （0.0635） | （0.131） |
| N | 1 510 | 1 160 | 350 | 1 510 | 1 160 | 350 |
| $R^2$ | 0.065 | 0.064 | 0.146 | 0.068 | 0.059 | 0.146 |
| F | 7.440*** | 5.595*** | 3.950*** | 7.756*** | 5.114*** | 3.939*** |

注：①*p< 0.1，**p< 0.05，***p< 0.01；②回归结果基于普通标准误；③括号内为t值。

模型1的回归结果显示，总样本市场化总指数（ms）的回归系数为0.006，在1%的水平上显著，说明市场化改革的确显著提高了企业税负。非国有企业的市场化总指数（ms）的回归系数为0.009，在1%的水平上显著，国有企业的回归系数不显著。表明市场化水平对国有企业税负的正向影响比较小，对非国有企业税负的影响比较明显。在控制变量中，总样本、非国有企业和国有企业的盈利能力（roa）的回归系数均在1%的水平上显著大于零，表明非国有企业和国有企业的盈利能力提高均能够增加企业税负。模型1的回归结果得到了验证。

模型2的回归结果显示，总样本的政府与市场关系指数（mg）的回归系数为0.008，在1%的水平上显著，其中非国有企业的政府与市场关系指数（mg）的回归系数为0.009，在1%的水平上显著，国有企业的系数不显著。模型2的回归结果是稳健的。

（3）双向固定效应模型回归

考虑时间效应，利用双向固定效应模型进行检验，回归结果见表2-13。

表2-13　双向固定效应模型的回归结果（$T_1$）

| 变量 | 总样本 | 非国企 | 国企 | 总样本 | 非国企 | 国企 |
|---|---|---|---|---|---|---|
| | 模型1（ms） | | | 模型2（mg） | | |
| 解释变量 | 0.00627* | 0.00819* | 0.000550 | 0.00648** | 0.00672* | 0.00128 |
| | (0.00356) | (0.00436) | (0.00267) | (0.00292) | (0.00364) | (0.00245) |
| size | −0.00922 | −0.0111 | −0.0207** | −0.00895 | −0.0104 | −0.0209** |
| | (0.00702) | (0.00779) | (0.00952) | (0.00689) | (0.00765) | (0.00961) |
| roa | 0.124*** | 0.116*** | 0.172** | 0.119*** | 0.113*** | 0.170** |
| | (0.0350) | (0.0400) | (0.0727) | (0.0352) | (0.0401) | (0.0730) |
| ppe | −0.0224* | −0.0234* | −0.0389 | −0.0255** | −0.0290** | −0.0394 |
| | (0.0126) | (0.0142) | (0.0252) | (0.0129) | (0.0146) | (0.0255) |
| lev | −0.0115 | 0.00345 | −0.0269 | −0.0120 | 0.00212 | −0.0256 |
| | (0.0162) | (0.0147) | (0.0273) | (0.0159) | (0.0148) | (0.0277) |
| top10 | 0.0276 | 0.0382 | −0.00974 | 0.0280 | 0.0388* | −0.0100 |
| | (0.0192) | (0.0233) | (0.0281) | (0.0193) | (0.0233) | (0.0280) |
| inv | −0.0362 | −0.0383 | −0.0318 | −0.0306 | −0.0330 | −0.0306 |
| | (0.0229) | (0.0251) | (0.0469) | (0.0225) | (0.0247) | (0.0467) |
| taxagg | 0.00165 | −0.0200 | 0.00616 | 0.00251 | −0.0218 | 0.00672 |
| | (0.0199) | (0.0291) | (0.0147) | (0.0200) | (0.0293) | (0.0149) |
| 2013.year | −0.00133 | −0.00115 | 0.000840 | 0.000189 | 0.000745 | 0.00104 |
| | (0.00148) | (0.00153) | (0.00236) | (0.00134) | (0.00149) | (0.00222) |
| 2014.year | −0.000362 | 0.0000710 | 0.00192 | 0.00155 | 0.00305 | 0.00192 |
| | (0.00289) | (0.00326) | (0.00376) | (0.00224) | (0.00259) | (0.00321) |
| _cons | 0.204 | 0.212 | 0.542*** | 0.201 | 0.215 | 0.541*** |
| | (0.146) | (0.161) | (0.204) | (0.147) | (0.162) | (0.202) |
| N | 1 510 | 1 160 | 350 | 1 510 | 1 160 | 350 |
| $R^2$ | 0.067 | 0.066 | 0.147 | 0.069 | 0.062 | 0.148 |
| F | 4.012*** | 3.620*** | 1.609 | 4.068*** | 3.564*** | 1.605 |

注：①*p< 0.1，**p< 0.05，***p< 0.01；②回归结果基于公司层面聚类稳健标准误；③括号内为t值。

表2-13模型1的回归结果显示，总样本的市场化总指数（ms）的回归系数为0.006，在10%的水平上显著，说明从总体上看，在考虑时间效应的情况下，市场化水平提高依然会增加企业税负。非国有企业的市场化总指数（ms）的回归系数为0.008，在10%的水平上显著，国有企业的回归系数不显著，表明考虑时间效应后，市场化水平与企业税负的正向效应只在非国有企业中表现得明显，国有企业的税负受市场化水平的影响不明显。对于盈利能力（roa），总样本的回归系数在1%的水平上显著大于零，非国有企业和国有企业的回归系数分别在1%和5%的水平上显著大于零，说明在考虑了时间效应后，非国有企业和国有企业盈利能力的提高对企业税负都存在显著的正效应。双向固定效应模型的回归结果与原结论基本一致，说明在考虑了时间效应后，模型1的回归结果仍然是稳健的。

模型2的双向固定效应模型回归结果显示，总样本的政府与市场关系指数（mg）的回归系数为0.006，在5%的水平上显著，非国有企业的政府与市场关系指数（mg）的回归系数为0.007，在10%的水平上显著，国有企业的系数不显著。本次检验未改变原结论，和前面的分析结果基本一致。

（4）剔除亏损企业的样本

发生了亏损的企业，其前后数年的所得税纳税情况都会因补亏而受到不同程度的影响，财报中的所得税数据也无法代表企业正常年度的纳税情况。为了消除这些情况对结论的不利影响，剔除了亏损企业的样本数据，重新进行回归，结果见表2-14。

模型1的回归结果显示，总样本的市场化总指数（ms）的回归系数在5%的水平上显著为正，非国有企业的市场化总指数（ms）的回归系数在1%的水平上显著为正，国有企业的回归系数不显著。在控制变量中，总样本的盈利能力（roa）回归系数在1%的水平上显著大于零，非国有企业和国有企业的盈利能力（roa）回归系数均在5%的水平上显著大于零。结果显示模型1的回归结论没有发生实质性变化。

表2-14 **剔除亏损企业回归结果（$T_1$）**

| 变量 | 总样本 | 非国企 | 国企 | 总样本 | 非国企 | 国企 |
|---|---|---|---|---|---|---|
| | 模型1（ms） | | | 模型2（mg） | | |
| 核心解释变量 | 0.00639** | 0.00871*** | 0.00182 | 0.00749*** | 0.00857*** | 0.00181 |
| | （0.00261） | （0.00331） | （0.00262） | （0.00261） | （0.00326） | （0.00267） |
| size | -0.00973 | -0.0115 | -0.0193** | -0.00769 | -0.00803 | -0.0183** |
| | （0.00664） | （0.00757） | （0.00839） | （0.00587） | （0.00675） | （0.00778） |
| roa | 0.125*** | 0.116*** | 0.165** | 0.113*** | 0.103** | 0.159** |
| | （0.0353） | （0.0412） | （0.0703） | （0.0352） | （0.0411） | （0.0688） |
| ppe | -0.0225* | -0.0244* | -0.0381 | -0.0238* | -0.0273* | -0.0375 |
| | （0.0124） | （0.0143） | （0.0248） | （0.0126） | （0.0144） | （0.0249） |
| lev | -0.0105 | 0.00354 | -0.0295 | -0.0108 | 0.00308 | -0.0305 |
| | （0.0156） | （0.0149） | （0.0286） | （0.0152） | （0.0148） | （0.0300） |
| inv | -0.0407* | -0.0416* | -0.0355 | -0.0367* | -0.0382 | -0.0351 |
| | （0.0220） | （0.0242） | （0.0453） | （0.0222） | （0.0243） | （0.0455） |
| top10 | 0.0285 | 0.0385* | -0.0125 | 0.0248 | 0.0321 | -0.0144 |
| | （0.0187） | （0.0227） | （0.0262） | （0.0187） | （0.0224） | （0.0266） |
| taxagg | 0.00221 | -0.0203 | 0.00609 | 0.00348 | -0.0176 | 0.00660 |
| | （0.0195） | （0.0288） | （0.0143） | （0.0192） | （0.0282） | （0.0147） |
| _cons | 0.213 | 0.217 | 0.506*** | 0.170 | 0.159 | 0.488*** |
| | （0.134） | （0.153） | （0.174） | （0.125） | （0.143） | （0.163） |
| N | 1510 | 1160 | 350 | 1510 | 1160 | 350 |
| $R^2$ | 0.065 | 0.065 | 0.146 | 0.068 | 0.059 | 0.146 |
| F | 4.539*** | 3.814*** | 2.002** | 4.624*** | 3.677*** | 1.972* |

注：①*p< 0.1，**p< 0.05，***p< 0.01；②回归结果基于公司层面聚类稳健标准误；③括号内为t值。

模型2的回归结果显示，总样本的政府与市场关系指数（mg）的回归系数在1%的水平上显著为正，非国有企业政府与市场关系指数（mg）的回归系数在1%的水平上显著为正，国有企业的回归系数不显著。对于盈利能力（roa）与企业税负的关系，总样本回归系数在1%的水平上显著为正、非国有企业和国有企业的回归系数都在5%的水平上显著为正。证明模型2的回归结果是稳健的。

### 2.4.3 拓展性分析

治理水平低的企业往往产生较高的代理成本。企业治理水平越低则企业股东或管理层进行避税的动机越强（李维安、徐业坤，2013），而高质量的企业治理能够有效抑制企业避税，从而使企业税负回升到合理水平。

资产周转率是用资产的无效使用所造成的利润损失对公司代理成本进行计量（周春梅，2009）。资产周转率越低，表示企业的代理水平越高。以资产周转率（sar）作为企业治理水平的计量指标，资产周转率越低则企业治理水平越低，以资产周转率的中位数为标准，将资产周转率低于中位数的企业划为治理水平低的样本组。

接下来我们探究市场化水平对治理低效企业的税负会产生怎样的调节效果。回归结果见表2-15。

表2-15 **治理低效企业的回归结果**

| 变量 | 总样本 | 非国企 | 国企 | 总样本 | 非国企 | 国企 |
|---|---|---|---|---|---|---|
| | $T_1$ | | | $T_2$ | | |
| ms | 0.0118*** | 0.0143*** | -0.00000742 | 0.00769** | 0.00801* | 0.00187 |
| | (0.00445) | (0.00547) | (0.00350) | (0.00361) | (0.00443) | (0.00252) |
| size | -0.0310*** | -0.0313*** | -0.00348 | -0.0112 | -0.00930 | -0.00619 |
| | (0.00931) | (0.0102) | (0.0152) | (0.00709) | (0.00867) | (0.00715) |
| roa | 0.166* | 0.137 | 0.182* | 0.284*** | 0.262*** | 0.157** |
| | (0.0843) | (0.0933) | (0.0925) | (0.0781) | (0.0905) | (0.0681) |
| ppe | -0.0153 | -0.0108 | -0.0314 | -0.00681 | 0.00233 | -0.0177 |
| | (0.0199) | (0.0237) | (0.0262) | (0.0251) | (0.0278) | (0.0270) |

续表

| 变量 | 总样本 | 非国企 | 国企 | 总样本 | 非国企 | 国企 |
|---|---|---|---|---|---|---|
| | $T_1$ | | | $T_2$ | | |
| lev | 0.0469* | 0.0394 | −0.0271 | 0.0756*** | 0.0716** | 0.0249 |
| | (0.0248) | (0.0276) | (0.0492) | (0.0280) | (0.0304) | (0.0265) |
| top10 | 0.0327 | 0.0361 | −0.0469 | 0.0289 | 0.0239 | 0.0123 |
| | (0.0291) | (0.0350) | (0.0511) | (0.0260) | (0.0274) | (0.0184) |
| inv | −0.0198 | −0.0162 | −0.0250 | −0.0601 | −0.0512 | −0.0611 |
| | (0.0411) | (0.0439) | (0.0929) | (0.0580) | (0.0639) | (0.0382) |
| taxagg | −0.0606 | −0.0429 | −0.0747 | −0.0134 | 0.00119 | 0.0312** |
| | (0.0646) | (0.0762) | (0.0621) | (0.0544) | (0.0631) | (0.0150) |
| _cons | 0.590*** | 0.568*** | 0.192 | 0.209 | 0.170 | 0.179 |
| | (0.175) | (0.190) | (0.306) | (0.133) | (0.164) | (0.143) |
| N | 707 | 542 | 167 | 708 | 540 | 350 |
| $R^2$ | 0.102 | 0.101 | 0.070 | 0.075 | 0.067 | 0.131 |
| F | 2.207** | 1.845* | 1.338 | 3.383*** | 2.832*** | 3.140*** |

注：①*p< 0.1，**p< 0.05，***p< 0.01；②回归结果基于公司层面聚类稳健标准误；③括号内为t值。

表2-15的回归结果显示，当实际税负率是$T_1$时，总样本的市场化总指数（ms）的回归系数为0.012，在1%的水平上显著，非国有企业的回归系数为0.014，在1%的水平上显著，系数的绝对值均超过了0.01，国有企业的回归系数不显著。说明对治理水平低的企业来说，市场化水平对税负的提高作用在经济意义和统计意义上都很显著，但这种效应只体现在非国有企业中，对治理水平低的国有企业的影响不明显。

实际税负率$T_1$替换成$T_2$，总样本的市场化总指数（ms）的回归系数在5%的水平上显著为正，非国有企业市场化总指数（ms）的回归系数在10%的水平上显著为正，国有企业的回归系数不显著。证明市场化水平与治理水平低效企业的税负存在显著正相关，主要体现在非国有企业中，支持了假设。

完善的法律制度能够使股东和管理层在处理涉税业务时更多地考虑违反法律和企业信誉受损产生的后果。提高企业的治理水平，对治理水平低的企业的税负起到了正效应。市场中介组织，如税务师事务所和媒体，对企业财务信息的披露和生产经营的监督也起到了限制企业逃税的作用。引入市场化总指数的另一个分指数——市场中介组织发育和法律制度环境指数，分析市场中介组织和法治化水平对治理低效企业的税负起到的调节作用，作为对市场化水平与治理水平低效企业的税负存在正相关关系的补充分析，回归结果见表2-16。

表2-16 **治理低效企业的回归结果**

| 变量 | 总样本 | 非国企 | 国企 | 总样本 | 非国企 | 国企 |
|---|---|---|---|---|---|---|
| | $T_1$ | | | $T_2$ | | |
| mie | 0.00465*** | 0.00602*** | 0.000189 | 0.00267** | 0.00312** | 0.000416 |
| | (0.00158) | (0.00200) | (0.00101) | (0.00121) | (0.00153) | (0.00114) |
| size | −0.0292*** | −0.0298*** | −0.00393 | −0.00953 | −0.00775 | 0.00651 |
| | (0.00856) | (0.00919) | (0.0141) | (0.00691) | (0.00846) | (0.0125) |
| roa | 0.153* | 0.123 | 0.183** | 0.276*** | 0.255*** | 0.275** |
| | (0.0829) | (0.0928) | (0.0903) | (0.0786) | (0.0912) | (0.105) |
| ppe | −0.0127 | −0.00554 | −0.0314 | −0.00580 | 0.00343 | 0.0383 |
| | (0.0197) | (0.0234) | (0.0261) | (0.0247) | (0.0274) | (0.0311) |
| lev | 0.0524** | 0.0476* | −0.0259 | 0.0790*** | 0.0761** | 0.0377 |
| | (0.0247) | (0.0270) | (0.0509) | (0.0286) | (0.0309) | (0.0407) |
| top10 | 0.0322 | 0.0392 | −0.0451 | 0.0255 | 0.0238 | 0.00437 |
| | (0.0291) | (0.0351) | (0.0505) | (0.0250) | (0.0270) | (0.0401) |
| inv | −0.0234 | −0.0206 | −0.0260 | −0.0612 | −0.0529 | −0.181* |
| | (0.0389) | (0.0399) | (0.0938) | (0.0568) | (0.0619) | (0.0962) |
| taxagg | −0.0510 | −0.0292 | −0.0750 | −0.00939 | 0.00503 | 0.0216 |
| | (0.0631) | (0.0733) | (0.0623) | (0.0545) | (0.0630) | (0.0457) |
| _cons | 0.604*** | 0.593*** | 0.199 | 0.213 | 0.173 | −0.0785 |
| | (0.172) | (0.184) | (0.296) | (0.135) | (0.165) | (0.262) |
| N | 707 | 542 | 167 | 708 | 540 | 163 |
| $R^2$ | 0.109 | 0.117 | 0.071 | 0.074 | 0.069 | 0.184 |
| F | 2.467** | 2.259** | 1.352 | 3.423*** | 2.855*** | 2.751*** |

注：①*p< 0.1，**p< 0.05，***p< 0.01；②回归结果基于公司层面聚类稳健标准误；③括号内为t值。

表2-16显示，当实际税负率是$T_1$时，总样本的市场中介组织发育和法律制度环境指数（mie）的回归系数在1%的水平上显著为正，表明增强市场中介组织的力量、提高法治化水平显著增加了治理低效企业的税负。其中非国有企业的回归系数在1%的水平上显著为正，而国有企业的回归系数不显著，说明市场中介组织力量增强和法治化水平提高主要改善了非国有企业的治理水平，对非国有企业的税负产生了显著的正向影响，而国有企业受此影响很小。

接下来用$T_2$替换$T_1$，总样本的市场中介组织发育和法律制度环境指数（mie）的回归系数在5%的水平上显著为正，非国有企业市场中介组织发育和法律制度环境指数（mie）的回归系数在5%的水平上显著为正，而国有企业的回归系数不显著，印证了上述结论的正确性。

## 2.5 研究结论和建议

### 2.5.1 研究结论

本部分围绕地区市场化水平对企业税负产生的影响展开了研究，在核心解释变量的选择上，选用了王小鲁和樊纲制定的分省份市场化进程指标衡量地区市场化水平；企业税负率的计算方法，既考虑了所得税也考虑了其他税费，涵盖的范围更广，能够全面反映企业承担的税收负担；样本数据选择了2012—2014年深证A股制造业上市公司的面板数据，着重研究制造业企业的税收负担情况，使用实证方法进行回归分析。

研究主要得出了以下结论：

结论一：市场化水平对企业的税负有显著正效应，意味着企业的税负随着市场化水平的提高而提高；这种正效应主要体现在非国有企业中，国有企业的税负受市场化水平提高的影响不明显。

结论二：市场化水平对企业税负产生正效应，这种正效应的一个重要传导渠道是减少了政府给予企业的关系型税收优惠。

### 2.5.2 针对政府的建议

市场化改革提高了企业税负是一种客观结果，印证了税收的基本理论：政府提供了更加优质的公共物品和公共服务，企业享受这些红利，就应当支付更高的价格，付出更多的税收。不能因噎废食、为了降低企业税负就排斥市场化的客观作用。市场化改革为减少税收漏洞、提高税收管理水平、减少征纳双方的征税成本和纳税成本起到了积极作用，同时也提高了政府管理效率，为国家各级机关高效执行税收优惠政策和企业充分享受优惠红利扫清了制度障碍，应该保持市场化改革和减税降费、税制改革协同推进。

（1）继续推动要素市场的改革

提高金融服务水平，支持资本市场进行适度的金融创新，比如降低股票市场和债券市场的准入门槛，加强事中监管，拓宽企业的融资渠道，尽可能确保非国有企业的资金需求，还能使企业付得起使用成本，可以有效地抑制企业逃税。

（2）减少对市场过度干预，同时建立畅通的政企沟通机制

减少对企业经营的干预，尤其是减少对处于经营性、竞争性行业的国有企业的干预。减轻此类国有企业的政策性负担和战略性负担，使其真正作为一个相对独立的市场主体加入到市场竞争中去，按照市场规律进行资源布局，减少国有企业的税收负担。使政企沟通渠道规范化和机制化，拓宽企业表达自身诉求的渠道和途径，比如通过设置税务机关领导留言板等相关措施，企业能够直接反映在税收征纳过程中遇到的痛点和堵点，税务机关在汇总相关的共性问题后可以进行有针对性的调整或改革，减轻企业的负担。

（3）支持和规范税务师事务所的发展

税务师事务所在税收方面有很强的专业性，出具的企业税务审计报告为税务机关的税务稽查提供了非常重要的依据，而且税务师事务所在对纳税人的税收宣传和税法普及方面也发挥了非常重要的作用。我国目前还没有专门针对税务师事务所和税务师从业的法律，应加快完善税务师事务所和税务师从业的相关立法，推动相关法律的出台，规范和促进

这一行业的发展。通过加强与税务师事务所等中介机构的合作，能够有效地管理好它们所服务的大量企业，极大地节省直接管理企业的成本，提高税收管理效率。

（4）继续推进减税降费，清费立税、简化税制

继续加快税收立法、实现税费法定，把企业缴纳的各种税费以法律的形式确定下来，确定征收的依据和范围。制造业企业大都是劳动力密集型企业，应该根据各地的情况灵活合理地调整企业缴纳的社保费的比例。增值税负担对制造业企业有非常重要的影响，应继续减并和降低增值税税率，避免企业因适用不同档次的增值税率和议价能力的差异而过多承担增值税的情况；而且，因为全球新冠肺炎疫情的影响，出口企业尤其是制造业企业的生产经营陷入严重困难、资金缺口扩大，而增值税出口环节的留抵税额占用了企业大量资金，应该进一步降低留抵税额的返还标准，减少对企业资金的占用、弥补资金缺口；总之，要使增值税真正成为一种中性税，减少对生产经营活动的不利影响。跨地区经营汇总纳税企业的分支机构在预缴或者汇算清缴所得税时，应向分支机构所在地倾斜，提高在本地缴纳的比例，照顾本地的税收利益，缓解地方保护主义的倾向。

（5）合理制定和严格执行税收优惠政策，提高依法治税的水平

建立税收优惠管理监督体系，逐步筛选税收优惠政策，并进行依法管理，稳定税收优惠的规模，保证国家税收安全，同时提高税收优惠政策出台和实施的公开性和透明度，营造良好的纳税营商环境。在现行税收优惠政策的基础上，加大对特殊行业和欠发达地区的税收支持力度。加大针对高端制造业的优惠力度，尤其是高端制造业中的新技术、新工艺研发的费用扣除项目。我国的高端制造业依然是一块短板，仍然需要大力支持相关的技术创新和研发，可将委托研发活动发生的实际费用计入加计扣除基数的比例提高到100%，将会进一步促进企业对研发的投入，降低企业的税负。

同时，要求税务机关依法进行税收征收管理，杜绝为完成税收任务而征过头税等情况的发生，降低企业的税负。

（6）调整税制结构

逐步提高直接税的比重、降低间接税比重，把征税的重心从企业向自然人倾斜，从生产向资本和财产倾斜；与此相配套的是转换征管机制，改变现行税收征管体系“重企业、轻个人”的状况，着力提升向自然人征税的能力，完善自然人税收征管服务体系和涉税信息报告管理制度等相关机制。建议加快房产税改革和自然人不动产登记制度的改革，从而充实地方政府的税收收入。

### 2.5.3 针对企业的建议

（1）针对非国有企业的建议

积极参与税收法律的制定，表达诉求，保护自身的合法税收利益。

应加强与事务所等中介机构的合作，为企业财务人员多提供学习和培训的条件，实现对税法的准确把握，同时进行合法的筹划，努力达到现行税法规定的减免、抵扣等优惠政策的条件，比如充分利用财务杠杆的利息和固定资产的折旧进行抵税，从事国家鼓励类行业的企业可以在西部地区设立机构，享受所得税优惠税率的好处。

努力增强企业实力，提高企业在价格谈判中的议价能力，尽可能提高税负转嫁能力。改善企业的内部治理机制，具备条件的企业应提高各业务部门的专业化程度，面对涉外等复杂的业务，能够做出正确决策，降低涉税风险。

（2）针对国有企业的建议

国有企业可以依托雄厚的实力，在安置特殊人员就业、综合利用资源、购买铁路或政府债券等方面增加投入，既承担了公共职能，也享受了税收优惠。另外，处于竞争性行业的国有企业也可以根据自身经营需要和市场变化，进行适当的税收筹划，减轻企业的税收负担。

# 3 企业所得税逃税和地方政府债务

## 3.1 引言

我国存在着比较严重的逃税现象，这一现象是造成税收流失的一个重要原因。逃税问题会造成资源配置的扭曲，扰乱企业之间的公平竞争，甚至破坏财政的收支平衡。已有学者对我国的逃税规模进行估测，杨碧云、易建行、易君健（2004）和肖信生（2006）等估测了我国地下经济的规模和地下经济的逃税规模，并将其与估测出的地上经济逃税规模合并，认为仅逃税造成的税收流失就在4 000亿元左右。

增值税和企业所得税这两大税种的税收收入约占我国税收总收入的2/3。其中，增值税采用抵扣法计算，以票控税使得上下游企业相互牵制，征收管理也较为简便，逃税情况相对较轻。而企业所得税则依赖于企业自身的成本核算，相关政策也较为复杂，税前扣除项目的有关规定缺乏刚性，有较大的操作空间，因此，逃税较为严重。

审计署历年的审计工作报告中的审计结果也表明①，企业通过虚假核算和不实申报等手段，少缴了大量的企业所得税，导致了税收流失。2014年审计署抽查了65家医药企业，这些企业仅仅通过在药品销售中虚开发票这一手段，就少缴税款超过60亿元。审计署对国有企业的年度审计结果也同样昭示了逃税现象的严重性：2011年对15家中央企业的审计发现，这些企业存在不实收入38.25亿元、不实利润59.08亿元，少缴税费4.71亿元。2012年共审计了中央骨干企业53家，有些企业通过虚构销售或虚增成本费用等手段以完成考核指标及达成少纳税的目的。其中，10家重点审计企业存在不实收入46.65亿元、不实利润36.37亿元。2013年，对中国烟草总公司、中国核建总公司等11家央企进行审计，发现不实收入73.37亿元、不实利润56.67亿元。2014年、2015年、2016年也通过审计分别补缴税款和挽回损失40亿元、27.43亿元和6.9亿元。

因此，很多专家学者对企业所得税逃税的影响因素进行了研究。由于企业所得税由地方税务局负责征收，因此企业所得税的征收管理受地方政府的影响较大。他们认为，税收分成比例、地方政府的腐败程度、征纳合谋情况以及地方政府的规模都会对企业的逃税状况产生影响。

地方政府债务是地方政府的借债行为形成的，也会对企业所得税的逃税情况产生影响；近年来，我国地方政府债务规模快速增长，这一问题也逐渐成为了学术研究、政府部门和新闻媒体关注的热点。表3-1为审计署对地方政府债务两次全面审计的结果，在地方政府债务中，负有偿还责任的债务占比最高。仅省级政府负有偿还责任的债务的年均增长率就达到了14.41%。

表3-1　**地方政府债务两次全面审计的结果**　单位：亿元

| | 全国地方政府债务余额 | 负有偿还责任的债务 | 负有担保责任的或有债务 | 承担一定救助责任的其他相关债务 |
|---|---|---|---|---|
| 第一轮全面审计 | 107 174.91 | 67 109.51 | 23 369.74 | 16 695.66 |
| 第二轮全面审计 | 178 908.66 | 108 859.17 | 26 655.77 | 43 393.72 |

数据来源：审计署《2011年第35号：全国地方政府性债务审计结果》。

---

本部分是和程卉洁合作完成。

① 数据来源：中华人民共和国审计署《国务院关于2011—2016年度中央预算执行和其他财政收支的审计工作报告》。

根据审计署《2013年第32号：全国政府性债务审计结果》，在经历了两次全面审计后，2014年地方政府债务的规模确有放缓；但2015年后，地方政府债务规模又开始大幅增加，截至2016年底，地方政府债务规模约为10.7万亿元。根据审计署2016年审计报告，部分地区地方政府债务规模仍在快速增长，部分地方政府仍在违规举债①。

因此，选择以地方政府的债务规模作为研究企业逃税行为的研究起点。地方政府的债务规模增大，地方政府会为了缓解财政压力而提高税务机关的征税努力程度。这时，企业可能会做出两种相反的决策。一方面，由于地方税务机关的努力程度提高，企业的名义税率虽然不会改变，但所面临的实际税率上升，可能会刺激企业逃税。另一方面，税务机关实施更加强有力的监管，企业逃税更容易被税务机关发现，被查处的概率提高，企业可能会减少逃税。这里试图在逻辑推导的基础上，通过具体的实证分析，测算出地方政府债务规模与企业逃税之间的关系。

首先，研究有助于完善我国的税收征收管理机制。逃税问题已经对我国的财政收支平衡构成了重大威胁。如何提高财政管理绩效，减少企业逃税风险，是一个亟待解决的重大问题。提高税收征收管理能力，一方面要保证应收尽收，另一方面要防止过头征税，这是提高税收征收管理效率必须解决的问题。研究主要着眼于中国企业所得税逃税问题的自身独特性，其逃税情况不仅会受到企业自身管理目标安排的影响，还很大程度上会受到当地政府机构的具体行为的影响，因此，从一定程度上，本研究为完善和发展我国税收征收的管理提供了新的思路和着眼点。

其次，研究有助于从侧面证明国地税合并的科学性、合理性。实证结果表明，地方政府的借债行为确实会对微观企业的逃税状况产生影响。国地税合并后，地方政府对税务系统的干扰会减弱，因此，结论也从侧面支持了国地税合并。此后，在研究国地税合并的政策影响时，可以对比政策改革前后地方政府债务对企业所得税逃税的影响，验证国地税合并是否会降低地方政府对税务系统的干扰。

① 数据来源：审计署《国务院关于2016年度中央预算执行和其他财政收支审计工作报告》。

最后，研究有助于抑制企业的逃税情况。企业的逃税不仅会受到企业自身决策的影响，而且会受到相关政府行为的影响。将地方政府债务规模作为研究企业逃税的切入点，利用大量的企业数据进行实证研究，说明了政府提高征税努力程度确实会影响到企业的逃税状况，并且盲目提高征税努力程度反而会激起企业的逆反心理。从这一角度看，我们也可以改变相关的政府行为而抑制企业的逃税状况。

为了查找有关地方政府债务和企业逃税关系的研究，搜索了CNKI数据库（中国知网）、万方数据库、维普中文期刊等数据库中的文献，发现均较为缺乏以此为主题的相关研究。因此，从企业逃税的影响因素和地方政府债务两个方面对国内已有文献进行梳理。对于逃税影响因素方面的研究，将其分类为制度环境、代理因素、地方政府行为因素的研究。在地方政府债务方面，主要集中于历史变迁、风险、对策以及相关变量与地方政府债务的关系等。

在制度环境方面，Slemrod、Yitzhaki（2002），Slemrod（2007）认为税务机关的征税努力程度会对企业的逃税程度有所影响。税务机关的征税努力程度越高，企业逃税被发现的概率越大，企业逃税的成本便会随之上升。税务机关在征收税款的过程中存在着一定的执法弹性，高培勇（2006）称之为“税收征管空间”，此后，对于税务机关征税努力程度与企业逃避税之间关系的研究逐渐丰富起来。吕冰洋、马光荣、毛捷（2016）从大国的市场经济中的两大关系——政府间财政关系、政府与市场关系入手，来分析两大关系是否会彼此影响。通过理论分析和实证分析发现，虽然税收分成是固定的，但这一固定指的是中央与省级政府之间税收分成比例固定。对于省级政府以下的其他政府实际上存在着弹性税收分成。弹性税收分成会影响地方税务机关的征税努力程度，从而改变企业的实际税率。当其他条件不变时，降低税收分成比例会使政府降低征税努力程度，企业面临的实际税率也会下降。范子英、田彬彬（2016）以2002年我国分税制改革的实施为背景，考察了税收分成比例对企业逃税的影响。这项改革降低了地方对企业所得税分享比例，分离了地方政府的税收征管权和税收收益权，这对地方税务局有较大影响，而几乎不会影响国税局，使得地方税务局的征税努力程度自然成为外生解释变量。范子英、田彬彬（2016）采用倍差法进行研究，认为在所得税分税制改革后，在地税局纳税的企业与在国税局纳税的企业相比，逃税程度大大提高。并且，由于增量分成模式的存在，所得税增长越快的地区，逃税现象越严重。

影响企业逃税的制度环境因素除税收分成外，其他因素也会有所影响，已有大量学者对此进行了研究。Allingham、Sandmo（1972）从税收征管的角度进行了研究，认为通过加大对逃避税的惩罚力度和检查力度，可以有效地增加逃避税的成本，从而抑制逃税现象的发生。而 Alm 等（2016）认为通过加大检查力度和惩罚力度来减少逃税，这对税务征管当局有较大的依赖性。Desai 等（2007），Wingender（2008）以及 Cai、Liu（2009）分别研究了市场竞争因素、企业自身治理能力等因素对企业逃税的影响。他们的研究表明，市场竞争越激烈，企业逃税的动机就越强。由于公司治理环境较好的国家拥有更健全的会计制度，逃税现象较少。

对于代理因素，Slemrod（2004）认为企业逃税还会受到企业代理情况的影响。在现代公司治理中，公司的所有权和经营权的分离也是企业逃税的影响因素之一。拥有公司所有权的股东希望管理者可以找到一个均衡点，使得逃税的边际成本和边际收益相等，以期得到最大的税收利润。而拥有公司经营权的企业管理者则更倾向于考虑自身所能得到的利益。Slemrod（2004），Crocker、Slemrod（2005）以及 Chen、Chu（2005）都从代理理论角度对企业的逃税行为进行了分析。Crocker、Slemrod（2005）从拥有税务决策权并受到与公司股东之间的契约约束管理层角度着手，研究逃税处罚的相对有效性。Chen、Chu（2005）使用委托代理模型考察了企业的逃税问题，重点研究了企业所有权和经营权分离所带来的效率损失。Desai、Dharmapala（2006）在此基础上，得出了企业逃税与管理层投机行为之间存在相互作用关系的结论。一方面，企业逃税为管理层操纵交易活动和会计记录的行为提供了保护；另一方面，企业的投机行为也为企业逃税提供了便利。

龚振中、李大明（2007）以契约理论为出发点，分析了企业的逃税行为。通过引入具有线性激励的企业所有者与经营者勾结的“可自我执行的协议”，建立了相应逃税模型来研究和分析企业逃税主体的决策行为。结果表明，经营者对风险的偏好、逃税的风险以及逃税的边际成本均会影响逃税主体的决策。刘华、刘锦源、姚志勇（2007）认为虽然公司的所有权和控制权相分离，但对于企业是否逃税的决策，仍是公司的所有者和公司的管理者共同决定的，双方的偏好均会对企业逃税情况产生影响。程海峰、刘华（2008）在分析双元控制主体企业逃税决策的基础上，具体分析了税务机关的查处力度以及法定税率对企业逃税的影响。刘华、姚志勇、王胜（2007）则认为产品成本、市场竞争状况和产品利润均会影响企业逃税情况。

在地方政府的行为方面，马光荣、李力行（2012）考察了县级政府规模、地方治理能力对企业逃税的影响。得出的结论为：县级政府自身规模的扩大并没有改善地方的治理能力，政府把规模扩大所带来的财政压力转嫁给其管辖的企业，提高了企业的实际税负，导致了更严重的企业逃税现象。田彬彬、范子英（2018）将企业的业务招待费作为企业贿赂支出的衡量指标进行了分析，发现宏观制度环境也会影响企业逃税。在鼓励寻租的体制下，征税人与纳税人的勾结很容易导致企业逃税。具体结论为：企业的业务招待费比例越高，企业逃税的程度越高。并且，名义税率越高的企业，其逃税动机越强，业务招待费与逃税程度的相关程度越高。相反，在享受优惠税率的高新技术企业中，逃税动机较弱，两者之间的关系基本不显著。此外，反腐力度的加大也增加了征纳合谋的成本。最后，企业的政治关系与征纳合谋存在相互替代作用。在政治关联程度较高的企业中，业务招待费对企业逃税的影响较小。范子英、田彬彬（2013）还发现，某些官员通过降低辖区内的征税努力程度来吸引企业在本地投资建厂，以达到自身升迁的目的。但这种税收竞争行为会使得逃税现象更为严重，对流动性大的企业的影响尤为显著。沈坤荣、付文林（2006）使用空间滞后模型分析了税收竞争问题，郭杰、李涛（2009）以及龙小宁等（2014）使用省级面板数据，利用空间计量模型也对税收竞争问题进行了研究。他们均得到了与范子英、田彬彬（2013）类似的结论，即税收竞争会影响企业逃税。

地方政府债务自晚清出现至今已有100余年的历史，有很多学者对地方政府债务的历史发展过程进行了研究。潘国旗（2008），刘晓泉（2012）以及马海涛、马金华（2014）等人分别研究了地方政府债务在各个历史时期的发展状况，并探讨了地方政府债务的兴衰原因。马金华、刘锐（2018）从借债主体、借债资金用途、偿债模式等角度对不同时期的地方政府债务进行了比较分析。刘飞扬、付志宇（2019）对中国地方政府债务从晚清到现代的整个发展变迁历史进行了梳理。潘国旗（2008、2009），刘大伟（2009）分别研究了浙江和江苏地方政府债务的发行方式和使用情况。毛捷、徐军伟（2019）梳理了近十年来有关地方政府债务的制度变化。

对于分析地方债务的风险以及如何化解危机，Bird（1992）分析了地方政府收支不平衡的原因，主要是由于财政体制改革和向市场经济的过渡，地方政府的财政分权程度逐渐提高。以前由中央政府承担的部分公共支出责任，现在逐渐由地方各级政府承担，而财政收入没有相应增加。Wildasin（1996）和deMello（1999）认为，随着财政分权的改革，地方政府的财政压力增加。为了弥补财政缺口，地方政府倾向于通过借债融通更多资金，从而导致地方政府债务的增加。学者们对此现象也提出了大量的解决对策，Lane（1993）认为，这个问题应该由市场本身来解决。但要让市场约束发挥作用，还需要一些制度基础。首先，必须确保国内金融市场的自由、开放和完善，政府不能通过监管或干预金融中介机构来取得优先地位。其次，必须及时向投资者披露地方政府的贷款余额和偿债能力信息。而另一些学者认为应该采取更多的限制来解决这个问题，Ter-Minassian、Craig（1997）通过案例分析指出，单纯依靠市场约束很难在地方政府债务管理中取得成功，采取规则管理的手段更为可行。Poterba（1997）发现，美国对于地方政府的支出上限管理对政府支出的削减有显著影响。

近些年来，我国地方政府债务规模大幅增加，引起了学术界的广泛关注。大量学者对地方政府债务风险进行了分析，并提出了相应的对策。马海涛、吕强（2004）从地方政府债务的含义入手，从财政体制和债务管理等角度分析了我国地方政府债务风险的形成机理，并提出了有关体制和管理改革的建议。贾康、刘薇（2010），黄燕芬、邬拉

（2011）则从现存的地方政府债务规模、来源、用途等方面入手，分析了地方政府债务的成因及发展态势，并给出了明确政府间事权划分、关注省以下政府的财政管理体制改革情况的建议。李永刚（2011）借助风险矩阵，从政府层面和政府结构的角度进行研究，认为中国地方政府存在一些潜在的债务风险。刘蓉、黄洪（2012）指出，虽然我国地方政府债务的余额是可以控制的，但新增债务的比例应引起重视。缪小林、伏润民（2013）梳理了地方政府债务的超常规增长表现，并指出在控制地方政府债务风险的权利和责任分离的情况下，有必要从地方政府债务风险产生的内部入手。赵全厚（2011）评价了2010年下半年以来国家为加强地方政府债务管理所采取的诸多措施的效果。在此基础上，提出了完善地方政府债务管理的几点建议。贾俊雪、郭庆旺（2011）通过两部门内生增长迭代模型考察财政政策的变化对地方政府债务规模的影响。吕健（2014）使用双重固定效应的杜宾模型分析政绩竞赛对地方政府债务的作用情况，意在证明地方政府债务是否会受到空间效应的影响。研究结果显示，地方政府债务确实会受到空间效应的影响，并且政绩竞赛的存在会加强这种空间效应。在政绩竞赛思维广泛存在的情况下，地方政府债务的规模还会受到周边地区的影响。范建勇、莫家伟（2014）构建了地方政府-工业投资者模型，从债务在吸引资本中的双重作用出发，分析了地方政府难以抑制举债冲动的原因。研究表明，地方政府通过借债筹措到的资金会对工业发展起到杠杆作用，它不仅提供了资金，还推动了基础设施建设并压低了工业用地的价格。使用这一杠杆作用要注意土地出让金不足以偿还债务的风险，以及资金过度配置到工业部分造成商品房价格快速增长的风险。

对有关企业所得税逃税和地方政府债务的研究成果进行了梳理。对于逃税方面的研究，将其分类为制度环境、代理因素、地方政府行为的研究。在制度环境方面，学者主要研究了税收征收努力程度、税收分成和税收征管等对所得税逃税的影响。在代理因素方面，研究了公司的所有权和经营权分离对所得税逃税情况的影响。在地方政府行为方面，学者主要研究了政府规模、地方治理能力、征纳合谋情况、政府的腐败程度、地方税收竞争等因素。

地方政府债务在我国约有100年的历史，有大量的学者对其发展变化及历史变迁做了相关研究。有的学者侧重于评述某个或某几个有代表性的时代，有的学者侧重于分析某个地区，也有学者通过发展情况把地方政府债务的发展划分为几个阶段，回顾其完整的历史变迁过程。由于近十余年来，我国的地方政府债务规模的增速很快，对于地方政府债务的风险及对策的研究开始趋于流行。也有部分学者通过实证的方法分析了地方政府债务与其他因素的关系，试图通过分析几个因素之间的相互作用关系，从而改善现存的地方政府债务的问题。

对于将这两大问题结合起来的研究，CNKI数据库（中国知网）、万方数据库等均较为缺乏以此为主题的相关文献。因为企业所得税由地方税务局征收，地方政府行为对企业所得税的影响比较大，以地方的借债行为——地方政府债务为切入点，试图通过实证研究分析地方政府债务对企业所得税逃税的影响机制。从地方政府债务方面看，实证研究的方法在这一问题上研究较少；从企业逃税的方面看，研究属于地方政府行为对企业所得税逃税的影响，但找到了新的着眼点——地方政府债务。因此，从一定程度上对现有研究成果进行了创新性研究。

通过了解现实情况和阅读已有文献，形成了清晰的研究思路。企业逃税的情况会受到政府行为的影响，特别是地方政府的具体行为的影响。地方政府的债务规模增大，地方政府会为了缓解财政压力而提高税务机关的征税努力程度。这时，企业可能会做出两种相反的决策。一方面，由于地方税务机关的努力程度提高，企业的名义税率虽然不会改变，但所面临的实际税率上升，可能会刺激企业逃税。另一方面，税务机关实施更加强有力的监管，所得税逃税行为更容易被税务机关发现，被查处的概率提高，企业可能会减少逃税。试图通过具体的实证分析，测算出地方政府债务规模与企业逃税之间的关系。

以地方政府债务规模为切入点分析企业逃税，在理论推导的基础上，采用三种模型进行了实证检验，并提出了相关政策建议。共分为五个部分。第一部分为引言，涉及研究背景、研究意义，国内外研究现状梳理及评述，并简单介绍了研究思路和研究方法，以及创新点、难点和不足等内容；作用在于引入主题，并在此基础上确定研究结构和目标。

第二部分为相关概念界定和理论分析，主要介绍了所使用的逃税和地方政府债务概念的界定以及从逻辑推导的角度分析了地方政府债务与企业所得税逃税之间的关系，并提出了相关假设。第三部分为模型设定及统计分析，主要介绍了逃税模型和实证模型的选择、实证研究中所需变量的选取以及实证中所用数据的来源，并对相关变量进行了描述性统计和相关性分析。第四部分为实证结果，主要包括基本回归结果和稳健性检验两大部分。其中，基本回归结果采用的是沪深两市上市公司2011—2016年微观面板数据和各个省份的地方政府债务数据，采用OLS混合回归模型、固定效应模型、双向固定效应模型分析地方政府债务规模对于企业所得税逃税的影响。稳健性检验部分，是针对基本回归结果中的被解释变量的选定情况、数据的选取情况和变量中存在的内生性问题进行的稳健性检验。第五部分为基本结论及政策建议，这部分阐述了实证结果得出的基本结论，并针对所得出的结论提出了相应的政策建议。

创新点主要有三处，一是对于企业所得税逃税这一问题的研究，找到了一个新的角度。将地方政府债务规模作为研究企业所得税逃税的切入点，利用大量的企业数据进行实证研究，分析地方政府债务规模的扩大对于企业逃税的影响究竟是同向作用还是反向作用。二是通过对地方政府债务与企业所得税逃税两者之间关系的研究，得到了地方政府债务规模与企业所得税逃税是同向变化的这一结论，即随着地方政府债务规模的扩大，地方税务机关的征税努力程度有所提升，但由于企业对于实际税率的变化更为敏感，这时地方政府债务规模增大就会刺激企业逃税。三是对于地方政府债务采用了定量的方法进行分析，学术界关于地方政府债务研究有许多，但大都侧重于对于地方政府债务形成原因的分析，对于债务规模过大所带来的风险研究以及对于地方政府债务规模过大的解决方案和对策的研究，而对于地方政府债务的定量研究较少。

不足之处主要有两点。首先是受资料收集途径的限制以及自身能力的限制，对于地方政府债务对企业所得税逃税影响的分析不够深入和全面。其次，对于地方政府债务规模的衡量，由于数据的可获得性，并没有采用完全的显性债务的数额进行实证研究，而是只采用了地方政府显性债务的一部分——地方政府发行债券的规模来反映整体趋势并展开具体实证研究，这也是在后续研究中需要改进的重点。

## 3.2 相关概念界定和理论分析

### 3.2.1 逃税概念界定

从理论上讲，逃税（tax evasion）与避税（tax avoidance）是可以严格区分的。这两项措施都是为了减少税收，一般通过是否合法来区分两者。其中，逃税往往指通过不合法的手段逃避缴纳税款的行为；避税往往指纳税人在不违反税法的前提下，通过合法的手段少缴税款。然而，在实践层面上，合法性的定义非常模糊。一方面，法律有时模棱两可，对合法性没有严格的定义。另一方面，即使法律是明确的，执法机构和纳税人也不完全了解法律。而在实证研究中，更不可能在数据中把两者分开，在实证过程中，我们认为只要企业报送的利润低于真实利润，就存在隐匿利润的行为。在以往的文献中，逃税和避税是交替使用的。我国关于企业逃税的研究中，一些使用了逃税，一些使用了避税，或者直接使用逃避税。实证文献有时候还使用更中性的表述，如税务违规。遵循已有文献的做法，不区分避税和逃税，统一称之为逃税。

### 3.2.2 地方政府债务概念界定

根据世界银行经济学家汉娜提出的财政风险矩阵，政府债务一般可以分为四大类：显性直接债务、显性或有债务、隐性直接债务、隐性或有债务。由于隐性债务（包括隐性直接债务和隐性或有债务）并没有法律或者合同明确规定必须由政府偿还，而是出于公共利益或者政治压力让政府承担的债务，其规模有相当大的不确定性，一般的研究不会去估计隐性债务规模，而只考虑显性债务。

显性债务包括有价证券净收入、国债转贷收入、地方政府债券净收入。其中，有价债券1998年以后不再统计。这里所采用的仅为显性债务的一部分，因为研究的是地方政府通过影响征税机关的努力程度会影响到所得税的逃税状况，主要需要的数据为地方政府自行发行债券所形成的债务，因此，只使用了地方政府发行的债券规模来代表近年来地方政府债务的发展趋势。

### 3.2.3 地方政府债务规模影响逃税的假设提出

企业所得税由地方税务局负责征收，因此地方政府的具体行为与决策会影响税务系统，从而对企业所得税的逃税状况产生较大影响。地方政府的借债行为作为一种地方政府行为也会影响到企业逃税。李文（2014）采用比较静态分析法研究了地方政府征税努力程度的影响因素，其得出的结论为：地方政府的债务规模越大，其财政压力就越大。在我国，地方政府的征税努力程度直接反映了地方政府的财政压力，较高的财政压力会促使地方政府提高征税努力程度。所说的“征税努力程度”是指在不违背税收法律制度的条件下，对征收能力的利用程度。直观上看，地方政府征税努力程度体现的是地方政府强化税收征管的程度。

因此，随着地方政府债务规模的扩大，税务机关的征税努力程度会有所提高。这时，企业可能会做出两种相反的决策。一方面，由于地方税务机关的征税努力程度提高，企业的名义税率虽然不会改变，但所面临的实际税率上升，可能会刺激企业逃税。另一方面，税务机关征税努力程度提高，会实施更加强有力的税收监管，企业逃税更容易被税务机关发现，被查处的概率提高，企业可能会减少逃税。

地方政府债务规模与企业所得税逃税的关系既有可能是同向变化，也有可能是反向变化。随着地方政府债务规模的增加，税务机关的征税努力程度有所增加，企业的名义税率不变，但实际税率上升，若企业对于实际税率的变动更为敏感，则地方政府债务规模对企业所得税逃税的影响表现为同向作用，地方政府债务规模增加会刺激企业逃税，据此提出假设1。

假设1：企业对于实际税率的变动更为敏感，地方政府债务规模增大会刺激企业逃税。

随着地方政府债务规模的增加，税务机关的征税努力程度有所增加，更加强有力的监管使企业的逃税行为更容易被税务机关发现，若企业对税收查处的风险反应较为敏感，则地方政府债务规模对企业所得税逃税的影响表现为反向作用，地方政府债务规模增加会减少企业逃税，由此提出假设2。

假设2：企业对于税收查处的风险更为敏感，地方政府债务规模增大会抑制企业逃税。

地方政府债务规模与企业逃税的关系最终表现为同向关系还是反向关系，取决于两种相反作用合力的结果。假设1和假设2是一对相反的假设，只会有一种假设成立。预测假设1成立，假设2不成立。因为，地方税务机关征税努力程度的提高会受到税务机关工作人员数量的限制，还会受到每年分配给各级税务机关征税指标的限制，由于此类指标存在某种程度的刚性，税务机关在完成指标后征税努力程度就会有所下降；而企业方面，逃税所得到的即时利益会促使企业采取各种手段逃税。

对于控制变量来说，也存在相应作用机理。以控制变量名义税率来说，企业的名义税率越高，企业面临的税负就越大。并且，名义税率的变化特别直观，企业会对此控制变量的变化比较敏感。名义税率一旦升高，企业极易为了降低陡升的税负而选择逃税。据此，提出假设3。

假设3：在其他条件不变的情况下，名义税率与企业逃税同向变化，即名义税率越高，企业越倾向于逃税。

企业层面的控制变量实际税负和企业年龄也会对企业的逃税情况有所影响，实际税负对于名义税率的变化来说，具有相对的隐蔽性，这一控制变量的变化不易被企业察觉。这种相对隐蔽的手段不容易使企业产生逆反心理；企业成立的时间越长，对主管税务机关越熟悉，越容易产生征纳合谋现象，越容易逃税。据此，提出假设4和假设5。

假设4：在其他条件不变的情况下，实际税负与企业逃税反向变化，实际税率升高，企业不容易逃税。

假设5：在其他条件不变的情况下，企业年龄与企业逃税情况同向变化，即企业成立时间越长，企业越倾向于逃税。

## 3.3 模型设定及统计分析

### 3.3.1 模型设定

基于之前的分析，我们认为地方政府债务规模会影响企业的逃税情况。但该影响究竟是同向作用还是反向作用尚不能确定。根据定性分析，我们认为，一方面，省级政府债务规模扩大，会面临更大的财政压力，为了解决这一问题会提高税务机关的征税努力程度，企业逃税更容易被税务机关发现，由此可能会降低企业的逃税程度；另一方面，由于地方税务机关征税努力程度的提高，企业面临的实际税率有所提高，企业为了获得更多的税后利润，可能会加大逃税程度。具体的影响方向需要通过实证分析确定。

在设定实证模型时，首先考虑逃税的测度方法，因为各企业逃税的数额是无法准确得到的，只能通过相应方法测度。现有文献中较为流行的测度逃税的方法有两种，一种是实际利率法，另一种为账面-应税收入法，需要根据两个方法的优缺点选其一。由于账面-应税收入法能解决实际利率法无法测度同时控制税前和税后收入所产生的逃税的问题，因此，采用的测度逃税的方法为账面-应税收入法。账面-应税收入法主要依赖于对会计账面收入和应税收入的系统性分解。此方法背后的逻辑是，企业经营者有动机向股东报告更多的实际收入以获得投资者信心，他们也有动机向税务当局隐瞒收入以少缴纳税款。前者一般为企业的账面收入，后者为应纳税收入，两者的差异反映了企业对税务机关隐瞒收入的程度。除了正常的税收与会计制度之间的差异外，账面收入和应税收入的差异就在一定程度上反映了企业逃税的程度（Thomas等，1998；Desai，2005；Desai、Dharmapala，2006）。

其次，考虑到所选数据为面板数据，常见的适合面板数据的模型有OLS混合回归模型、固定效应模型和双向固定效应模型等，下面将分别采用这三种模型来进行实证研究。

（1）OLS混合回归模型

首先，采用最基础的OLS混合回归进行实证分析，并采用如下计量模型进行回归：

$$Evasion_{it} = \beta_0 + \beta_1 Debt_{it} + \beta_2 X_{it} + \beta_3 Z_{it} + \varepsilon_{it} \tag{1}$$

其中，下标i表示企业，t表示年份，$\varepsilon_{it}$为随机扰动项。$Evasion_{it}$表示企业的逃税程度，用会计上的账面收入和向税务机关报送的收入的差额衡量。$Debt_{it}$是核心解释变量，用政府债务付息支出与各省级政府发行债券的平均利率的比值表示，用以反映各省级政府的债务规模。$X_{it}$表示公司层面控制变量，包括了公司层面常用的控制变量，如企业规模（size）、企业年龄（lnage）、盈利能力（roa）、资本密集度（capital）以及存货密集度（inventory）等。$Z_{it}$表示省级层面的控制变量，选取了政府规模（govexp）、财政自主度（fiscalautonomy）、政府与市场关系指数（govmet）及市场化指数（marketization）、名义税率（taxrate）、实际税负（tburden）等指标。

（2）固定效应模型

对于上文采用的OLS模型进行进一步细致分析，现将个体效应纳入考虑范围，采用面板数据中最常用的固定效应模型进行实证分析，并采用如下计量模型进行回归：

$$Evasion_{it} = \beta_0 + \beta_1 Debt_{it} + \beta_2 X_{it} + \beta_3 Z_{it} + \gamma_i + \varepsilon_{it} \tag{2}$$

其中，下标i表示企业，t表示年份，$\gamma_i$代表企业层面的固定效应，$\varepsilon_{it}$为随机扰动项。$Evasion_{it}$表示企业的逃税程度，用会计上的账面收入和向税务机关报送的收入的差额衡量。$Debt_{it}$是核心解释变量，用政府债务付息支出与各省级政府发行债券的平均利率的比值表示，用以反映各省级政府的债务规模。$X_{it}$表示公司层面的控制变量，$Z_{it}$表示省级层面的控制变量。

（3）双向固定效应模型

对于面板数据来说，还应该考虑是否存在时间层面的固定效应。下面将在固定效应模型中加入时间层面的固定效应，即采用双向固定效应模型。以2011年（Year1）作为参照年份，为了避免多重共线性，没有将2011年（Year1）放入回归方程中，故只汇报了2012—2016年

(Year2-Year6) 的相关系数。采用如下加入时间层面的固定效应的计量模型进行回归：

$$Evasion_{it} = \beta_0 + \beta_1 Debt_{it} + \beta_2 X_{it} + \beta_3 Z_{it} + \gamma_i + \phi_t + \varepsilon_{it} \quad (3)$$

其中，下标i表示企业，t表示年份，$\gamma_i$代表企业层面的固定效应，$\phi_t$表示时间层面的固定效应，$\varepsilon_{it}$为随机扰动项。$Evasion_{it}$表示企业的逃税程度，用账面收入和报告收入的差额衡量。$Debt_{it}$是核心解释变量，用政府债务付息支出与各省级政府发行债券的平均利率的比值表示，用以反映各省级政府的债务规模。$X_{it}$表示公司层面控制变量，$Z_{it}$表示省级层面的控制变量。

### 3.3.2 变量选取

以企业逃税数额作为被解释变量，以地方政府的债务规模作为核心解释变量。

由于研究内容为地方政府行为对企业行为的影响，因此加入了相应的控制变量。控制变量的选取一方面加入了文献中常用的变量，如企业规模（size）、企业年龄（lnage）、盈利能力（roa）、资本密集度（capital）以及存货密集度（inventory）等。还加入了省级层面的控制变量，如政府规模（govexp）、财政自主度（fiscalautonomy）、政府与市场关系指数（govmet）及市场化指数（marketization）、名义税率（taxrate）、实际税负（tburden）等指标。

（1）被解释变量

被解释变量为企业逃税程度（evasion）。所指的逃税包括逃税和避税两种形式的少缴的税款。在学术研究中，一般通过是否合法来区分两者。其中，逃税往往指通过不合法的手段逃避缴纳税款的行为；避税往往指纳税人在不违反税法的前提下，通过合法的手段少缴的税款。但在现实中，合法性的定义非常模糊。一方面，法律有时模棱两可，对合法性没有严格的定义。另一方面，即使法律是明确的，执法机构和纳税人也不完全了解法律。而在实证研究中，更不可能在数据中把两者分开，在实证过程中，我们认为只要企业报送的利润低于真实利润，就存在隐匿利润的行为。

采用的测度逃税的方法为账面-应税收入法（book-tax difference），主要依靠会计上的账面收入和企业向税务机关报告的应税收入的差额来衡量是否逃税。这种方法的逻辑为：企业一般倾向于向投资者或股东报告较为准确和真实的收入以获得投资者信心，此数据反映在对外公开的财务报表中的税前利润一栏。而在面对税务机关时，企业为了少缴纳税款，获得较大的税后利润，则倾向于向税务机关少报告收入及利润，这一数据可由财务报表中的所得税费用和企业使用税率倒推得出。

（2）核心解释变量

以地方政府债务规模（debt）作为核心解释变量，由于前文所提及的原因，此处仅采用显性债务的一部分——地方政府发行的债券规模来代表近年来地方政府债务的发展趋势。由于数据的可获得性，采用地方政府债务付息支出和各省级政府发行债券的平均利率的比值表示该指标。这样计算虽不准确，但足以代表各地方政府债务水平的大致发展趋势及规模，不会影响研究结果。

2011年和2013年国家审计署对地方政府的债务情况进行了全面审计，并提出了部分地方政府的债务规模增长过快、债务制度不够完善、债务资金管理使用不够规范等问题。

这两次全面审计过后，直到2015年，地方政府债务规模的增长速度均较为平缓，债务过重的部分省份，如四川、河南、广东、云南、江西等，地方政府债务规模均有明显的下降趋势，但2016年，几乎所有省份的债务规模都有了大幅度提高。

（3）控制变量

关于控制变量的选取，参考了既有文献，将影响因素分为企业层面的控制变量对企业逃税的影响和省级层面的控制变量对企业逃税的影响两个方面。影响企业逃税的控制变量主要涉及：

企业规模（size）。企业规模通常有三个衡量标准，即员工数量、总资产和销售额。采用销售额作为衡量指标，它既能反映企业的经营规模，又能反映企业的市场竞争力。公司规模的大小可以从两个方面影响企业的税负。一方面，大型企业具有良好的议价能力，在政府的税收博弈中，大型企业比小型企业具有更多的优势。另一方面，国家出台了一系列税收优惠政策，支持和鼓励中小企业发展。在实证研究中，既有学者认为是同向关系，也有学者的实证结果支持反向关系。王延明（2003）的研究也表明，公司规模对企业税负有显著影响。

企业年龄（lnage）。企业年龄用企业成立时间的对数表示。企业成立的时间越长，与主管税务机关越熟悉，与税务机关人员相互勾结的可能性越大，逃税的可能性越大。

盈利能力（roa）。企业的盈利能力是通过税前利润与企业总资产的比值来衡量的。企业的盈利能力与企业的实际税负之间存在一定的关系，可能会对企业的逃税有一定影响，但现有研究对影响的方向还未形成统一结论。

资本密集度（capital）。资本密集度反映了企业资产的分布情况。已有一些学者在实证研究中证实，资本密集度会影响企业的税负。

存货密集度（inventory）。存货密集度用期末存货与期末资产总额的比值表示。在对企业税负的研究中，广泛作为控制变量使用。刘骏、刘峰（2014）也通过实证得出了存货密集度会影响企业的税负和逃税情况的结论。

政府规模（govexp）。政府规模也会影响企业的具体决策行为，一方面，政府规模扩大后，对于地方所辖地区的企业的控制能力增强，会抑制企业逃税；另一方面，地方政府规模扩大可能会产生更多的冗员，人浮于事的现象可能愈加严重，会影响行政效率，给企业逃税留下空间。

财政自主度（fiscalautonomy）。财政自主度这一指标用一般预算收入与一般预算支出之比来衡量，该指标越小，说明地方财政产生的赤字越大，地方政府的财政压力也越大，增大的财政压力会改变地方政府行为，进而会影响到企业的逃税情况。

市场化指数（marketization）。在市场化水平的衡量测度方面，樊纲、王小鲁等人计算并公布的市场化指数得到了大部分学者的认可。选取樊纲等的市场化指数和政府与市场的关系指数，反映省份与省份之间市场化进程的相对情况。选取的两个指数分别反映市场化总的变化趋势及政府与市场关系的变化趋势，评分越高，相应的市场化程度也越高。

名义税率（taxrate）。名义税率这一指标较为直观，企业面临的名义税率越高就越容易逃税。

实际税负（tburden）。由于税法中存在大量的税收减免、税收优惠，因此，企业实际承担的税负往往不同于名义税率计算出来的税负，这一税负具有相对隐蔽性。

### 3.3.3 数据来源及描述性统计

（1）数据来源

选取2011—2016年沪深两市所有的上市公司作为研究样本，包含2 384家企业。数据的内容包含企业经营环境和财务绩效两大部分，具体包含企业成立时间、企业的股权性质、企业规模、存货密集度、资本密集度、杠杆系数、盈利能力等。

数据所涉及的区域覆盖31个省、自治区和直辖市。考虑到母子公司可能位于不同的省份，会受到不同省份政府行为的影响，可能会影响实证研究的结果，故只选取了母公司的财务报表数据。

对所得的原始数据进行如下处理：①剔除缺失关键变量的缺失值，即剔除某年某省份地方政府债务规模缺失的数据；②剔除企业财务报表中企业的利润总额为负值、净利润为负值和所得税为负值的数据；③为了保证研究结果不受极端值影响，还剔除了企业逃税数额上下0.5%的样本数据。由此，得到的全样本数据共包含了2 277家企业的6 731条数据。

由于数据的可获得性，地方政府发行债券的数额采用地方政府债务付息支出及地方政府债券的平均利率计算得出。

地方政府付息支出的数据来源于中经网统计数据库和国家统计局网站，平均利率由中国国债协会的数据加权平均计算得出。所需的企业账面收入、企业资产总计、成立时间、税前利润、年末存货数量、年末负债总额、企业股权类型等企业层面的相关数据均来源于国泰安CSMAR数据库。所需的财政压力、政府规模、税收依赖度、财政自主度等省级层面的控制变量均由国家统计局的数据计算得出。

市场化指数、政府与市场关系的数据来源于王小鲁、樊纲、胡李鹏的《中国分省份市场化指数报告（2016）》与《中国分省份市场化指数报告（2018）》。

（2）描述性统计

表3-2对用到的主要变量进行了描述性统计，着重报告了变量的定义、观测值数、最大值、最小值以及标准误等指标。其中，标准误是指变量偏离均值的程度。

表3-2　**变量的描述性统计分析**

| 变量名 | 变量定义 | 观测值数 | 均值 | 标准误 | 最小值 | 最大值 |
|---|---|---|---|---|---|---|
| evasion | 账面-应税收入回归残差 | 6 731 | 0.26 | 0.995 | 0 | 15.542 |
| debt | 地方政府债务规模 | 6 731 | 0.082 | 0.086 | 0 | 0.394 |
| size | 企业的销售额 | 6 731 | 21.882 | 1.412 | 18.4 | 30.325 |
| lnage | 企业成立时间的自然对数 | 1 475 | 2.857 | 0.299 | 1.386 | 3.664 |
| roa | 税前利润/年末资产总计 | 6 731 | 0.629 | 1.667 | -0.121 | 128.815 |
| capital | 固定资产净值/年末资产总计 | 6 731 | 1.256 | 1.302 | 0 | 8.711 |
| inventory | 年末存货总额/年末资产总计 | 6 731 | 0.746 | 0.829 | 0 | 6.841 |
| govexp | 地区财政支出/地区生产总值 | 6 731 | 1.844 | 0.796 | 1.103 | 13.792 |
| fiscalautonomy | 一般预算收入/一般预算支出 | 6 731 | 7.584 | 2.395 | 0.937 | 12.962 |
| govmet | 政府与市场关系指数 | 6 731 | 5.567 | 3.141 | -6.75 | 9.22 |
| marketization | 市场化指数 | 6 731 | 8.007 | 1.639 | -0.3 | 10 |
| tburden | 应交所得税/资产总计 | 6 731 | 0.063 | 0.121 | -0.708 | 7.468 |
| equnature | 企业类型（国企、民营、外资） | 6 731 | 4.041 | 1.15 | 1 | 5 |

（3）相关性分析

表3-3为企业层面的相关系数矩阵，地方政府债务规模与逃税的相关系数为0.25，并且在5%的水平上显著，说明地方政府债务规模确实会影响企业的逃税状况。选用的其他企业层面的控制变量也均会对企业的逃税状况产生显著影响。

表3-4为省级层面的相关系数矩阵，选用的政府规模、名义税率、市场化指数及实际税负等控制变量均会对企业的逃税情况产生显著影响，而财政自主度和政府与市场关系这两个控制变量虽不会对企业逃税情况产生显著影响，但会影响其他控制变量进而影响逃税。

表3-3 **企业层面控制变量相关系数矩阵**

| 两两相关 | | | | | | | |
|---|---|---|---|---|---|---|---|
| 变量 | (1) evasion 逃税 | (2) debt 地方政府债务规模 | (3) size 企业规模 | (4) lnage 企业年龄 | (5) inventory 存货密集度 | (6) capital 资本密集度 | (7) roa 盈利能力 |
| (1) evasion 逃税 | 1 | | | | | | |
| (2) debt 地方政府债务规模 | 0.250* (0.039) | 1 | | | | | |
| (3) size 企业规模 | 0.262* (0.000) | −0.001 (0.96) | 1 | | | | |
| (4) lnage 企业年龄 | 0.107* (0.000) | −0.044* (0.000) | 0.054* (0.000) | 1 | | | |
| (5) inventory 存货密集度 | −0.115* (0.000) | 0.02 (0.104) | 0.179* (0.000) | −0.144* (0.000) | 1 | | |
| (6) capital 资本密集度 | −0.095* (0.000) | 0.021 (0.087) | 0.229* (0.000) | 0.017 (0.162) | 0.123* (0.000) | 1 | |
| (7) roa 盈利能力 | 0.041* (0.001) | 0.002 (0.859) | −0.027* (0.027) | −0.013 (0.295) | −0.013 (0.291) | −0.022 (0.077) | 1 |

注：* 表示在5%的水平上显著。

表3-4 **省级层面控制变量相关系数矩阵**

| 变量 | 两两相关 | | | | | | | |
|---|---|---|---|---|---|---|---|---|
| | (1) evasion 逃税 | (2) debt 地方政府债务规模 | (3) govexp 政府规模 | (4) fiscalautonomy 财政自主度 | (5) govmet 政府与市场关系指数 | (6) marketization 市场化指数 | (7) taxrate 名义税率 | (8) tburden 实际税负 |
| (1) evasion 逃税 | 1 | | | | | | | |
| (2) debt 地方政府债务规模 | 0.250* (0.039) | 1 | | | | | | |
| (3) govexp 政府规模 | 0.065* (0.000) | −0.179* (0.000) | 1 | | | | | |
| (4) fiscalautonomy 财政自主度 | 0.019 (0.119) | 0.063* (0.000) | −0.442* (0.000) | 1 | | | | |
| (5) govmet 政府与市场关系指数 | −0.018 (0.144) | 0.209* (0.000) | −0.359* (0.000) | 0.413* (0.000) | 1 | | | |
| (6) marketization 市场化指数 | 0.029* (0.019) | 0.029* (0.018) | −0.549* (0.000) | 0.567* (0.000) | 0.133* (0.000) | 1 | | |
| (7) taxrate 名义税率 | 0.215* (0.000) | 0.002 (0.838) | 0.048* (0.000) | −0.062* (0.000) | 0.025* (0.041) | −0.007 (0.556) | 1 | |
| (8) tburden 实际税负 | −0.040* (0.001) | 0.001 (0.911) | −0.043* (0.000) | 0.061* (0.000) | 0.045* (0.000) | 0.023 (0.062) | −0.012 (0.329) | 1 |

注：* 表示在5%的水平上显著。

## 3.4 实证结果

### 3.4.1 基本回归结果

所选的数据类型为面板数据，常见的适合面板数据的模型有OLS混合回归模型、固定效应模型和双向固定效应模型等，将分别采用这几种模型来进行实证研究。

（1）OLS混合回归模型结果

表3-5 OLS混合回归模型结果

| 变量 | (1)<br>OLS_1<br>evasion逃税 | (2)<br>OLS_2<br>evasion逃税 |
|---|---|---|
| debt<br>地方政府债务规模 | 0.291*<br>(0.156) | 0.250**<br>(0.113) |
| size<br>企业规模 | | 0.0201***<br>(0.00305) |
| lnage<br>企业年龄 | | -0.00255<br>(0.00197) |
| inventory<br>存货密集度 | | -0.123***<br>(0.0379) |
| capital<br>资本密集度 | | -0.0844***<br>(0.0160) |
| roa<br>盈利能力 | | 0.199***<br>(0.0429) |
| govexp<br>政府规模 | | 0.0914***<br>(0.0310) |
| fiscalautonomy<br>财政自主度 | | 0.0524***<br>(0.0187) |
| govmet<br>政府与市场关系指数 | | 0.00144<br>(0.00438) |
| marketization<br>市场化指数 | | 0.0164<br>(0.0182) |
| taxrate<br>名义税率 | | 0.402***<br>(0.0565) |

续表

| 变量 | (1)<br>OLS_1<br>evasion逃税 | (2)<br>OLS_2<br>evasion逃税 |
| --- | --- | --- |
| tburden<br>实际税负 | | $-0.284^{***}$<br>(0.0526) |
| Constant | $0.0284^{***}$<br>(0.00315) | $-0.542^{***}$<br>(0.0813) |
| Observations | 6 731 | 6 489 |

注：括号中为稳健标准误，$^{***}$ $p<0.01$，$^{**}$ $p<0.05$，$^{*}$ $p<0.1$。

第（1）列为只加入核心解释变量——地方政府债务规模的数据，此时 $\beta_1$ 的系数显著为正，假设1成立，表明地方政府的债务规模越大，企业的逃税现象越严重。第（2）列为加入了企业层面的控制变量和省级层面的控制变量后，以2 277家企业作为聚类做出的聚类稳健的标准误的混合回归结果，此时地方政府债务规模的系数增大，说明不控制其他的控制变量会低估地方政府债务规模对企业逃税的影响。结果在5%的水平上显著为正，说明地方政府的债务规模确实会影响到企业的逃税情况，并且地方政府债务规模和企业的逃税规模存在同向关系，即地方政府债务规模越大，企业越倾向于逃税。

在企业层面的控制变量中，企业规模的结果在1%水平上显著为正，说明企业的规模越大越容易逃税，这一结论与Morris（1992）的结论一致，即大规模公司具有良好的议价能力，在与政府进行税收博弈时，比小企业更有优势。资本密集度和存货密集度的相关系数均显著为负值，即资本越密集，拥有的存货量越多，企业逃税的可能性越小。

在省级层面的控制变量中，政府规模的系数显著为正，这与马光荣、李力行（2016）得到的结论一致，即地方政府规模越大，企业的会计账面利润越偏离报告利润，意味着企业的逃税情况越严重。财政自主度显著为正，即地方政府收入支出比越小，企业越不容易逃税，在这方面，征税努力程度的提高有利于改善企业的逃税状况。市场化指数在此时不显著。名义税率与企业逃税的相关系数为正，即企业的名义税率越高越倾向于逃避税收，假设3成立。而实际税负具有相对隐蔽性，和名义税率对于企业逃税的作用相反，故假设4也成立。

(2)固定效应模型结果(见表3-6)

表3-6 **固定效应模型的回归结果**

| evasion<br>逃税 | (1)<br>FE_debt<br>债务 | (2)<br>FE_epr<br>企业变量 | (3)<br>FE_gov<br>省级变量 | (4)<br>FE_SOE<br>国企 | (5)<br>FE_pepr<br>民企 | (6)<br>FE_fepr<br>外企 |
|---|---|---|---|---|---|---|
| debt | 0.214** | 0.212** | 0.295*** | 0.223 | 0.132** | 0.916 |
| 地方政府债务规模 | (0.0897) | (0.0862) | (0.111) | (0.249) | (0.0621) | (0.621) |
| size | | 0.000905 | 0.00290 | 0.00776** | -0.00146 | 0.00725 |
| 企业规模 | | (0.00186) | (0.00188) | (0.00312) | (0.00135) | (0.00902) |
| lnage | | 0.0129*** | -0.00809*** | 0.00249 | -0.000784 | -0.0212* |
| 企业年龄 | | (0.00212) | (0.00282) | (0.0110) | (0.00132) | (0.0123) |
| inventory | | -0.0439* | -0.0170 | -0.0402 | -0.00641 | -0.367 |
| 存货密集度 | | (0.0263) | (0.0253) | (0.0648) | (0.00831) | (0.281) |
| capital | | -0.0280*** | -0.0119 | -0.000369 | -0.0127*** | 0.0301 |
| 资本密集度 | | (0.00800) | (0.00833) | (0.0193) | (0.00324) | (0.0572) |
| roa | | 0.225*** | 0.293** | 1.047*** | 0.119** | 0.698** |
| 盈利能力 | | (0.0665) | (0.117) | (0.181) | (0.0599) | (0.302) |
| govexp | | | 0.203 | 0.156 | 0.101** | 0.461 |
| 省级政府规模 | | | (0.165) | (0.263) | (0.0441) | (0.728) |

续表

| evasion<br>逃税 | (1)<br>FE_debt<br>债务 | (2)<br>FE_epr<br>企业变量 | (3)<br>FE_gov<br>省级变量 | (4)<br>FE_SOE<br>国企 | (5)<br>FE_pepr<br>民企 | (6)<br>FE_fepr<br>外企 |
|---|---|---|---|---|---|---|
| fiscalautonomy | | | −0.00642 | 0.0189 | 0.00274 | 0.0156 |
| 财政自主度 | | | (0.0144) | (0.00879) | (0.00230) | (0.0198) |
| govmet | | | 0.00293 | 0.00627 | −0.000995 | −0.00721 |
| 政府与市场关系指数 | | | (0.00425) | (0.00645) | (0.00154) | (0.0111) |
| marketization | | | 0.0663** | 0.0533 | 0.0100 | 0.00306 |
| 市场化指数 | | | (0.0338) | (0.0392) | (0.00907) | (0.130) |
| taxrate | | | 0.0590** | 0.151** | 0.0572*** | −0.157** |
| 名义税率 | | | (0.0234) | (0.0617) | (0.0154) | (0.0699) |
| tburden | | | −0.140*** | −0.466*** | −0.0696** | −0.239* |
| 实际税负 | | | (0.0541) | (0.0820) | (0.0328) | (0.130) |
| Constant | 0.0242*** | −0.0258 | −0.171*** | −0.335*** | −0.0335 | −0.0524 |
| | (0.000740) | (0.0382) | (0.0560) | (0.0991) | (0.0350) | (0.280) |
| Observations | 6 731 | 6 489 | 6 489 | 2 373 | 3 569 | 214 |
| Number of Stkcd | 2 382 | 2 277 | 2 277 | 803 | 1 330 | 84 |

注：括号中为稳健标准误，*** $p<0.01$，** $p<0.05$，* $p<0.1$。

在第（1）列，只加入了核心解释变量——地方政府债务规模，回归结果在5%的水平上显著为正，说明地方政府的债务规模确实会影响到企业的逃税情况。前述分析中提到，地方政府规模与企业逃税的关系可能为同向关系，也可能为反向关系。一方面，地方政府债务的规模越大，政府倾向于提高征税努力程度，逃税更容易被查处，会抑制企业逃税；另一方面，企业面临的实际税率更高，逃税所得到的利益更大，会更有动机逃税。政府债务规模与企业逃税的最终关系是两种相反的作用合力的结果，并由此提出了假设1和假设2。$\beta_1$的系数为正，假设1成立，即省级地方政府债务越高，所在省的企业的逃税情况越严重。这说明当企业处于查处风险和实际税率同时提高情况下，企业对于实际税率的提高更为敏感，这可能由于实际税率的提高对于企业来说是一个确定的事实，当税务机关提高征税努力程度后，企业容易感受到自身税收成本增加的压力，而对于查处风险来说，这一部分的成本只有企业被查处时才会承担，是不确定的。假设1的成立也能从侧面说明企业逃税的程度高于税务机关征税的努力程度。这一现象可能的解释为：地方税务机关征税努力程度的提高会受到税务机关工作人员数量的限制，还会受到每年分配给各级税务机关征税指标的限制，由于此类指标存在某种程度的刚性，税务机关在完成指标后征税努力程度就会有所下降；而企业方面，逃税所得到的即时利益会促使企业采取各种手段逃税。在第（2）列，加入影响逃税的企业层面的控制变量，此时$\beta_1$的系数仍显著为正，说明不控制其他控制变量会低估政府债务规模对企业逃税的影响。在第（3）列，进一步加入省级层面的控制变量，地方政府债务规模的系数仍然为正。

在企业层面的控制变量中，企业规模的结果不显著，可能的原因是企业规模选取了销售额来反映，会受到盈利能力这一控制变量的影响。企业年龄的系数显著为正，即企业年龄越大，逃税程度越高。与前述假设5即“企业成立的时间越长，与主管税务机关越熟悉，越可能与税务机关的工作人员产生合谋，逃税的可能性越大”相符。盈利能力的系数反映两个方面的合力：一方面，盈利能力越强，越容易成为重点税源企业，受到的监管较严，会抑制企业逃税；另一方面，盈利越多，逃税所收获的利益就越大，企业会更倾向逃税。此系数在1%的水平上显著为正，这说明逃税努力程度的增加大于征管努力程度的增加。存货密集度的系数不显著，可能是由于存在大量缺失值，导致实证结果受到影响。资本密集度显著为负，说明资本密集度越高，相应的逃税程度越低。

在省级层面的控制变量中，省级政府规模与财政自主度不显著，其中省级政府规模与企业逃税情况的系数不显著可能与中国的地方分级管理有关，税收主要由地市级的税务机关征收，省级地方政府的规模扩大，对于地方级的影响有限，从而对于位于各地方的企业的影响也有限；财政自主度不显著可能是由于采用的是预算收入和预算支出的比值，变化较小，对于企业逃税的影响有限。市场化指数显著为正，说明在更加宽松自由的情况下，企业得到了发展，但也增加了企业逃税的风险。名义税率的系数为正，假设3成立，这一实证结果与前文预测相符，即企业面临的名义税率越高越倾向于逃税，面临的名义税率越低，逃税的可能性也会降低。而实际税负与企业逃税的相关系数为负，说明与名义税率相比，实际税负具有一定的隐蔽性，假设4也成立。

我们将数据按照股权所有制的类型分为国有企业、民营企业和外资企业。第（4）至（6）列为不同所有制企业的回归结果，只有民营企业的地方政府债务规模的系数仍然显著为正，国有企业和外资企业的回归结果均不显著。其可能的原因为：国有企业的避税动机一般较低，因为国有控股公司受到政府较强的控制；而外资企业可能由于只有84家公司的样本，影响了实证的结果。

（3）双向固定效应模型结果（见表3-7）

第（1）列为前文所采用的固定效应模型的回归结果，第（2）列为加入时间效应后，双向固定效应模型所汇报的结果。最重要的核心解释变量地方政府债务规模与逃税的相关系数有所下降，显著性也由1%的水平上显著下降到10%的水平上显著。其原因是：时间可以在一定程

表3-7　双向固定效应模型的回归结果

| 变量 | (1)<br>FE_robust<br>evasion逃税 | (2)<br>FE_TW<br>evasion逃税 |
|---|---|---|
| debt<br>地方政府债务规模 | 0.295***<br>(0.111) | 0.169*<br>(-0.102) |
| size<br>企业规模 | 0.00290<br>(0.00188) | 0.00297<br>(0.00189) |
| lnage<br>企业年龄 | -0.00809***<br>(0.00282) | -0.0124***<br>(0.00336) |
| inventory<br>存货密集度 | -0.0170<br>(0.0253) | -0.0126<br>(0.0248) |
| capital<br>资本密集度 | -0.0119<br>(0.00833) | -0.00432<br>(0.00791) |
| roa<br>盈利能力 | 0.293**<br>(0.117) | 0.291**<br>(0.117) |
| govexp<br>政府规模 | 0.203<br>(0.165) | 0.0882<br>(0.162) |
| fiscalautonomy<br>财政自主度 | -0.00642<br>(0.0144) | -0.00863<br>(0.0217) |
| govmet<br>政府与市场关系指数 | 0.00293<br>(0.00425) | -0.0129<br>(0.0102) |
| marketization<br>市场化指数 | 0.0663**<br>(0.0338) | 0.0460<br>(0.0412) |
| taxrate<br>名义税率 | 0.0590**<br>(0.0234) | 0.0534**<br>(0.0251) |

续表

| 变量 | (1)<br>FE_robust<br>evasion 逃税 | (2)<br>FE_TW<br>evasion 逃税 |
|---|---|---|
| tburden<br>实际税负 | -0.140***<br>(0.0541) | -0.139***<br>(0.0540) |
| Year2<br>2012年 | | 0.00205<br>(0.00606) |
| Year3<br>2013年 | | 0.00753<br>(0.00607) |
| Year4<br>2014年 | | 0.0106*<br>(0.00640) |
| Year5<br>2015年 | | 0.00834<br>(0.0122) |
| Year6<br>2016年 | | 0.0328***<br>(0.0118) |
| Constant | -0.171***<br>(0.0560) | -0.133*<br>(0.0742) |
| Observations | 6 489 | 6 489 |
| Number of Stkcd | 2 277 | 2 277 |

注：括号中为稳健标准误，*** p<0.01，** p<0.05，* p<0.1。

度上解释被解释变量逃税的变动（Year6的回归系数在1%的水平上显著，Year4的回归系数在10%的水平上显著），因此，其余的解释变量的解释能力均会有所下降。但此时的回归系数仍然为正数，说明此时两种相反的作用合力的结果仍然是促进作用大于抑制作用，即省级地方政府债务规模越高，所在省的企业的逃税情况越严重。

在控制变量中，政府规模、财政自主度和市场化指数等变量均不显著；企业年龄、盈利能力、名义税率和实际税负等变量虽然显著，相关系数也均有所减小，但假设3、假设4依然成立。这说明回归结果比较稳健，也说明了时间确实对企业逃税的情况有一定影响。

不同的模型各有其特点，OLS混合回归模型是最基本的模型，假设不存在固定效应和时间效应，即假定每个截面的估计方程都具有相同的斜率项和截距项，但由于每个企业存在企业文化、规章制度等自身独特特征，存在不随时间而变的遗漏变量，忽略了这一因素可能导致混合回归的结果不一致；固定效应模型将个体效应纳入考虑范围，认为回归方程估计结果在斜率项和截距项上是不一样的，这一设定比较符合现实状况，因此，固定效应模型是面板数据的研究中较为常用的模型；双向固定效应模型进一步将时间层面的固定效应纳入考虑范围，考虑一些随时间而变且这种变化几乎与省份无关的变量，会使模型的估计更加接近现实状况。

首先，关注核心解释变量——地方政府债务规模，三种模型的实证结果均为正值，其回归系数也稳定在0.169~0.295之间，表明假设1成立，即地方政府债务规模增大会刺激企业逃税。其次，关注比较重要的两个控制变量——名义税率与实际税负，经前文分析认为，名义税率与企业逃税同向变化，实际税负与企业逃税反向变化。三种模型的结果均符合预测结果，假设3、假设4均成立。其中，固定效应模型与双向固定效应模型的结果较为接近，可能是由于OLS混合回归假定所有回归方程具有相同的截距项和斜率项。这一设定较为严格，可能与现实状况有所偏离。

### 3.4.2 稳健性检验

（1）改变被解释变量指标选取的稳健性检验

现有文献中较为流行的测度逃税的方法有两种，一种是实际利率法，另一种是账面-应税收入法。前文采用了账面-应税收入法测度企业所得税的逃税程度。现采用实际利率法进行逃税模型的稳健性检验（见表3-8）。用实际利率法测度企业逃税的原理为：逃税越多的企业实际承担的税负越轻，其实际利率越低；反之，逃税较少或者如实缴纳税款的企业承担的税负相对较重，面对的实际税率较高。其中，实际税率用税收支出与税前收入的比值表示。

表3-8　　实际利率法测度逃税结果

| 变量 | (1)<br>FE_1<br>evasion 逃税 | (2)<br>FE_2<br>evasion 逃税 | (3)<br>FE_3<br>evasion 逃税 |
|---|---|---|---|
| debt | 0.210* | 0.222* | 0.212* |
| 地方政府债务规模 | (-0.00112) | (-0.00126) | (0.00114) |
| roa | | -1.170* | -0.210 |
| 盈利能力 | | (-0.683) | (0.534) |
| size | | 0.0934 | -0.0576 |
| 企业规模 | | (-0.0757) | (0.196) |
| lev | | 1.596 | 1.600 |
| 杠杆系数 | | (-1.562) | (1.634) |
| capital | | -0.0142 | -0.0934 |
| 资本密集度 | | (-0.226) | (0.229) |
| inventory | | -0.465 | -0.330 |
| 存货密集度 | | (-0.673) | -0.63 |
| tburden | | | -0.1844** |
| 实际税负 | | | -0.07419 |
| taxdependence | | | -0.0316 |
| 税收依赖度 | | | -0.044 |
| Constant | 0.0931*** | -2.398 | 3.428 |
| | (-0.0356) | (-1.756) | (7.093) |
| Observations | 6 731 | 6 731 | 6 731 |
| Number of Stkcd | 2 382 | 2 382 | 2 382 |
| R-squared | 0 | 0.002 | 0.003 |

注：括号中为稳健标准误，*** p<0.01，** p<0.05，* p<0.1。

采用实际利率法测度逃税，逃税与核心解释变量地方债务水平之间的相关系数改变不大，但显著性水平由5%的水平上显著下降到10%的水平上显著，说明除前文采用账面-应税收入法测度逃税外，采用测度逃税的另一种方法——实际税率法也能证明逃税和地方债务水平确实存在相关性，且相关系数为正，即地方政府债务规模越大，所辖地区的企业越容易逃税，与前文实证结果相同。但加入企业层面和省级层面的控制变量后，结果大部分不显著，可能是由于实际税率法采用比值的方法测度逃税，无法测度企业同时控制税前收入和税后收入而少缴的税款。

（2）样本随机抽选的稳健性检验

表3-9随机抽取了全样本中20%的数据进行回归，结果表明地方政府债务与企业逃税的相关系数仍然显著且处于前文得出的0.169~0.295波动幅度之间。重点关注的控制变量名义税率和实际税负的显著性和符号方向均不发生改变，但名义税率的相关系数波动较大。可能是由于名义税率大多固定在15%和25%两个数值之间，对频数的反应较为敏感。其余绝大部分的控制变量的显著性水平波动幅度不大，如：盈利能力和企业年龄等。随机抽取的数据与全样本数据的回归结果变化幅度不大，可以基本认为该结果是稳健的。

表3-9 样本随机抽选的回归结果

| 变量 | （1）<br>FE_robust<br>evasion逃税 | （2）<br>FE_1<br>evasion逃税 |
|---|---|---|
| debt | 0.295*** | 0.245*** |
| 地方政府债务规模 | （0.111） | （0.304） |
| size | 0.00290 | −0.00878 |
| 企业规模 | （0.00188） | （0.00667） |
| lnage | −0.00809*** | −0.00997** |
| 企业年龄 | （0.00282） | （0.00850） |
| inventory | −0.0170 | 0.0913** |
| 存货密集度 | （0.0253） | （0.0454） |

续表

| 变量 | (1)<br>FE_robust<br>evasion 逃税 | (2)<br>FE_1<br>evasion 逃税 |
|---|---|---|
| capital | -0.0119 | -0.0204 |
| 资本密集度 | (0.00833) | (0.0207) |
| roa | 0.293** | 0.581*** |
| 盈利能力 | (0.117) | (0.108) |
| govexp | 0.203 | 0.906* |
| 省级政府规模 | (0.165) | (0.508) |
| fiscalautonomy | -0.00642 | -0.0127 |
| 财政自主度 | (0.0144) | (0.0644) |
| govmet | 0.00293 | 0.0261 |
| 政府与市场关系指数 | (0.00425) | (0.0134) |
| marketization | 0.0663** | 0.00419* |
| 市场化指数 | (0.0338) | (0.0763) |
| taxrate | 0.0590** | 0.0106** |
| 名义税率 | (0.0234) | (0.0718) |
| tburden | -0.140*** | -0.239*** |
| 实际税负 | (0.0541) | (0.0474) |
| Constant | -0.171*** | -0.133 |
| | (0.0560) | (0.163) |
| Observations | 6 489 | 1 594 |
| Number of Stkcd | 2 277 | 1 177 |

注：括号中为稳健标准误，*** $p<0.01$，** $p<0.05$，* $p<0.1$。

（3）工具变量法解决内生性问题的稳健性检验（见表3-10）

前文的回归结果中可能存在内生性问题，因为地方政府债务和企业逃税方面可能存在双向因果关系。一方面，地方政府债务规模的扩大会提高税务机关的征税努力程度，从而增加企业的税收负担，企业会更倾向于逃税；另一方面，企业的逃税会让政府面对更大的财政空缺，会促使政府借更多债务；这种双向因果效应会产生内生性问题。因此，我们在原实证基础上进行了豪斯曼检验，设定原假设为所有的解释变量都是外生的，由此得到的p值为0.0000，即强烈拒绝原假设，说明地方政府债务规模这一解释变量确实是内生的。

表3-10 **工具变量法回归结果**

| 变量 | (1)<br>FE<br>evasion逃税 | (2)<br>FE_with_Debt<br>evasion逃税 | (3)<br>tsls<br>evasion逃税 |
|---|---|---|---|
| debt | 0.295*** | 0.361 | 0.454** |
| 地方政府债务规模 | (0.111) | (0.310) | (0.382) |
| l.debt | | 0.442 | |
| 地方政府债务规模一阶滞后项 | | (0.350) | |
| size | 0.00290 | 0.00423** | 0.0228*** |
| 企业规模 | (0.00188) | (0.00177) | (0.00229) |
| lnage | −0.00809*** | −0.0252*** | −0.00851*** |
| 企业年龄 | (0.00282) | (0.00875) | (0.00214) |
| inventory | −0.0170 | −0.0702 | −0.116*** |
| 存货密集度 | (0.0253) | (0.0553) | (0.0288) |
| lev | −0.00258 | 0.0323* | 0.0377*** |
| 杠杆系数 | (0.0130) | (0.0192) | (0.0120) |
| capital | −0.0119 | 0.0219 | −0.0566*** |
| 资本密集度 | (0.00833) | (0.0158) | (0.0138) |
| roa | 0.293** | 0.742*** | 1.014*** |
| 盈利能力 | (0.117) | (0.0946) | (0.120) |

续表

| 变量 | (1)<br>FE<br>evasion 逃税 | (2)<br>FE_with_Debt<br>evasion 逃税 | (3)<br>tsls<br>evasion 逃税 |
|---|---|---|---|
| govexp | 0.203 | 0.319 | 0.154*** |
| 政府规模 | (0.165) | (0.286) | (0.0428) |
| govgdp | 0.0142*** | 0.0300** | −0.0132*** |
| 地方 gdp | (0.00531) | (0.0118) | (0.00289) |
| fiscalautonomy | −0.00642 | −0.169* | 0.0915*** |
| 财政自主度 | (0.0144) | (0.102) | (0.0344) |
| fiscaldeficit | −0.0231 | −0.194 | 0.175** |
| 财政赤字 | (0.0548) | (0.202) | (0.0803) |
| govmet | 0.00293 | 0.00889 | −0.00339 |
| 政府与市场关系指数 | (0.00425) | (0.00949) | (0.0100) |
| marketization | 0.0663** | 0.166* | 0.0221 |
| 市场化指数 | (0.0338) | (0.0891) | (0.0291) |
| taxdependence | 0.0220 | −0.0318 | 0.0350 |
| 税收依赖度 | (0.0402) | (0.0938) | (0.0236) |
| taxrate | 0.0590** | 0.0748 | 0.503*** |
| 名义税率 | (0.0234) | (0.0462) | (0.0428) |
| tburden | −0.140*** | −0.345*** | −0.652*** |
| 实际税负 | (0.0541) | (0.0492) | (0.0709) |
| Constant | −0.171*** | −0.155 | −0.664*** |
| | (0.0560) | (0.118) | (0.0635) |
| Observations | 6 489 | 3 212 | 3 212 |
| Number of Stkcd | 2 277 | 1 414 | |

注：括号中为稳健标准误，*** $p<0.01$，** $p<0.05$，* $p<0.1$。

作为工具变量需满足两方面的条件，一是工具变量与内生解释变量相关，二是工具变量与扰动项不相关。选取地方政府债务规模的一阶滞后项作为工具变量，由于时间序列通常是存在自相关的，因此容易满足内生解释变量和其滞后变量的相关要求；而地方政府的债务规模的一阶滞后项在上一期已经确定，故当期的扰动项不会对上期已经确定的值产生影响；反过来，地方政府债务规模的一阶滞后项只能通过影响当期的地方政府债务规模来影响企业的逃税程度，因此满足工具变量的外生性。

为了解决这一问题，我们将地方政府债务规模的一阶滞后项作为工具变量，引入前文较为简洁和准确的固定效应模型。加入工具变量后，核心解释变量地方政府债务规模的系数仍显著为正，说明在控制内生性的情况下，地方政府债务规模对于企业逃税的影响依然显著成立，证明基本回归结果的结论是稳健的。

## 3.5 结论及建议

### 3.5.1 研究结论

本研究基于两大问题：一是存在于全世界的逃税问题，二是当前我国比较突出的地方政府债务规模问题。研究认为，政府债务规模与企业逃税的最终关系是两种相反的作用合力的结果。

由此，进行了进一步的实证分析。基于2011—2016年上市公司的面板数据，以及31个省、自治区和直辖市的地方政府债务规模的数据，结合OLS混合回归模型、固定效应模型和双向固定效应模型进行分析，实证检验了地方政府债务规模对企业逃税的影响，并加入了企业层面和省级层面的控制变量。实证研究发现：（1）在地方政府大量发行债券后，大规模的政府债务所带来的财政压力，对于地方税务机关征税努力的提高并没有超过企业逃税的程度，且企业对于实际税率的变化较为敏感，这时，提高征税努力程度会刺激企业逃税，即省级地方政府债务越高，所在省的企业的逃税情况越严重。（2）名义税率的变化特别直观，企业对此控制变量的变化比较敏感。名义税率一旦升高，企业极易为了降低陡升的税负而选择逃税。(3) 实际税负则具有相对的隐蔽性，这一控制变量的变化不易被企业察觉。这种相对隐蔽的手段不容易使企业产生逆反心理。(4) 企业的其他控制变量的结果表明，企业逃税程度还受到企业自身因素的影响，如企业规模、企业年龄和盈利能力等；同时，企业的逃税程度还会受到地方政府其他行为的影响，如政府规模、财政自主度、市场化水平等变量的影响。

### 3.5.2 政策启示

(1) 科学管理地方政府债务以减少企业所得税逃税

实证研究表明，随着地方政府债务规模的扩大，企业的逃税规模也会增大。因此，科学地管理地方政府债务，控制地方政府债务规模，可以减少企业所得税逃税。地方政府债务规模逐年扩大，归根结底是由地方政府的财权和事权不匹配造成的。要从根源上解决这一问题，首先，进一步明确政府间事权划分。明确的事权划分是匹配相应财权的基础和关键。其次，加强中央政府对地方政府债务的监督管理，建立财政风险监控和预警体系。可以通过编制预算加强对地方债务的管理，通过预算明确每笔债务的用途、偿还资金来源等问题。最后，地方政府自身要加强对债务资金使用情况的监督，谨慎评估自身的借债风险。对于地方政府大规模发行债券所留下的财政缺口也并不能机械地通过提高地方税务机关的征税努力程度得到弥补，应采取更加有效的方式。

(2) 重点检查企业所得税逃税率高的企业

实证结果表明，成立时间越长、盈利越多、名义税率越高的企业所得税逃税率越高。成立时间越长，企业对主管税务机关越熟悉，越容易产生征纳合谋现象，越容易逃税，税务机关应重点关注成立时间3年以上的企业；盈利越多的企业，要缴纳更多的企业所得税，逃税所获得的利益越大，对于盈利能力强的企业，税务机关应重点监察；企业所得税税率的提高对企业税负的影响最为直观，会刺激企业逃税，应重点监察原享受优惠税率但因条件不再满足而无法享受的企业。例如，企业因不再满足高新技术企业资格认炡的要求，所得税税率由15%提高为25%，对此类企业应重点监管。

（3）增加税务系统独立性可以减少企业逃税行为

实证研究区间为2011—2016年，此时还没有进行国地税合并。实证结果表明，地方政府的借债行为会对微观企业的逃税状况产生影响。国地税合并后，地方政府对税务系统的干扰会减弱，由此带来的企业逃税现象也会减少。因此，研究结论也从侧面支持了国地税合并。此后，在研究国地税合并的政策影响时，可以采用这里的分析方法，对比政策改革前后地方政府债务对企业所得税逃税的影响，验证国地税合并是否会降低地方政府对税务系统的干扰。

# 4 企业所得税优惠对软件企业固定资产投资的影响[①]

## 4.1 引言

软件产业是我国供给侧结构性改革的重点关注对象，2010年国务院发布《关于加快培育和发展战略新兴产业的决定》（简称《决定》），明确提出了我国战略性新兴产业包括软件产业，软件产业作为支撑经济社会发展的战略性、基础性和先导性产业，其2018年规模以上企业累计完成软件业务收入63 061亿元，同比增长14.2%，其增加值比上年同期增长30.7%，增速居国民经济之首，占GDP比重由2000年的不到0.3%上升到2018年的3.6%，已成为经济平稳较快增长的重要推动力量。

软件企业在固定资产方面有着独特的表现形式，其研发工作、产品运行等都依赖其设备投资，例如，如今在越来越多企业运行中得到运用

① 本部分是和张滔韬合作完成。

的云计算、云储存服务，需要企业拥有较大的服务器规模，将多个传统规模数据中心进行集中整合，才能支撑起客户要求的计算能力，这就需要企业针对相关的设备和固定资产进行投资。根据中国电子信息产业统计年鉴，软件产业的固定资产投资由2011年的740.04亿元上升至2017年的1 787.55亿元，除2014年、2016年出现负增长外，其余年份均呈现递增趋势，平均增长率为19.71%，其中2012年、2015年增长率达到了63.21%和45.07%，这可能与2011年出台的国发〔2011〕4号文、2014年出台的财税〔2014〕75号文所采取的税收优惠政策相关，且相关关系呈现出一定的滞后性。另外，分析代表性软件行业上市公司的年报后发现，许多企业正加紧建设软件园工程，例如东软集团的海南软件园、山东通信产业园，用友网络的三亚软件园等，企业对于软件园的相关投资更有助于发挥园区的聚集效应，推动行业发展。

自2000年颁布《鼓励软件产业和集成电路产业发展的若干政策》（国发〔2000〕18号）以来，政府提出了一系列扶持和激励软件产业发展的企业所得税税收政策，一方面是两免三减半，研发用固定资产的折旧费用可加计扣除等，这些措施影响企业利润从而减轻税收负担，缓解企业资金压力，对企业投资产生间接影响，另一方面，为了直接促进软件产业淘汰落后设备，加快固定资产更新改造，实现技术进步，推出附加值更高的产品，提高产业国际竞争力，我国与世界上许多国家都对企业投资制定了相关税收激励政策，如我国财税〔2014〕75号文中规定六大行业新购入的固定资产可以进行加速折旧，日本政府出台的《软件生产开发事业推进临时措施法》等。针对软件产业税收优惠对固定资产投资的影响进行分析，有利于促进软件产业的发展、提升我国信息产业核心竞争力和建设现代产业体系，推动信息化和工业化深度融合，走新兴工业化的道路。

软件产业的概念由2011年《国民经济行业分类》界定，其中包含了软件开发、信息系统集成服务、集成电路设计等类型的企业。

税收激励政策被各国视为一种重要的反周期宏观政策，优惠政策成为当前推动经济增长、促进产业发展、实现供给侧结构性转变的重要内容。经济学相关理论认为减税可以刺激投资促进经济增长，税收对于国家财富的积累呈现负效应，主张采取减税措施。研究表明，合理采取税收优惠政策，降低了企业税收负担，提高了GDP增长率（Marsden，1983），同时也可以达到促进企业增加投资的目的（杨天宇，2004）。除促进经济发展外，研究也发现财税政策支持对软件产业的发展起到了重要的推动作用（Ashish Aroravs、Arunaehalam Jai Asundl、Ronald Fernandes，2001）。

本书综合税收学、计量经济学、产业经济学等相关领域的理论内容，首先对已有相关文献进行整理，梳理软件产业相关的税收政策，进行归纳汇总，发现目前针对软件企业税收政策实证分析部分集中在研发投入分析上，缺少对固定资产投资的研究，因此在原有研究的基础上对税收政策激励企业投资的作用机制进行探讨，在一定的相关理论基础上，实证分析了当前软件产业所得税税收政策对固定资产投资的影响效果，根据模型回归结果评价政策作用，并加入异质性因素与全要素生产率展开进一步讨论，丰富了软件产业固定资产投资的理论研究，为激励政策的作用方式提供了理论分析框架。

税收政策的改进需要通过对实施效果、结果反馈等多方面进行评价，判断其是否达到政策初衷。以所得税优惠政策为切入点，分析政策推行是否促进了软件产业企业的固定资产投资，是否激发了企业设备更新换代的意愿，是否有助于行业发展，这些问题的研究有助于帮助企业更好地理解与适用政策，缓解融资压力，同时以促进软件产业健康发展为目标，对目前现有相关税收政策的下一步落实与改进提出可能性建议，改善目前软件产业存在的问题，让固定资产投资成为技术创新与突破的关键点。

对于税收政策推动企业固定资产投资的问题，理论方面形成了具有代表性的新古典投资模型、Tobin Q投资理论和边际有效税率模型，并基于这些模型展开了大量的实证研究。学术界对于减税与企业投资关系的研究具有两种不同的说法。第一种说法认为，减税可以促进企业投资。国外文献中，Jorgenson、Hall（1967）根据新古典投资理论，将美国1929—1963年的数据作为样本，研究了第二次世界大战后税收政策的变动对于企业投资的影响，结论表明税收激励政策提高了全产业的投资增长率，制造业净投资增长了79%，非制造业净投资增长了150%，其中加速折旧政策刺激了机器设备及房屋建筑的投资。Gravelle（1996）通过计算1981—1992年美国上市的公司企业与非公司企业的有效税率，发现1986年的税制即取消设备投资抵免的政策，使两种类型的企业设备投资有效税率均上升。马栓友（2001）运用税收支出代替税收优惠研究与资本形成的关系，得出在非国有经济下投资与有效税负负相关，税收优惠可以促进其进行投资，但在国有经济下税收对于其投资的影响并不显著，国有经济投资的预算约束低于非国有经济。行伟波（2012）以我国1994—2009年省级面板数据为样本，构建投资需求、资本价格和税收冲击模型，研究表明税收增加导致了资本需求减少并且增加了资本价格，税收负担向资本品购买者和生产者转嫁。刘金东、薛一帆（2017）采用2006—2015年中国除港澳台地区外省级面板数据，分析宏观税负对于不同注册类型企业投资增长率的影响，结果表明宏观税负对小微企业为主的个体私营企业的投资有抑制作用，且抑制效应具有门槛特征，当市场化指数低于7.91时效果明显，高于7.91时则变得不显著。

第二种说法则认为减税不一定与企业投资呈现正相关关系。D. Yagan（2015）分析2003年美国股息税改革对企业投资的影响，准自然实验的结果表明减税对公司投资的激励作用不具备显著性。江金彦、王晓玲（2006）以我国1980—2005年统计数据为样本，发现投资率与税收负担率之间的关系是拟凹函数，原因在于政府的投资鼓励作用、项目的投资惯性、投资对短期收益率及税收政策变动的反应不敏感，税收负担率并不是企业投资的决定性因素。魏天保（2018）通过实证发现企业有效税收负担与固定资产投资非线性关系，而是倒U形关系，先促进后抑制，对投资的影响主要由所得税起作用，同时发现税收负担对中小、私营、集体企业作用更显著。

所得税方面，Salinger、Summers（1983）利用1959—1978年的数据，以修正后的Q值估计了税制变化对美国道琼斯30家上市公司市值和利润的影响。结果表明，实施加速折旧和降低企业所得税法定税率可以有效地促进企业增长。Cummins、Hassett（1992）运用新古典投资理论资本成本模型，探究美国1970—1989年上市公司的所得税资本对企业投资的影响，结论表明，机器设备类、房屋建筑物类两种类别固定资产的资本成本对投资均有较大影响。Sagiri Kitao（2008）通过实证分析，得出所得税税负与投资呈现反向变动关系，所得税每减少10%，投资增加20%。Becker、Riedel（2011）发现公司所得税税率提高10%，导致股价下降5%，并且抑制了企业的投资。朱国才、李一智（2007）运用投资理论成本，以所得税对企业投资收益率、风险、能力进行理论分析，探讨了税收尤其是税收折旧对于企业投资的促进或抑制作用。李成、王哲林（2010）利用资本使用者成本模型，借助1997—2005年分省数据，通过对资本成本与国有企业投资额的回归系数，倒算出增值税对国有企业的弹性系数为-0.7，所得税的弹性系数为-0.8。刘慧凤、曹睿（2011）检验2008年所得税改革对企业投资作用，发现税率上升显著遏制企业投资，但税率下降却对投资没有显著促进作用，原因一方面在于影响企业投资的因素众多，仅分析所得税难以得到确切结果，另一方面受金融危机影响，税率降低的刺激作用减弱。付文林、赵永辉（2014）以所得税税收负担为角度，创新性地关注税率变动对企业投资结构选择可能的影响，以所得税税率、现金流等为主要解释变量，通过上市公司样本数据实证分析发现，有效所得税税率对于固定资产投资或权益性投资均存在显著的制约作用，同时权益性投资对于税率变动更为敏感，在异质性分析上，税率对于不同所有制企业的投资效应差别不大。毛德凤、彭飞、刘华（2016）运用倍差法，基于2006—2012年民企调查数据，研究发现所得税税收激励促进企业总体资产增加，但没有引起投资结构的显著转变，对研发和人力资本的贡献弱。刘怡等（2017）使用1998—2006年中国工业数据库，以时间虚拟变量、企业所在地区虚拟变量、行业虚拟变量构建三重差分方程，以生产用固定资产和资本回报率等企业绩效指标为被解释变量，回归结果表明对于全样本或国企、民企，企业所得税均有效地促进了企业投资，增值税影响则较弱，对于外资企业，两个税种对企业固定资产投资的影响均不显著，同时所得税政策降低了企业固定资产的运转效率，可能导致产能过剩、产品滞销。樊勇等（2018）运用行为经济学中税收凸显性的概念，通过现金流量、资本使用成本、产出需求量构建固定资产影响模型，得出增值税和企业所得税税负绝对值增加降低下一期固定资产投资，且企业固定资产投资对于增值税更敏感，中央企业的税收凸显性要高于非中央企业。

研究所得税政策中，也有一部分学者专门针对加速折旧政策对固定资产的影响作用展开论述。Zwick、Mahon（2017）以美国企业为样本，分析加速折旧对于企业设备投资的影响，研究结论表明，折旧率提升使企业在2001—2004年期间投资率提升10.4%，在2008—2010年这一比例为16.9%，同时异质性研究发现，折旧政策对于小企业、融资约束高的企业促进作用更大。刘行、叶康涛等（2018）得出相同结论，在原有模型基础上加入投资机会敏感性分析得出加速折旧提高了企业资本配置效率，同时分析折旧政策对企业融资结构的变化。刘啟仁、赵灿（2019）基于A股上市公司数据，研究发现折旧促进了试点内行业固定资产投资，进一步分析了政策对于不同期限资产、不同经营绩效等的影响。

国外对于软件企业税收政策的研究大多集中在税收优惠对研发投入的激励效应和对各国软件产业发展状况及财税政策探讨。Ashish Aroravs、Arunaehalam Jai Asundl、Ronald Fernandes（2001）基于印度软件产业税收政策分析，发现政府财税政策支持可以推动产业发展。Tadahisa（2003）以1989—1998年日本软件企业相关数据为样本，研究得出税收优惠可以促进企业R&D投入，且企业规模与激励作用正相关，Kasahara等（2014）通过研究表明日本研发税收改革使企业增加了研发投入。

国内关于软件产业税收政策的研究同样集中在两个方面：一方面，总结我国软件产业财税政策实施现状并提出优化意见。张雄（2005）对软件企业税收政策进行梳理，分析了目前税收优惠政策的效果，其提高了企业的盈利水平、缓解了资金短缺问题，同时结合现存的税制漏洞与激励不足等问题，提出完善我国税收政策的建议。丁道勤（2007）以产业政策法律化为角度，借鉴日韩成功经验，提出软件产业与集成电路产业相关支持政策应加快立法的建议。陈华（2011）结合2005—2009年浙江省软件企业相关数据，对该省政策软件企业发展现状、税收优惠情况等进行分析。李德升（2012）以相关理论为基础，结合我国软件产业现状、特点、问题，分析目前支持软件产业发展的财税政策作用效果，同时借鉴国外相关经验，为进一步完善软件产业发展提出相关政策建议。毛秋生（2008）对国际上促进科技业发展、风险投资、研究开发等税收政策进行总结，结合我国电子信息产业的发展问题和途径，得出改进税收政策的启示。罗光、萧艳汾（2008）从税收政策角度分析中印两国软件产业现状并提出相关对策。

除对软件产业税收政策现状分析外，国内部分学者以实证为主，从税收优惠与企业研发强度的关系入手展开相关探究。郭斌（2006）以2002年国家统计局发布的软件开发企业统计资料和杭州软件企业数据为样本，发现企业规模扩大更有助于提高产出率而对利润率的作用效果不确定，企业加大研发资金投入并不能促进产出率和利润率的提高，政府直接给予软件企业资金支持并不能显著推动研发活动，更推荐通过税收政策等间接方式提供支持。柳光强（2016）基于信息不对称角度，采用2007—2012年上市公司数据进行固定效应模型回归，研究结果表明，财政补贴政策可以显著提高信息技术企业的盈利能力，但税收优惠政策的作用效果相反，且抑制作用不显著。另外针对不同政策目标进一步探究，分析发现税收政策对企业融资、投资、研发投入的促进效应均不显著。姚林香、冷讷敏（2018）以战略性新兴产业为出发点，分析了税收优惠与财政补贴对于不同行业的作用效果，研究发现税收优惠显著促进了信息技术企业的技术创新，并通过研发资金和研发人员起到间接激励作用。张凯、严成（2018）以我国2009—2015年软件产业税收调查数据为样本，从实证角度，分析不同减免税种对企业研发强度促进效应的差异，同时加入异质性因素，以企业所在地区、规模、所有权形式为标准，分类展开讨论。

总结文献发现，已有的文献已经对所得税税负与企业投资的关系有了详细的论述，且主要理论依据为新古典资本成本模型，主要关注点在企业总投资、固定资产投资及企业投资结构变化等。对于软件产业税收政策的研究，国内外文献集中在政策的理论分析以及税收政策对企业研发投入激励效果的考察。虽然理论及实证研究已经较为完善，但仍有一些问题需要继续分析：

（1）大部分学者通过研究分析认为企业所得税税负降低可以促进企业投资或固定资产投资，但所得税对企业固定资产投资的影响方向、显著性及是否为线性关系等，仍有争论。另外，所得税税负的相关研究中样本数据选取的时间相对较早或集中在税制改革期，现有所得税优惠政策对于企业投资的影响还需进一步探究。

（2）已有文献中对于企业的异质性讨论较少，且大部分集中在所有制分析上，对于其他异质性因素考虑不多，缺乏对企业规模、地区、融资约束程度等的细化分类。另外，在研究中关注点主要在固定资产变化，没有关注到政策促进企业固定资产投资最终是否转化为企业生产力，或是否提高全要素生产率，是否存在过度投资引发资产效率下降等。

（3）现有相关研究对于固定资产的具体结构变化研究较少，主要关注整体固定资产的综合效应，对于固定资产中包含的机器设备类、房屋建筑物类缺少详细讨论。

（4）税收政策对软件企业发展影响的探讨多集中在理论分析阶段，而实证分析多以考察企业研发强度与税收优惠力度的关系为主，且国内外普遍承认税收政策可以促进企业加大研发投入，但对于固定资产投资的影响并没有相关研究，目前其主要分析的是所有行业的企业，针对所得税优惠在不同产业间的具体影响缺少关注。

先从理论分析出发，将所得税优惠政策作为切入点，以软件企业为例，分析其政策实施对于企业固定资产投资的影响作用。首先运用文献分析法和归纳分析法对相关文献进行收集和整理，归纳所得税优惠政策的推行与改革现状，其次通过实证分析法，收集和整理 2011—2018 年软件企业上市公司数据，使用面板数据模型研究税收优惠政策对于固定资产投资的具体影响，进一步对不同所有制性质、不同规模水平的企业进行异质性分析，同时引入全要素生产率探究税收政策对企业、行业发展的作用。最后，使用比较分析法针对我国目前政策现状、实证分析结果、政策的落实与完善提出相关建议，使软件企业能够更好享受税收政策，从而支持企业设备更新换代和技术水平的提升发展。本章共由四个部分构成。第一部分为引言，主要介绍选题背景、研究意义，总结归纳国内外研究现状，介绍研究思路与基本框架，提出创新与不足。第二部分为政策背景与研究假设，回顾了我国软件产业所得税优惠政策，对税收优惠促进企业固定资产投资的作用机制进行理论分析并提出研究假设。第三部分为模型设定与实证分析，首先介绍研究所用样本数据、解释变量、被解释变量、控制变量、模型设定等，对数据进行多重共线性检验，针对基准回归结果，解释所得税优惠对企业固定资产投资的影响，其次展开进一步讨论，阐述了所有制性质、企业规模的异质性影响，加入全要素生产率并对其计量结果进行分析。最后进行稳健性检验，通过更换解释变量的计算方法，证明回归分析部分结果的稳健性，同时运用工具变量法解决变量的内生性问题。第四部分为结论与政策建议，以理论和实证分析的结果作为基础，对我国软件企业所得税优惠措施和其他产业政策提出相关的改进建议。

创新主要有：运用近期软件企业微观数据，针对具体产业分析了所得税优惠政策对于固定资产投资、机器设备类固定资产投资的影响；从企业异质性角度，针对不同所有制、不同规模企业进行分析；加入全要素生产率，对所得税优惠政策的影响进行深入讨论；在政策方面，基于理论及实证分析结果，对当前软件产业所得税政策提出可能性建议，促进软件产业发展及企业转型升级。

但是，由于数据获取途径有限，选取的样本范围小，对于上市软件企业没有完全涵盖，如果实证分析中能包含更多软件企业，对研究结论的分析会更为全面。由于缺少具体、细化的软件企业税收优惠额实际统计数据，参考已有文献的做法，通过实际税率的方式计算所得税优惠额，可能会与实际情况存在一定的差异。所得税优惠政策中有一项与企业固定资产直接相关的加速折旧政策，如果可以将加速折旧与其他优惠政策相区分，有助于对不同政策的效果进行分析。

## 4.2 政策背景与研究假设

### 4.2.1 软件产业所得税优惠政策

税收是国家取得财政收入的重要渠道，同时也是国家经济调控和促进产业结构调整的重要手段。税收优惠政策的实质是在税收征收上对某些特定行业或主体给予一定的让渡或优惠，是政府引导和促进国民经济发展的重要途径。相比于货币政策存在时滞性、传导不畅等问题，税收政策对经济的调控易于控制且指向性更强，一般不会出现引导过度的局面，更有利于提高资源配置效率，刺激企业投资等。针对软件企业的税收优惠政策充分体现了国家对该产业的扶持，促使市场资源向政府导向的产业流动，使该产业的企业在资本市场中获得资源，同时所得税优惠能降低企业成本，减少占用资金，推动企业进行技术改造、转型升级。

我国软件产业税收政策的演变历程，经历了多阶段的调整与完善。在软件产业所得税优惠政策的调整和完善过程中，国发〔2000〕18号文件与国发〔2011〕4号文件具有十分重要的意义，国发〔2000〕18号文件从投融资、税收等多方面引导我国软件产业的发展，形成了税收政策的基本框架，为后续的完善奠定基础，解决了之前不完善、不全面、优惠力度小的问题，尤其加入了所得税方面的优惠措施。截至2010年这十年间，软件产业收入由2000年的593亿元增长至1.3万亿元，年均复合增长率37.56%，其规模在全球占比上升至18%，逐步达到文件中强调的2010年我国软件产业研究开发和生产能力的发展目标。在18号文件出台后，财政部、国家税务总局、发改委及各地政府等均发布相关文件促进其落实。国发〔2011〕4号是在18号文件原有基础上，调整和增加了一部分内容，更新了相关税收优惠政策，在所得税方面，继续延续了两免三减半，但相比18号文件明确规定了优惠政策的享受时间，优惠期为自获利年度起至2017年12月31日。

在18号文件、4号文件奠定的软件产业税收政策的框架体系下，经过一系列政策演变，最终形成了包括税率式、税基式和税额式的所得税优惠形式，专项优惠与普惠性优惠并存。根据选取数据的时间，对2011—2019年软件企业所涉及的所得税优惠政策进行梳理（见表4-1）。其中财税〔2016〕49号，一方面简化了申报流程，加强了监管部门事后核查，保证了企业享受优惠政策的准确性，降低税务部门的征管难度及企业遵从成本，另一方面还降低了重点软件企业两免三减半优惠政策的门槛，进一步扩大了政策受惠面，让越来越多的企业享受到政策红利，扶持培育出一批行业领头企业，使其通过技术创新带动整个产业向前发展，打造独有产品特色，提升国际竞争力。但要注意既符合高新技术企业条件又满足软件产业两免三减半的，只能选择其一，不能同时享受两种优惠政策。

表4-1　　**软件产业上市公司享受的所得税优惠政策**

| 发文字号 | 文件名称 | 优惠内容 |
|---|---|---|
| 主席令〔2007〕63号 | 中华人民共和国企业所得税法 | 重点扶持的高新技术企业，减按15%的税率征收企业所得税 |
| 国发〔2011〕4号 | 《关于印发进一步鼓励软件产业和集成电路产业发展若干政策的通知》 | 主要体现在财税〔2012〕27号中，软件企业即征即退增值税税款，企业用于研究开发软件产品及扩大再生产并单独核算，可作为不征税收入；重点软件企业和集成电路设计企业，如当年未享受免税优惠的，可减按10%的税率征收企业所得税；符合条件软件企业单独核算的职工培训费用，按实际发生额在计算应纳税所得额时扣除 |
| 财税〔2016〕49号 | 《关于软件和集成电路产业企业所得税优惠政策有关问题的通知》 | 取消软件企业和重点软件企业认定后，财税〔2016〕49号规定由享受优惠的软件企业在每年汇算清缴时向税务机关提交申报材料，同时软件行业协会根据制定的团体标准开展第三方评估 |
| 财税〔2017〕79号 | 《关于将技术先进型服务企业所得税政策推广至全国实施的通知》 | 经认定的技术先进型服务企业，减按15%税率征收企业所得税 |

续表

| 发文字号 | 文件名称 | 优惠内容 |
|---|---|---|
| 财税〔2018〕54号 | 《关于设备、器具扣除有关企业所得税政策的通知》 | 规定企业在2018年1月1日至2020年12月31日购进设备器具可一次性在税前扣除，同时将财税〔2014〕75号文中的扣除标准提高至500万元 |
| 财税〔2018〕99号 | 《关于提高研究开发费用税前加计扣除比例的通知》 | 在2018年1月1日至2020年12月31日期间，企业研发费用加计扣除由财税〔2015〕119号文中的50%提高至75% |
| 财税〔2019〕68号 | 《关于集成电路设计和软件产业企业所得税政策的公告》 | 继续延长财税〔2012〕27号文中两免三减半的优惠措施，对于依法成立且符合条件的软件企业，2018年12月31日前自获利年度起计算优惠期，享受所得税两免三减半的优惠政策 |

### 4.2.2 理论分析与研究假设

（1）加速折旧的抵税效应

固定资产的折旧额具有抵税效应，影响投资项目的现金流净现值，从而改变企业的投资决策。若采取加速折旧政策，设每年加速折旧法与直线折旧法的折旧额相差$D_i$，预计使用t年，r为企业现金流的折现率，则固定资产折旧额的现值为P，

$$P = \sum_{i=1}^{t} \frac{D_i}{(1+r)^i} \tag{1}$$

虽然固定资产投资$D_t$在使用初期大于0，使用后期小于0，前期折旧差额之和与后期折旧差额之和的绝对值相等，但因为货币时间价值的存在，相比于直线折旧法，加速折旧降低了投资的资本成本，使原本资本成本高于收益率的方案变得可行，从而增加了企业投资。

（2）净现值与企业所得税税率

项目投资的评价指标包括净现值、现值指数与内含报酬率等，其中净现值法运用最为广泛。假设企业生产函数为$Y_i = A_i F\left(K_i, N_i\right)$，$K_i$、$N_i$分别为企业在i时期的资本存量和投入的生产要素，设$\omega_i$为要素投入价

格，则企业各期利润为 $P_i = A_iF\left(K_i, N_i\right) - \omega_iN_i$，考虑企业所得税税率 t，则税后收益记为 $(1 - t)P_i$。在资本市场完全的假设下，运用加权资本成本 rWACC 对现金流进行折现，设债务融资成本为 rB，权益融资成本为 rs，权益融资比例为 s，债务融资比例为 1 - s，则 rWACC= srs + (1 - s)(1 - t)rB，可得净现值 NPV：

$$NPV = \sum_{i=1}^{n} \frac{(1-t)P_i}{1 + rWACC} - q \tag{2}$$

q 为项目的初始投资额，对净现值求税率的一阶导数，整理得：

$$\frac{\partial NPV}{\partial t} = \sum_{i=1}^{n} \frac{-srsP_i}{[srs + (1-s)(1-t)rB]^2} \tag{3}$$

0<rs<1，s、$P_i$ 均大于 0，公式中分母显著为正，所以净现值对于税率的一阶导数为负，税率 t 越大，则投资项目的净现值越小，当净现值小于 0 时，企业便不会再进行投资。

## 4.3 模型设定与实证分析

### 4.3.1 模型设定

为验证假设 1 和 2，运用处理的数据与选定变量，构建以下双向固定效应模型：

$$\ln i_{i,t} = \alpha_1 + \beta_1 tax_{i,t} + \gamma_1 X_{i,t} + \mu_i + \mu_t + \varepsilon_{i,t} \tag{4}$$

其中，被解释变量 $lni_{i,t}$ 分别为软件企业 i 在 t 时期的固定资产投资净值的自然对数，解释变量 $Tax_{i,t}$ 为衡量软件企业 i 在 t 时期的所得税优惠额的自然对数，计算公式参考吴联生（2009）计算实际税率，实际税率=所得税费用/息税前利润，所得税优惠额借鉴马伟红（2011）的方法，以实际所得税税率与法定所得税税率之差与利润总额的乘积来表示企业的所得税税收优惠额，其系数衡量了所得税优惠额对企业固定资产的影响，$\mu_i$、$\mu_t$ 分别为控制的个体、时间固定效应，$\varepsilon_{i,t}$ 为随机扰动项，$\beta_1$ 为主要被解释变量 $tax_{i,t}$ 的待估系数，根据假设 1，预计其显著为正。另外，为进一步验证假设 2，将被解释变量替换为 $lni\_eq_{i,t}$，$lni\_eq_{i,t}$ 表示软件企业i在t时期不包括房屋与建筑物类在内的即机器设备类固定资产投资净值的自然对数，其他变量保持不变。

结合已有实证研究实践，选取了一系列影响企业固定资产投资的变量作为控制变量（见表4-2），用$X_{i,t}$来表示，其系数为$\gamma_1$：

（1）企业投资机会（oppor）：企业投资机会是指有利于企业发展的包括时机在内的一系列因素构成的客观环境。企业投资机会对固定资产投资有两方面的影响：一方面，如果增加的投资机会是固定资产，那么企业为了追求高效益，可能会加大对该项目的投入，从而影响固定资产总额；另一方面，投资机会是除固定资产外的其他资产投资，为了获取投资金额，企业可以选择内部融资和外部融资，内部融资包括降低股份支付率增加留存收益或者扩大生产规模增加营业收入，扩大生产规模可能会加大对机器设备等的投入从而影响固定资产总额，而外部融资主要是通过借债或发行股票等方式。参考Smith等（1992），用固定资产总值与长期负债、股权市场价值两者之和的比来表征，其中股权市场价值是根据企业每年最后一笔股票交易时的股票总市值来确定。

（2）资产负债率（debt）：资产负债率对固定资产投资的影响分为两方面，一是资产负债率较低的公司更有可能从外部获得资金进行生产经营等活动或者加大固定资产投资等；二是我国企业在金融市场上融资主要依靠的是银行借款，银行负债水平越高的企业可能在实际经营中具有越强的外部融资能力。

（3）固定资产周转率（fat）：固定资产周转率也称固定资产利用率，是企业销售收入与固定资产净值的比值，表示一单位的固定资产所撑起的销售收入额。固定资产周转率可能会给企业投资带来两方面的影响：其一，周转率越高，固定资产的利用率越高，已经满足企业对于固定资产的需求，企业可能趋向于不会再向固定资产投入过多的资金，转而寻求其他的投资机会；其二，周转率越高，固定资产给企业带来的收入越多，为了追求效益最大化，会增加对固定资产的投资从而获得更多收入。固定资产周转率的计算有多种方法，这里采取的是营业收入与固定资产期末净额的比值。

（4）净资产收益率（roe）：以净资产收益率代表企业的盈利能力。企业的盈利能力是帮助企业决定是否进行固定资产投资的一个重要考虑因素，同时也是影响企业现金及现金等价物的重要指标。盈利能力较强的企业，预期会有较多的营业收入和现金流，通常会选择增加固定资产投资。

（5）现金及现金等价物（cash）：现金及现金等价物是指现金和三个月或三个月以内具有高流动性可及时转换为现金的资产。企业在实际进行生产经营时，内部融资资金与外部融资资金的成本有很大的差异，企业取得外部资金进行投资的成本要高于用已有资金进行投资的成本，所以，企业固定资产投资的影响因素是内部资金充盈与否。

表4-2　　**主要变量及统计定义**

| 变量类型 | 变量名称 | 变量代码 | 变量含义 |
|---|---|---|---|
| 被解释变量 | 固定资产净值 | lni | 企业当期固定资产净值的对数 |
| | 机器设备类固定资产净值 | $lni_{\_eq}$ | 当期不含房屋及建筑物在内的固定资产净值的对数 |
| 解释变量 | 税收优惠 | tax | 实际税率=所得税费用/息税前利润<br>税收优惠=（25%-实际税率）×利润总额，对税收优惠取对数 |
| 控制变量 | 企业投资机会 | oppor | 固定资产总值/（长期负债+股权市场价值） |
| | 资产负债率 | debt | 资产总额/负债总额 |
| | 固定资产周转率 | fat | 营业收入/固定资产净额 |
| | 净资产收益率 | roe | 净利润 / 股东权益余额 |
| | 现金及现金等价物（亿元） | cash | 期末现金及现金等价物的余额 |

### 4.3.2　数据来源与描述性统计

（1）数据来源

为了得到税收优惠对软件企业固定资产投资的影响，根据证监会2012年版行业分类，研究对象选取软件和信息技术服务企业，在样本时间的选择上，考虑到国发〔2011〕4号选取2011—2017年，又根据财税〔2019〕68号将样本年度区间适当延长至2018年。为了满足实证分析与需要，保证数据可比性和适当性，执行了以下的筛选程序：

剔除经营状态为ST或ST*的样本企业，避免其异常的财务数据影响结果分析；剔除样本期内企业实际税率计算公式分母为负的观测值，因为这些年份计算出的实际税率，不能反映企业经营状况与实际税负的真实关系；参照Stickney、McGee（1982）等的做法将实际税率大于1的样本数据剔除，实际税率小于0的赋值为0；根据公式计算出税收优惠额进行筛选，剔除税收优惠小于0的样本，考虑研究情况，只选择税收优惠大于0的样本进行回归分析；剔除数据缺失样本。通过执行上述剔除过程后，最终得到非平衡面板数据，确定包括186个样本企业的共770个观测值，用于研究的样本数据来自国泰安数据库，数据处理运用Excel和Stata15软件。

（2）描述性统计

在进行基础回归之前，先对样本数据进行简单的统计分析，表4-3报告了主要变量的描述性统计结果。

表4-3 **主要变量的描述性统计**

| 变量名 | 平均值 | 标准差 | 最小值 | 最大值 | P25 | P50 | P75 |
|---|---|---|---|---|---|---|---|
| lni | 18.43 | 1.41 | 11.19 | 22.50 | 17.60 | 18.55 | 19.41 |
| $lni_{\_eq}$ | 17.12 | 1.33 | 11.19 | 21.39 | 16.31 | 17.09 | 17.92 |
| tax | 15.70 | 1.45 | 9.74 | 19.50 | 14.74 | 15.81 | 16.82 |
| debt | 32.30 | 28.18 | 2.44 | 668.45 | 17.79 | 30.25 | 43.59 |
| cash | 6.68 | 7.82 | 0.16 | 84.02 | 2.44 | 4.17 | 7.70 |
| oppor | 23.11 | 34.83 | 0.0022 | 398.47 | 2.98 | 11.65 | 28.14 |
| fat | 21.70 | 71.61 | 0.63 | 1 374.87 | 4.28 | 7.93 | 16.82 |
| roe | 0.10 | 0.16 | -0.03 | 4.27 | 0.05 | 0.09 | 0.12 |

从表4-3中可以看出在研究期间内，样本企业之间被解释变量标准差比较大，说明不同企业的投资行为有较大的差异，但企业固定资产投资与机器设备类投资的平均值、分布结构等相似，并且机器设备类在固定资产中占比大，如果税收优惠可以促进企业固定资产投资，那么大概率也会促进样本企业机器设备类固定资产的投资；税收优惠标准差、最大值最小

值差距都比较大，但在25%、50%、75%分位差距小，说明数据相对集中。此外，其他控制变量的标准差都比较大，尤其是资产负债率、现金及现金等价物、投资机会与固定资产周转率，说明各公司之间差别大。

（3）共线性检验

在回归模型中，影响企业固定资产投资的因素有很多，为保证回归结果的有效性，在进行回归分析前，先对模型中包含的各变量运用皮尔森相关系数与方差膨胀因子进行多重共线性检验，表4-4显示了该模型的各变量的皮尔森系数，除税收优惠额与现金及现金等价物、固定资产周转率与资产负债率之间的相关性系数比较大外，其他变量间相关系数都在0.3以下，表明变量之间重叠度很低。另外，只有当变量之间的系数大于或等于0.8时，才说明变量间存在高度的信息重叠，多重共线性的可能性极高，数据不适合进行回归分析，税收优惠额与现金及现金等价物的相关性系数0.4065、固定资产周转率与资产负债率的相关系数0.5852都小于该极限值，同时再结合方差膨胀因子检验变量间的多重共线性，检验结果如表4-5显示，VIF值均远小于10，说明解释变量之间不存在多重共线性的问题，数据适合进行回归分析，不会对实证结果的有效性产生不利影响。

表4-4 **主要变量相关系数表（皮尔森系数）**

| 变量 | tax | oppor | debt | fat | roe | cash |
|---|---|---|---|---|---|---|
| tax | 1.0000 | | | | | |
| oppor | −0.2054* | 1.0000 | | | | |
| | 0.0000 | | | | | |
| debt | 0.0357 | −0.0922* | 1.0000 | | | |
| | 0.3161 | 0.0104 | | | | |
| fat | −0.0194 | −0.1227* | 0.5852* | 1.0000 | | |
| | 0.6176 | 0.0006 | 0.0000 | | | |
| roe | 0.0654 | −0.0499 | 0.1339* | 0.0460 | 1.0000 | |
| | 0.0668 | 0.1665 | 0.0002 | 0.1975 | | |
| cash | 0.4065* | −0.0820* | 0.0378 | −0.0213 | 0.0030 | 1.0000 |
| | 0.0000 | 0.0228 | 0.2886 | 0.5501 | 0.9320 | |

注：*表示5%的显著性水平。

表4-5 共线性检验表

| 变量 | VIF | 1/VIF |
| --- | --- | --- |
| tax | 1.25 | 0.799883 |
| oppor | 1.08 | 0.928743 |
| debt | 1.06 | 0.947777 |
| fat | 1.03 | 0.971110 |
| roe | 1.02 | 0.975909 |
| cash | 1.20 | 0.834119 |
| Mean VIF | 1.11 | |

### 4.3.3 回归分析

（1）计量结果与分析

由于样本数据中存在异方差，运用Stata中的xtoverid检验，该检验在1%的水平下拒绝了原假设，说明样本数据更适用于固定效应模型，但为了进行对比，仍列出混合回归、随机效应模型的计量结果，综合分析各估计，可以进一步验证回归结果的稳健性。

用于回归的样本数据属于短面板数据，表4-5中分别列示了被解释变量为固定资产净值的三种模型的基础回归结果和加入控制变量的回归结果。类比表4-6，表4-7中列示被解释变量为机器设备类固定资产净值相关回归结果。

表4-6中显示税收优惠额与固定资产净值之间的相关关系，无论是固定效应、随机效应、最大似然估计，系数均在5%水平下显著为正。具体分析固定效应模型，当控制变量未引入模型时，企业税收优惠额的回归系数在5%的显著性水平下系数为0.0717，说明税收优惠额对企业固定资产投资有显著影响，符合预期。第二列加入选取的控制变量后，仍旧显著为正且显著性水平提高至1%，估计系数为0.0740，意味着当税收优惠额增加1，企业将增加0.0740的固定资产投资额，

验证假设1，税收优惠额促进企业进行固定资产投资。对于控制变量：①投资机会（oppor）在1%水平上显著为正，这意味着公司面对更多的投资机会时，就趋向于增加固定资产投资，但系数0.0032表明投资机会对固定资产投资的促进作用并不明显，有更重要的因素影响企业投资。②资产负债率（debt）系数为正且在1%水平上显著，表明对于上市软件企业，负债水平高的更倾向于增加固定资产投资，说明负债的相机治理作用占据主导，企业负债增多减少了管理者控制的资源，限制管理者追求私利的行为，保证公司能够稳定发展，从而公司有了更强的外部融资能力，更有可能通过外部融资进行投资。③固定资产周转率（fat）系数显著为负，表明企业对固定资产的利用率越高，固定资产投资越少。④净资产收益率（roe）与企业固定资产投资正相关，表明盈利水平越高的企业，有更强的能力进行固定资产投资。⑤现金及现金等价物（cash）在5%水平上显著为正，说明现金持有量对企业固定资产投资有积极作用，这一结果也符合基本认知。

表4-7参照表4-6的方法，分别对未引入与引入控制变量的模型进行回归，在固定效应模型中，加入控制变量后，主要解释变量税收优惠额与机器设备类固定资产投资仍然在1%水平下显著正相关，系数为0.0692，意味着当税收优惠额增加1单位，企业将增加0.0692单位的机器设备类固定资产投资额，验证了假设2，另外税收优惠额对全部固定资产投资的激励效果略大于机器设备类，但仍然保持显著的促进作用。其他控制变量回归结果与分析过程与表4-5中固定效应模型部分基本一致。

根据表4-6、表4-7中随机效应模型、混合回归模型的结果，对于主要解释变量税收优惠额与固定资产净值、机器设备类固定资产净值均呈现正相关关系，系数均显著通过检验，说明所得税税收优惠能够促进企业固定资产投资。同样地，两种模型中税收优惠额对全部固定资产投资的影响也略大于机器设备类，随机效应回归与混合回归中被解释变量的回归系数均大于固定效应模型，对于其他控制变量来说，三种面板数据回归模型结果相差不大。

表4-6 **固定资产净值回归结果**

| 变量 | 混合回归 | | 随机效应面板回归 | | 固定效应面板回归 | |
|---|---|---|---|---|---|---|
| | 基础模型 | 加入控制变量 | 基础模型 | 加入控制变量 | 基础模型 | 加入控制变量 |
| tax | 0.3359*** | 0.2639*** | 0.2092*** | 0.173*** | 0.0717** | 0.0740*** |
| | (12.49) | (13.55) | (8.26) | (6.88) | (2.09) | (3.15) |
| oppor | | 0.0055*** | | 0.0055*** | | 0.0032*** |
| | | (6.86) | | (4.31) | | (2.66) |
| debt | | 0.0165*** | | 0.0187*** | | 0.0111*** |
| | | (5.78) | | (5.48) | | (3.08) |
| fat | | -0.0114*** | | -0.0110*** | | -0.0116*** |
| | | (-5.17) | | (-4.49) | | (-3.78) |
| roe | | -0.7626*** | | -0.390* | | 0.0254 |
| | | (-4，59) | | (-1.93) | | (0.23) |
| cash | | 0.0528*** | | 0.0431*** | | 0.0155** |
| | | (17.48) | | (6.68) | | (2.18) |
| Firm effect | | | | | Yes | Yes |
| Year effect | | | | | Yes | Yes |
| _cons | 13.18** | 13.49*** | 14.98*** | 14.89*** | 16.54*** | 16.47*** |
| | (33.53) | (44.04) | (27.73) | (37.24) | (27.73) | (42.76) |
| N | 770 | 770 | 770 | 770 | 770 | 770 |

注：括号内为t检验值，***、**和*分别表示为1%，5%，10%的显著性水平。

表4-7　　　　机器设备类固定资产回归结果

| 变量 | 混合回归 | | 随机效应面板回归 | | 固定效应面板回归 | |
|---|---|---|---|---|---|---|
| | 基础模型 | 加入控制变量 | 基础模型 | 加入控制变量 | 基础模型 | 加入控制变量 |
| tax | 0.3230*** | 0.2526*** | 0.1500*** | 0.121*** | 0.0818*** | 0.0692*** |
| | (8.79) | (8.13) | (7.58) | (5.24) | (2.64) | (3.11) |
| oppor | | 0.0081*** | | 0.0027*** | | 0.0014* |
| | | (5.96) | | (3.13) | | (1.66) |
| debt | | 0.0199*** | | 0.0122*** | | 0.00451 |
| | | (10.96) | | (3.48) | | (1.00) |
| fat | | -0.0073*** | | -0.0055*** | | -0.0053*** |
| | | (-6.61) | | (-4.77) | | (-4.65) |
| roe | | -0.4121*** | | -0.156* | | 0.0559 |
| | | (-8.75) | | (-1.72) | | (0.74) |
| cash | | 0.0417*** | | 0.0328*** | | 0.0176*** |
| | | (14.44) | | (5.95) | | (3.05) |
| Firm effect | | | | | Yes | Yes |
| Year effect | | | | | Yes | Yes |
| _cons | 12.07*** | 12.27*** | 14.57*** | 14.55*** | 15.38*** | 15.62*** |
| | (20.32) | (24.94) | (45.68) | (40.41) | 28.41 | (43.16) |
| N | 770 | 770 | 770 | 770 | 770 | 770 |

注：括号内为t检验值，***、**和*分别表示为1%，5%，10%的显著性水平。

（2）异质性分析

①不同所有制的软件企业。

在不同所有制下，公司经营管理、决策制定机制以及投资能力不同，因而不同所有制的软件企业对于税收优惠的反映可能存在差异。在中国特殊的制度背景下，将根据企业实际控制人信息将样本企业区分为国企与非国企，进一步讨论当存在所有制差异时，税收优惠额对于固定资产投资的影响，下文的回归模型采用双向固定效应模型。

表4-8汇报了税收优惠额对于不同所有制企业投资影响的回归结果，可以看出，所得税优惠政策对不同所有制企业的固定资产投资均有促进作用，且回归系数差别不大，但显著性水平有明显差异。在充分引入控制变量、个体和时间效应后，在国有企业回归结果中主要解释变量税收优惠额的回归系数分别为0.0784，但系数却不显著，在非国有企业回归结果中，主要解释变量税收优惠额对企业固定资产投资回归系数为0.0718，且在1%水平上显著，所得税优惠对非国有企业固定资产投资的激励作用相比国有企业更显著。出现以上回归结果的原因主要有三方面：第一，从经营目的来看，国有企业的经营管理者大多由政府任命，其行政意图较为明显，并且国企还要承担调控宏观经济、提供公共物品等职能，企业的经营业绩并非唯一考核标准，而且管理者抱有平稳职位晋升的目的，可能会放弃能够提升企业价值、促进转型升级的投资项目，而趋于选择能为企业带来收益但风险系数小的投资；对于非国有企业，管理者将实现企业价值最大化作为生产和经营的首要目标，公司所有者自身利益与公司的生产经营密切相关，委托代理关系更为明确，有足够的动机和积极性对经营者进行有效的监督与激励。另外，非国有企业相比有雄厚实力背景的国有企业来说，面临更大的竞争压力，为了在激烈竞争环境下能够生存且占据一席之地，管理者会更加努力运用自身能力和技术对投资项目进行可行性甄别，不会放弃有利于提高企业收益的投资机会。第二，从融资约束来看，国有企业的预算软约束使得国有企业更加不可能陷入融资困境中（林毅夫、李志赟，2004），国有企业往往有更好的资金状况以及拥有政府部门背书，相比非国有企业其融资条件更宽松、融资能力更强、渠道更多，有更多的机会获取资金进行固定资产的投资，所以对税收优惠额变化不敏感。第三，从意愿上看，国有企业更容易享有充足的财政补贴等，并且非国企在市场融资中处于劣势地位，需要通过其他方式节约资金流，这时非国有企业享受税收优惠政策的意愿更

强，并且其税收筹划获取所得税优惠的动力也远高于国有企业。

表4-8　　**税收优惠额对不同所有制企业投资的影响**

| 变量 | 国有企业 | 非国有企业 |
|---|---|---|
| tax | 0.0784 | 0.0718*** |
| | (1.34) | (2.85) |
| oppor | 0.0003 | 0.0044*** |
| | (0.20) | (3.36) |
| debt | 0.0107 | 0.0111*** |
| | (1.52) | (2.72) |
| fat | -0.0240*** | -0.0107*** |
| | (-9.51) | (-3.64) |
| roe | -1.9616 | 0.0571 |
| | (-1.38) | (-0.59) |
| cash | 0.0024*** | 0.0012 |
| | (3.08) | (1.14) |
| Firm effect | Yes | Yes |
| Year effect | Yes | Yes |
| _cons | 17.45*** | 16.36*** |
| | (16.14) | (41.59) |
| N | 134 | 636 |

注：括号内为t检验值，***、**和*分别表示为1%，5%，10%的显著性水平。

②不同规模的软件企业。

不同的企业规模可能使所得税优惠产生不同的作用效果，所以依据不同的规模水平对企业进行差异化分析，以企业资产总额为划分依据，资产总额在中位数以上的定义为大规模企业，中位数以下为小规模企业，下文的回归模型采用双向固定效应模型。

表4-9汇报了所得税优惠政策对不同规模水平的软件企业固定资产影响的回归结果，根据表4-9可知，在充分引入控制变量和企业、时间固定效应后，在小规模企业条件下，所得税优惠额在1%水平下显著地促进了固定资产的投资，其回归系数为0.1020，大于表4-6中全样本下系数0.0740，说明所得税优惠对于小规模企业来说促进效果更明显。对于大规模企业，回归系数呈现不显著的正相关，且远小于整体下的0.0740，说明资产规模影响了税收优惠额与固定资产投资的相关关系，企业规模越大，税收优惠对固定资产投资的激励效果越差。

产生上述回归结果的原因可能有以下几个方面：从企业因素来看，第一，融资成本差异。企业投资的资金来源主要包括内部融资和外部融资，而内部融资可能难以满足企业的规模发展，就需要企业通过金融机构筹集资金满足自身需求。而企业自身因素就影响其融资约束程度，相比于小规模企业，规模大的企业拥有更多的可抵押资产，名声或信誉通常较好，金融机构在考虑贷款风险的情况下会更愿意借款给大规模企业。第二，规模经济效应理论。大规模企业能更好地享有生产经营规模大所带来的购进要素价格低、资产转化效率高等好处。相比于小规模企业，大型企业的生产成本低，议价能力强、信息获取能力强、盈利水平高，自身经营收入即可满足投资需要，外部资金需求小，对于所得税优惠政策反应不敏感；从金融机构角度分析，第一，信息不对称理论。由于信息不对称的存在，小规模企业的逆向选择与道德风险问题更为严重，借款单位要对小型企业付出更多的交易成本、信息成本，因此会提高对小规模企业的信贷融资条件。第二，金融结构束缚。金融业越发达，市场化程度越高，企业的外部融资约束就越低（Rajan、Zingales，1998；林毅夫、李永军，2001）。目前我国金融市场仍处于起步阶段，市场也不完善，对于本身外部融约束高的小规模企业来说会进一步加剧约束程度，那么税收优惠政策对企业投资的促进效果对于小规模企业就更加显著。

表4-9　　所得税优惠对不同规模企业投资的影响

| 变量 | 小规模企业 | 大规模企业 |
|---|---|---|
| tax | 0.1020*** | 0.0193 |
| | (2.46) | (0.71) |
| oppor | 0.0081*** | 0.0012 |
| | (4.44) | (1.02) |
| debt | 0.0192*** | 0.0029 |
| | (2.77) | (0.75) |
| fat | -0.0150*** | -0.0088*** |
| | (-3.13) | (-4.01) |
| roe | 0.1054** | -2.087** |
| | (2.02) | (-2.09) |
| cash | 0.0310 | 0.0112 |
| | (0.99) | (1.22) |
| Firm effect | Yes | Yes |
| Year effect | Yes | Yes |
| _cons | 15.29*** | 18，62*** |
| | (23.00) | (40.54) |
| N | 385 | 385 |

注：括号内为t检验值，***、**和*分别表示为1%，5%，10%的显著性水平。

(3) 所得税优惠与全要素生产率

税收优惠政策意在通过减免企业税收负担，对企业资源在投资项目间分布与流动产生显著的导向作用，提高企业的投资预期，刺激投资结构趋于优化，推动产业快速发展。上文中通过样本数据回归验证了所得税优惠政策具有促进软件企业投资的正向作用，将进一步引入全要素生产率（TFP）考查所得税优惠政策对于软件企业经营发展的影响，考虑到联立性偏差和内生性问题，全要素生产率（TFP）采用LP法（鲁晓东、连玉君，2012），其中总产出LnSales为主营业务收入的自然对数，劳动投入LnL为在职员工人数的自然对数，资本投入LnK为企业固定资产净额的自然对数，中间投入LnMaterial为本期公司购买商品、接受劳务实际支付的现金，下文的回归模型采用双向固定效应模型，根据相关文献控制变量选取资产负债率（debt）、净资产收益率（roe）、企业规模（lnsize）、上市年限（age）、现金及现金等价物（cash）。

表4-10汇报了税收优惠对全要素生产率的回归结果，充分加入控制变量后，税收优惠额对企业的全要素生产率有正向促进作用，税收优惠额提高1，全要素生产率提高0.0196，且在10%水平上显著，所得税优惠政策促进了软件企业全要素生产率的提高。所得税税收优惠对软件企业全要素生产率的影响可以从三个方面进行分析：第一，缓解企业融资约束难题。由于存在企业内部现金流不稳定和投资活动调整成本高的问题（鞠晓生等，2013），仅依靠内部资金难以保证投资的持续性从而导致企业生产率水平下降，而税收优惠可降低企业成本，提高税后利润，增加企业的现金持有量，缓解融资约束难题，避免企业因资金的短缺而放弃净现值大于零的投资，同时使企业加大相关要素的投入，从而获得更高的收益，有助于提高全要素生产率，上文中回归结果也证明所得税优惠可以促进软件企业加大固定资产或机器设备的投资。第二，优化资源配置。当市场失灵时，仅依靠市场机制的调节难以实现帕累托最优状态，导致资源配置缺乏效率或者配置失当，此时就需要政府以必要的调节措施进行干预，以达到优化资源配置的目的，进一步提高企业的生产率。第三，降低税收扭曲程度，政府的税收行为会对企业的生产经营活动产生扭曲作用，税率的提高会使扭曲程度加大，所以，当企业所得税税率降低时，税收带来的扭曲作用会减轻，从而企业的生产率会提高（吴辉航等，2017）。

表4-10　　所得税优惠与企业全要素生产率

| 变量 | 基本模型 | 加入控制变量 |
|---|---|---|
| tax | $0.0715^{***}$ | $0.0196^{*}$ |
| | (5.04) | (1.77) |
| lnsize | | $0.3885^{***}$ |
| | | (7.51) |
| debt | | $0.0075^{***}$ |
| | | (2.91) |
| age | | $-0.0733^{*}$ |
| | | (−1.79) |
| roe | | $0.4719^{***}$ |
| | | (4.17) |
| cash | | 0.0046 |
| | | (1.24) |
| Firm effect | Yes | Yes |
| Year effect | Yes | Yes |
| _cons | $14.62^{***}$ | $7.29^{***}$ |
| | (68.65) | (7.08) |
| N | 770 | 770 |

注：括号内为t检验值，***、**和*分别表示为1%、5%、10%的显著性水平。

### 4.3.4　稳健性检验

（1）更换解释变量衡量指标

为了保证研究结果具有稳健性，对上述实证模型中主要解释变量税收优惠额的计算方法进行替换，主要针对的是税收优惠额中实际税率的算法，税收优惠额计算方法保持不变，除前面使用的回归计算方法外，还有三种比较通用的方法，分别是：①实际税率=（所得税费用-递延所得税费用）÷息税前利润；②实际税率=所得税费用÷（税前利润-递延所得税费用/法定税率）；③实际税率=（所得税费用-递延所得税费用）÷（税前利润-递延所得税费用/法定税率）。针对这三种方法计算出的税收优惠额分别代入模型中进行回归，稳健性检验结果如表4-11所示，在充分引入控制变量以及个体、时间固定效应后，方法①、②、③的回归结果均表明税收优惠额与固定资产投资、机器设备类固定资产基本在1%的显著性水平下存在正相关关系，获得越多所得税优惠的企业，其固定资产投资也越大，与上文研究结论相一致。

控制变量中，净资产收益率与企业固定资产投资的关系比较模糊，根据付文林、赵文辉（2014）的解释，出现净资产收益率与固定资产投资负相关或不显著的问题，主要原因为公司治理结构的缺陷，经理人并没有完全以实现股东收益最大化作为工作目标，在把控企业现金流情况下，投资不利于股东利益的项目，偏离所有者的利益追求。其他控制变量的回归系数与显著性均与第三部分回归结果相差不大，基本可以验证前文研究假设1、2的实证分析结果，说明前文分析结论稳健。

表4-11 **稳健性检验**

| 变量 | 固定资产 | 机器设备 | 固定资产 | 机器设备 | 固定资产 | 机器设备 |
|---|---|---|---|---|---|---|
| | 方法① | | 方法② | | 方法③ | |
| tax | 0.0558** | 0.108*** | 0.117*** | 0.122*** | 0.0439* | 0.0749*** |
| | (2.13) | (3.77) | (2.96) | (3.02) | (1.83) | (3.60) |
| oppor | 0.0031*** | 0.0026*** | 0.0038*** | 0.0005 | 0.00342*** | 0.0005 |
| | (3.78) | (2.81) | (3.78) | (0.62) | (2.46) | (1.55) |
| debt | 0.0123*** | 0.00548 | 0.0100*** | 0.0055 | 0.0119*** | 0.0082 |
| | (2.64) | (0.99) | (2.70) | (1.29) | (2.59) | (1.46) |
| fat | -0.0107*** | -0.0049*** | -0.0112*** | -0.0059*** | -0.0108*** | -0.0051*** |
| | (-3.71) | (-4.47) | (-4.16) | (-5.84) | (-3.62) | (-4.51) |
| roe | -0.0408 | 0.0242 | -1.329* | -0.847 | 0.0176 | -0.0169 |
| | (-0.30) | (0.22) | (-1.74) | (-1.30) | (0.15) | (0.17) |
| cash | 0.0201*** | 0.0174** | 0.0123* | 0.0159** | 0.0133 | 0.0173** |
| | (1.98) | (2.31) | (1.92) | (2.31) | (1.44) | (2.57) |
| Firm effect | Yes | Yes | Yes | Yes | Yes | Yes |
| Year effect | Yes | Yes | Yes | Yes | Yes | Yes |
| _cons | 16.83*** | 15.03*** | 15.73*** | 14.74*** | 16.80*** | 15.41*** |
| | (37.19) | (33.21) | (25.80) | (23.23) | (42.62) | (46.67) |
| N | 592 | 592 | 970 | 969 | 625 | 625 |

注：括号内为t检验值，***、**和*分别表示为1%、5%、10%的显著性水平。

（2）内生性分析

前文实证分析部分未探讨回归模型的内生性问题，考虑到所得税优惠政策与投资之间的复杂关系，参照付文林、赵永辉（2014）的做法，将滞后一期的资产报酬率和总资产净利润率作为工具变量，资产报酬率和总资产净利润率均反映企业资产的获利能力，其数值越大代表企业投入产出的水平越好，资产的运营能力越强，当上一期的两个指标较高时，企业对于税收优惠政策可能较不敏感，其享受意愿较低，从而影响到下一期的税收优惠额。当企业投资不足时，为了激励企业扩大投资，政府可能会针对全行业或特定产业出台减税政策，税收优惠政策可能产生内生性，参考行伟波（2012）选择税收优惠额的滞后项作为工具变量，另外考虑到企业固定资产投资的相关调整涉及企业的长期规划，所以选用滞后二期的税收优惠额。根据面板异方差和自回归检验，P值等于0.0000，均拒绝原假设，样本数据存在组间异方差和自相关，因此采用带有工具变量的二阶段GMM方法进行估计，并通过检验判断是否存在内生性，样本数据麦金农检验的P值为1.1e-05，十分接近于0，拒绝了无差异的假设，证明存在内生性问题。模型的二阶段GMM估计结果如表4-12所示。表4-12中，税收优惠额与固定资产净值、机器设备类固定资产的相关系数仍显著为正，系数分别为0.9209、0.4249，均大于普通面板数据回归结果，说明可能存在低估减税对于促进固定资产投资的作用。申广军等（2016）基于全国税收调查数据库，对增值税税率与企业固定资产投资率进行研究，发现企业减税1元，其投资增加1.63元，许伟等（2016）研究结论表明增值税减税的财政乘数大约为2.36，与已有研究相比，所得税优惠对于投资的促进作用可能小于增值税，但由于选取的样本企业类型存在差异，仍需要进一步的探究。在二阶段GMM中Sargan检验接受原假设不存在过度识别问题，识别不足检验中拒绝原假设，不存在识别不足问题，弱工具变量检验中无法拒绝原假设，工具变量与内生变量有较强的相关性，三种检验均证明了工具变量的有效性。

表4-12　　　　**二阶段GMM内生性检验**

| 变量 | 固定资产 | 机器设备类 |
| --- | --- | --- |
| tax | 0.9209*** | 0.4249* |
| | (2.68) | (1.89) |
| oppor | 0.0053** | 0.0005 |
| | (2.04) | (0.30) |
| debt | -0.0003 | 0.0010 |
| | (-0.04) | (0.18) |
| fat | -0.0304*** | -0.0085** |
| | (-5.08) | (-2.16) |
| roe | -8.9301*** | -3.7925* |
| | (-2.82) | (-1.83) |
| cash | 0.0013 | 0.0012 |
| | (1.00) | (1.51) |
| Sargan—P值 | 0.9035 | 0.2376 |
| N | 343 | 343 |

注：括号内为t检验值，***、**和*分别表示为1%、5%、10%的显著性水平。

## 4.4 结论与政策建议

### 4.4.1 研究结论

在梳理和总结相关文献的基础上，通过所得税的收入效应、现金流等分析了所得税对企业固定资产投资的影响机制。运用2011—2018年软件产业企业面板数据进行回归分析，进一步研究了所得税对于不同类型企业产生的差异影响，同时加入全要素生产率讨论优惠政策对于产业发展的作用，通过更换解释变量衡量指标、工具变量法进一步验证研究假设。结论如下：

（1）无论是哪一种回归分析结果都表明所得税优惠政策有效促进了软件企业加大固定资产投资和机器设备类固定资产投资，两者比较而言，所得税优惠额的促进作用对于固定资产投资更为凸显。

（2）税收优惠政策对于不同所有制软件企业的促进效果有差异，对于非国有企业的固定资产投资作用更明显，具体原因包括经理人的经营目的不同、融资约束差异、企业意愿不同。

（3）税收政策对于不同规模的企业促进效果有差异，对于小规模企业的固定资产投资促进作用更明显，其系数大于全样本水平，而对于大规模企业促进效果并不显著，主要原因有企业自身因素及金融机构因素，对于企业自身来说，规模大小限制了其利润水平及外部融资能力，从金融机构考虑，小规模企业交易成本高及市场发展程度影响企业外部融资约束程度。

（4）所得税优惠政策通过降低融资约束、优化资源配置和减轻税收扭曲程度提高企业全要素生产率，促进了行业发展。

### 4.4.2 政策建议

根据理论及实证研究结果，试着提出促进软件产业的固定资产投资及发展的政策建议。

（1）完善企业所得税优惠措施

优化人才培养优惠政策。人才是软件企业的重要资源，关系到企业的研发活动和技术创新，而目前我国专门针对人才培养的优惠政策较少，同时软件产业高端人才缺乏，人才培养的重要性愈加突出。另外，软件企业从业人员工资水平较高，人力成本占据软件企业成本中较高比例，而我国软件产业缺乏针对性的人才培养优惠政策。为了进一步完善优惠政策，一方面，可以提高软件企业职工教育经费税前扣除比例，或是允许全额扣除，另一方面，可以结合个人所得税中继续教育专项附加扣除，增加职业培训类的定额扣除。

建立细化性所得税优惠政策。结合软件产业异质性因素扩大受惠面。软件产业准入门槛低，中小型企业占比大，政府应当给予更宽松的所得税优惠政策，降低两免三减半的标准，或参照小微企业所得税优惠政策特点，采取阶梯式方式，根据企业利润总额或员工人数等标准设置门槛，分阶段以不同的优惠力度让更多的企业享受政策红利，增加税收优惠额，降低企业融资成本，鼓励企业将更多的资金用于扩大投资，加快技术创新，尤其对于极具发展潜力的中小企业，其对税收优惠更为敏感。

延长优惠政策享受时间。现有软件产业所得税政策中的两免三减半要求自获利年度起开始计算优惠年限，享受期限为五年，政策仅覆盖了企业初创期，在初创期两免三减半结束后，若进入成长期或仍未结束初创期的软件企业未达到重点企业标准，则无法继续享受低于高新技术企业15%的所得税税率，但成长期企业处于高速增长阶段，需要大量资金扩大规模、增加研发投入等。因此可以延长相关政策享受时间，两免三减半政策可以由企业根据自身情况决定享受优惠的时间段，同时为进一步保证成长期企业的发展，以企业规模、软件产品类型等为标准，对资产规模大、产品具有国际竞争力的企业适当延长两免三减半时间，或是允许企业提取开发准备金，并可以在所得税税前扣除。

完善与固定资产投资相关的所得税优惠政策。为进一步促进企业发展，可以提高一次性扣除优惠标准，提高固定资产前期折旧限额。高精尖领域、技术革新行业的研发设备的特点在于，其价值一般而言都比较高，现如今研发仪器的扣除标准优惠力度不够，可以提高一次性扣除标准，同时允许研发用设备产生的加速折旧额进一步适用研发费用加计扣除，可以对加速折旧政策中要求的设备、器具种类进行进一步细化分类，对于软件产业研发活动比较重要的固定资产，可以加大折旧力度。对于软件企业购入用于研发或是推广新技术、实现产业化的设备，可以参照环保设备优惠政策按一定比例抵免当年的企业所得税应纳税额。考虑到企业获得的税收优惠额不一定会运用到机器设备的投入或研发活动当中去，还需要国家进一步的引导。对于购进设备进行更新改造，更新改造投入的金额达到原有固定资产价值一定比例的，可以允许企业一次性将这部分资金全部或部分在计算企业所得税时税前扣除。

（2）健全其他相关产业政策

构建国家与地方性优惠政策相结合体系。除保证软件产业国家性税收政策的权威性、稳定性外，应当给予各地方制定相关规定的权限，尤其软件产业在东、中、西及东北地区的行业特点及发展方向不尽相同，因地制宜结合地方特点制定促进行业发展的税收优惠政策，更好地发挥示范城市软件产业园的聚集效应。在保证各地区有效发展的同时，国家应更多关注区域间软件产业发展不平衡问题，针对软件收入增速慢、占比低的地区给予更多政策支持，同时软件企业协会要积极发挥作用，为各地区的软件企业发展助力。另外，国家应顺应软件技术发展趋势，对于掌握新业态、新模式软件产品核心技术的软件企业加大税收扶持力度，及时调整税收政策。

优化投融资政策。除税收优惠政策外，为了缓解软件企业融资约束难题，还需要其他资本注入，根据相关统计数据，2018年我国软件产业投资总额和投资件数相比2017年均大幅减少（2018年《中国软件和信息服务业发展报告》），由于获取投资的门槛相对较高，中小企业往往难以达到，这就需要政府设立创业投资基金激励企业开展创业活动，同时鼓励商业金融机构根据软件行业特点制定担保制度，解决融资难问题，对中小企业进行投资的，在税收上可以针对投资者取得的税后收益进行再投资的部分给予退税。

# 5 企业所得税研发税收激励可持续性分析[①]

## 5.1 引言

研发活动的主要手段是知识积累和技术进步，研发活动的重要路径是创新发展，在党的十九大依旧强调创新是引领发展的第一动力的背景下，研发活动对于驱动企业可持续发展、提高企业竞争力、带动经济发展具有重要作用。随着第四次工业革命的到来以及供给侧结构性改革的逐年深化，研发活动不断地与其他产业融合，新兴产业等发展之所以如此迅速，离不开企业的创新。但是，我国研发活动仍存在一定问题，如研发质量和效率不高，持续性偏弱，创新积极性偏低，而且研发活动是一个具有高风险性和长周期性的活动，企业研发活动较为脆弱，且容易受到外部冲击，现实中也存在着研发投入和产出比例不一致的现象。为此需要政府大力推进企业的研发活动，加大研发

① 本部分是和陈静茹合作完成。

投入力度，促进研发成果的转化，不断鼓励科技创新，加大研发税收激励和政策支持。

高新技术企业认定作为一项研发税收激励政策，在激励企业创新，为企业减免税负的同时，也具有其独特的时效性。《高新技术企业认定管理办法》（国科发火〔2008〕172号）规定：高新技术企业资格自颁发证书之日起有效期为三年。企业应在期满前3个月内提出复审申请，不提出复审申请或复审不合格的，其原高新技术企业资格到期自动失效。高新技术企业复审须提交近三年开展研究开发等技术创新活动的报告，复审时应重点审查第十条（四）款，即企业近三个会计年度的研究开发费总额占同期销售收入总额的比例。《高新技术企业认定管理工作指引》（国科发火〔2016〕195号）中规定：高新技术企业资格期满当年内，在通过重新认定前，其企业所得税暂按15%的税率预缴，在年度汇算清缴前未取得高新技术企业资格的，应按规定补缴税款。尽管没有复审的说法，但是企业需要在有效期满当年以《高新技术企业认定管理办法》（国科发火〔2016〕32号）的标准重新认定。

基于高新技术企业认定的时效性，可以发现企业在享受研发税收激励的过程中面临着可持续性的问题，这也是研发活动的特性所决定的：(1) 不确定性。因为研究开发所形成的结果与投入的人力、物力、财力并不存在正相关关系，而且在研究开发的过程中存在大量的外部环境影响，比如国家政策、市场需求、技术发展、资金贷款等因素，随着研究开发活动经历的时间越长，这些外部因素对其影响就越大，并且研发活动在很大程度上取决于研究开发人员的知识储备和经验积累，所以最后能不能转化成一种成果，能不能形成产业化为企业带来收益都是不确定的，这就使得企业的研发活动存在大量风险，在漫长的研发过程中企业很可能因为风险过大难以承受或者短期利益驱使而减少研发投入或改变经营战略，进而使得高新技术企业在资格有效期满后无法再次被认定，从而无法继续享受研发税收激励。(2) 外溢性。研发成果和技术可能会以知识形式扩散，造成一些企业搭便车的现象，即一些企业在并未进行研发活动或者研发投入与研发产出不成正比的情况下，仍然能够享受到其他企业的研发成果，这种外部性会导致社会收益率远大于企业私人收益率，进而影响企业研发过程中的积极性及研发质量，从而减少研发投入，丧失高新技术企业资格，难以继续享受研发税收激励。(3) 长周期性。研发活动包括两个阶段：研究阶段和开发阶段，这使得研发活动的周期较长，尤其对于高新技术而言，研究开发活动并不是一朝一夕就能够完成的，在这个过程中企业需要不断地投入大量研发资金、研发人员以支持企业的研发活动，通常很多企业由于长时间没有产出，缺少融资担保以及企业的自有资金难以正常维持研发活动时就不得已减少研发投入，进而导致高新技术企业在有效期满后因为无法达到资格认定的标准而丧失高新技术企业资格。

为了说明目前企业研发税收激励可持续性现状，从CSMAR数据库收集2008—2017年的上市高新技术企业数据，将获得高新技术企业资格认定的年份用1表示，未获得资格认定的年份用0表示，通过将其分类汇总，来展示从2008年开始到2017年末，这些上市高新技术企业研发税收激励可持续性现状。共收集了9 604家2008—2017年获得资格认定的企业数据，共计19 456条观测值。因为对于研发税收激励可持续性概念的界定是在有效期三年届满之后继续获得资格认定，所以就排除从2015年才开始第一次获得资格认定的企业，即从样本中排除2 729家企业数据，在剩余的6 875家企业样本中，仅有2 437家企业能够从第一次获得高新技术企业资格后，持续性地获得资格认定，即持续性地享受研发税收激励，有4 438家企业在第一次获得资格认定后，在未来年度未能持续获得资格认定，即在有效期满后未能通过资格复审，该比例高达64.55%，并且有1 662家企业在2008—2017年间只享受过一次研发税收激励，有效期满后就再未获得过资格认定了，该比例高达24.18%，占未能持续获得研发税收激励企业数量的37.46%，所以我们可以直观感受到企业研发税收激励的可持续性偏弱。该6 875家上市高新技术企业研发税收激励的时间分布模式与可持续性见表5-1。

面对研发活动的不确定性、外溢性和长周期性，高新技术企业会由于无法持续获得资格认定，进而无法持续享受研发税收激励，从而增大

表5-1　上市高新技术企业研发税收激励时间分布模式与可持续性

| | | 十年时间分布 | 个数 | 占比 | 十年时间分布 | 个数 | 占比 |
|---|---|---|---|---|---|---|---|
| 可持续获得资格认定型研发税收激励 | | 1111111111 | 247 | 3.59% | 0111111111 | 407 | 5.92% |
| | | 0011111111 | 386 | 5.61% | 0001111111 | 378 | 5.50% |
| | | 0000111111 | 422 | 6.14% | 0000011111 | 310 | 4.51% |
| | | 0000001111 | 287 | 4.17% | | | |
| | | 累计占比 | | | | | 35.44% |
| 未能可持续获得资格认定型研发税收激励 | 其中仅享受过一次资格认定型研发税收激励 | 1110000000 | 193 | 2.81% | 0001110000 | 166 | 2.41% |
| | | 0111000000 | 323 | 4.70% | 0000111000 | 156 | 2.27% |
| | | 0011100000 | 246 | 3.58% | 0000011100 | 261 | 3.80% |
| | | 0000001110 | 317 | 4.61% | | | |
| | 其他 | 1110001111 | 243 | 3.53% | 1111110000 | 294 | 4.28% |
| | | 1110000001 | 264 | 3.84% | 1111110001 | 314 | 4.57% |
| | | 0111111000 | 239 | 3.48% | 0111000111 | 221 | 3.21% |
| | | 0011100011 | 256 | 3.72% | 0011111100 | 298 | 4.33% |
| | | 0001110001 | 328 | 4.77% | 0001111110 | 319 | 4.64% |
| | 累计占比 | | | | | | 64.55% |

企业研发活动的风险和成本，出现减少研发活动、改变经营策略等情况，所以企业能否持续享受研发税收激励直接影响着企业对于研发活动的投入、企业开展研发活动的积极性以及研发成果的转化，进一步来说，研发税收激励的可持续性在一定程度上影响着企业的可持续发展和企业竞争力，甚至关乎国家创新驱动发展战略能否顺利实施。

研发活动作为创新的重要源泉，它对于企业和整个经济发展的重要性不言而喻，我们国家也不断加大研发投入强度，2014年我国研发投入强度首次打破2%的纪录，并呈现出逐步增长的态势。研发活动不仅是提升企业核心竞争力的有力武器，更是推动经济发展的重要手段。企业若想获得更高的竞争力及长久发展，研发活动的良好开展无疑是最好的切入点。研发税收激励作为一项政府让利于企业的优惠政策，能否持续性地享受该政策影响着企业对研发活动的投入与绩效，影响着企业研发活动的积极性与研发质量，所以基于高新技术企业资格持续认定的视角，探究企业研发税收激励可持续性问题，具有很强的理论意义和实践意义。

近年来，大部分学者对研发税收激励的绩效问题，尤其是对高新技术企业的税收激励政策进行了大量的研究和分析，大部分研究表明研发税收激励可以降低企业的研发成本，有效刺激企业提高研发投入，增加专利和新产品的产出。但是鲜有研究会涉及研发税收激励可持续性问题，就高新技术企业资格认定这一研发税收激励政策来看，这种认定存在着时效性，探讨了融资约束、政治关联、所有制和企业规模对于企业研发税收激励可持续性的影响，发现能够持续获得研发税收激励的企业通常是一些低融资约束、实际控制人为国有或者是大规模企业，并分析了持续享受研发税收激励的意义，发现与未持续获得研发税收激励的企业相比，可持续获得研发税收激励企业的研发绩效更好。理论意义在于不仅拓宽了企业研发税收激励理论研究的角度，基于高新技术企业资格持续认定的视角创新性地分析了企业研发税收激励的可持续性，还为企业的未来发展战略及政府制定各项研发税收激励政策提供了理论依据。

实践意义在于指出了高新技术企业应该合理制定经营方式，增加研发活动投入，从宏观战略角度出发，对研发活动的投资战略进行全局规划，减少企业的短视行为，善于利用政治关联为自己的研发活动带来持续性的研发税收激励，理性看待政府关联，以平滑研发波动，提高企业的税收管理水平，加大对会计人员的税收政策法规的培训，及时进行资格认定；政府一方面应该加强政策引导，改善高新技术企业的外部融资环境，健全外部融资体系，以政府担保等方式减少企业由于研发活动的特殊性所带来的融资约束，加快风投事业的发展，引导风险投资参与企业的自主创新，另一方面应加强民营企业和小规模企业的政策倾斜，在政策设计方面可以按照所有制和企业规模，有针对性地制定研发税收激励政策，以便发挥政策的最大效用。

目前国内外有关研发税收激励可持续性的文献较少，大多数文献都是以研发投入为切入点，讨论影响研发活动的因素，如融资约束、政治关联、企业规模和所有制对于研发投入及研发活动的影响，有关研发税收激励可持续性的文献仅有寥寥几篇。Aschhoff（2010）通过研究发现，在德国获得了研发税收优惠的企业不但在数量方面非常稳定，而且能够持续性地获得政府税收优惠。Busom等（2017）通过西班牙2001—2008年制造业企业的数据，对于往期是否获得政府支持的各种要素，如融资约束、企业规模和年龄、专利独占性等进行分析，检验了研发补贴和持续获得税收激励企业的情况。李林木、汪冲（2017）通过对新三板挂牌公司群体的研究，发现研发投入的增加不仅会扩大企业资产，还会降低当期净资产收益率等成长指标，他们认为研发带来的当期净利润并不一定能够超越同期营收和资产规模变化。汪冲、江笑云（2018）通过广义Heckman选择效应模型研究了包括高新技术企业在内的企业资格认定型研发税收减免的可持续性问题，认为企业之所以无法在下一年度持续获得税收激励，是因为企业选拔和税收激励共同作用下的企业营收规模扩张，在比例门槛型减免条件和年度持续性投入要求的双重约束下，获得研发税收激励的企业以营收规模为分母的同期盈利性的下降削弱了企业下一年度持续满足认定条件的能力，企业自有资金和企业盈利能力会因为受到营收规模增长的制约，并且最终对持续研发税收激励产生负面影响，产生了更高的税收激励不可持续性。杨国超等（2017）通过企业研发支出占销售收入比重这一认定条件，发现在这一门槛下出现了企业群聚现象，通过分布拟合和分组回归等方式发现企业通过研发操纵来获得资格认定，从减免税制度背景来看，该项研究从分子项的角度反映了研发税收激励的持续性问题。

目前国内仍然没有融资约束与企业研发税收激励可持续性关系的文献，大多数文献仍然集中在融资约束对研发投入的影响上。融资约束通过影响企业研发投入进而影响企业的研发活动，融资约束程度越高，对企业研发投入和研发活动的抑制程度就越大。Hall作为最早提出融资约束影响企业研发投入的人，他通过研究美国企业研发行为，发现对于企业研发水平的支持性而言，内外部资金是存在显著差异的，相比于外部筹资，内部现金流对企业研发行为更重要，而通过债务筹资等手段获得的资金甚至会对企业研发产生抑制作用。Brown、Petersen（2010）认为企业研发活动筹资具有更高的融资约束，由于担保品缺乏和信息不对称问题的存在，使得企业研发活动的融资约束更为突出，大多数企业的研发是由不稳定的现金流和现金存量所支撑的，融资约束抑制了研发投入。Brown等（2012）利用欧洲国家大样本数据，在控制企业内部研发支出平滑行为和外部股权筹资行为后，发现了企业研发活动存在融资约束的稳健证据。张杰等（2012）利用大样本微观企业数据，发现融资约束对民营企业的研发投入造成了显著抑制效应，企业研发投入的融资渠道受企业的规模、年龄以及是否出口的影响程度显著不同。顾群、翟淑萍（2014）利用上海和深圳证券交易所2007—2011年上市公司的数据，通过构建多元线性回归模型发现研发投资的企业普遍存在融资约束问题，融资约束通过影响企业资金的筹集进而影响企业持续的创新活动。赵玮（2015）利用部分战略新兴企业2006—2013年的微观数据，通过双边随机边界模型，对国家补助、资金来源作用于公司微观研发行为的可调控度进行量化，发现对于大多数企业而言，国家对于企业的研发税收激励只能起到一定程度的缓解作用，并不能完全对冲融资约束对研发活动的抑制作用。蔡地等（2012）以世界银行对我国民营企业的调查数据为基础，研究发现企业所在地区产权保护水平低和融资约束程度高都制约了企业研发投入。

政治关联对于企业研发活动的影响在学术界并未达成统一的结论，一些学者认为政治关联对于研发有正向推动作用，一些学者认为政治关联对研发有负向抑制作用。

正向推动作用：Brown等（2013）认为在信息不对称的情况下，企业可以通过建立政治关联制度为企业争取更多的产权保护，这种产权保护可以为企业争取更多的利益，进而加大企业的研发投入和专利申请。江雅雯等（2011）认为目前我国市场上的资源还是大多由政府分配，企业一旦获得政治关联便可以在研发资金上面得到一定的补足，这种补足可以给企业的研发投入带来积极作用。游家兴等（2010）认为，政治关联企业在进行研发活动过程中，高管被免职的概率较小，这说明在研发活动中，建立了政治关联的企业对研发活动失败是具有高度包容性的，这类企业往往更乐意将资金投向企业创新这种长期投资活动中，进而对研发活动产生正向作用。王珍义等（2011）研究表明企业通过与政府建立政治关联，能够拓宽企业的融资渠道，降低融资成本，有利于企业快速有效地获取资金来满足资金需求，从而对企业的创新活动带来正向影响。

负向抑制作用：杜兴强等（2012）研究结果表明一旦关键高管存在政治关联，那么企业就会出现为构建政治关联耗费大量资源的情况，这样不利于企业研发投入活动的有效展开，致使企业的研发力度减弱。胡旭阳等（2008）认为，建立了政治关联的企业在经营模式上会选择多样化，会指定各种战略提升自身业绩水平，但是这些战略定位往往挤占了企业用于技术创新的资源，使企业在发展的过程中并未随着企业的营收规模而同比例地增大研发投入。刘慧龙等（2010）发现，企业建立政治关联以后，通常会将资金投向一些短期内就能盈利的项目，这种经营行为往往使得企业的长期资本结构失调进而影响企业的研发活动。周黎安（2007）认为我国地方政府官员存在较有特色的竞争机制，政绩考核作为地方官员的重要考核指标，导致地方官员往往背负着GDP以及其他相关经济指标的增长压力，而企业作为经济的主体，地方政府官员也会对企业进行控制从而完成其政绩考核。由于企业研发活动的时间长，收效慢，所以建立了政治关联的企业会将资金投入其他地方而非创新活动。

目前还没有企业规模与研发税收激励可持续性关系的研究，大部分研究仍集中于企业规模与研发投入的关系，关于这两者的关系存在多种说法。Soete（1979）利用美国1975—1976年间700家大公司的数据，研究发现研发投入强度（研发支出与销售收入之比）随着企业规模的扩大而增加，在职员超过5 000人的大企业中，这一规律更加明显。柴俊武、万迪昉（2003）以近800家企业为研究对象，发现企业规模与研发投入强度之间呈倒U形曲线关系。安同良（2006）等通过对江苏省制造业企业进行问卷调查，发现小、中、大三类企业研发投入强度的变化趋势存在着明显倾斜的V形结构。金玲娣、陈国宏（2001）发现研发投入强度与企业规模呈现一种S形关系。张西征等（2012）认为研发投入的频度随着企业规模的扩大而增大，就全部企业而言，研发投入强度与企业规模之间呈正相关关系。

所有制类型是中国特有的经济制度，因此国外关于所有制类型的研究较少，现有文献大都来自中国，目前仍没有有关所有制与企业研发税收激励可持续性的研究，大部分研究仍集中于所有制对于企业研发创新的影响，其研究结论也大致分为两类：国有企业的创新优于非国有企业；非国有企业的创新优于国有企业。李政（2013）认为国有企业的创新资源丰富，创新基础也相当雄厚，加之国有企业相对于民营企业而言具有政策优势，可以将利用政策优势获得的财政补贴投入到研发方面，使得国有企业的研发投入高于民营企业。鲁桐、党印（2014）利用1 344家沪深A股上市公司的样本数据，通过分行业比较发现：在资本密集型的国有企业中，第一大股东的持股比例与企业的研发投入强度有显著的正相关关系。吴延兵（2006）用多元回归模型对行业统计数据进行分析，发现股份制公司的国有属性在一定程度上激励研究开发投入。但董晓庆等（2014）认为，由于国有企业管理者的定位为官员而非企业家，所以国有企业更注重政绩而非企业的长远发展，从而导致企业短视化行为的出现，降低研发活动的积极性。任海云（2011）认为国有企业存在控制权上的缺陷和机会主义现象严重等问题，通常使得资源的配置效率大打折扣，部分企业管理层可能主张通过政府的政策和资金支持等寻租行为来获得利润，而不是通过产品和技术创新。张秀峰等（2015）以广东省的产学研合作项目为研究样本，检验了不同性质的企业分别对该合作项目创新绩效的影响，指出与国有企业相比，非国有企业为追求利益而开展创新活动的积极性比较高。张宗益、张湄（2007）以我国高新技术企业数据为研究样本进行实证分析，得出高新技术企业中国家所有权对企业研究开发活动具有负相关性。

以上梳理了有关于企业研发激励可持续性问题的国内外文献，可以看到在为数不多的几篇论文里，对于该问题的研究角度集中于企业能否持续获得研发税收激励和影响企业研发税收激励可持续性的因素。有学者通过高新技术企业认定标准中研发支出与销售收入比例的要求探讨可持续性，也有学者通过是否获得政府支持的各种要素来分析研发税收激励可持续性。由于有关企业研发税收激励可持续性问题的相关文献较少，目前大多数文献集中于研发税收激励的绩效问题和研发投入的影响因素，在后面的研究中也将讨论融资约束、政治关联、企业规模和所有制这几种因素是否会对企业研发税收激励可持续性造成影响。

运用计量实证法和比较分析法，探讨了企业研发税收激励可持续性的影响因素和持续享受研发税收激励对于企业研发绩效的影响。首先，用2008—2016年高新技术企业数据构建二元logit模型，分析了融资约束、政治关联、企业规模和所有制与企业研发税收激励可持续性的关系。其次，构建Poisson模型，对持续享受研发税收激励企业的研发绩效做了分析，进一步说明持续享受研发税收激励的利好。最后，对上述两个模型做了稳健性检验，从而使得研究结论更具有可靠性和信服力。另外，分析了融资约束程度高低、是否具有政治关联、企业规模大小和是否为国有属性对于企业研发税收激励可持续性的影响，利用比较分析法对持续享受研发税收激励企业和未持续享受研发税收激励企业的研发绩效进行对比，进一步说明了持续享受研发税收激励的企业能够实质性地增加研发绩效。

为探究企业研发税收激励可持续性问题，立足于高新技术企业资格能否持续认定的视角，用实证分析法对影响企业研发税收激励可持续性的因素进行分析，并探究了持续享受研发税收激励对于研发绩效的影响，进一步揭示了企业持续享受研发税收激励的利好。

这里的研究共分四个部分。第一部分是引言。论述了研究背景及目前研发税收激励可持续性现状，从理论和实践两个角度阐述了研究意义，并根据研究内容，一层一层梳理了相关文献，规划整体研究框架，对研究内容进行大体梳理，指出了本部分的创新与不足。第二部分是相关概念与研究假设。从大到小，阐述了税收激励、研发税收激励的概念与类型，研发税收激励可持续性概念的界定，并对研究中所涉及的影响因素的概念进行了阐述，如融资约束的概念、政治关联的概念。根据阅读过的文献，选取了可能影响企业研发税收激励可持续性的四个因素并提出了相关假设，同时为了进一步说明持续享受研发税收激励的利好及意义，提出了持续享受研发税收激励与研发绩效之间的假设。第三部分是实证分析。首先根据第二部分所提出的假设，针对影响企业研发税收激励可持续性的因素构建了二元logit模型，针对持续享受研发税收激励与研发绩效之间的关系构建了Poisson模型，其次对变量做了详细介绍、描述性统计及相关性分析，同时也说明了自己的数据来源，最后根据所构建的模型进行回归，并对回归结果进行了分析，同时为了保证回归结果的稳健，对两个模型都做了稳健性检验。第四部分是研究结论与政策建议。根据之前实证分析得出结论，并对我国企业的战略发展和税务管理水平以及政府的政策制定和营商环境的构建提出了建议。

目前大多数文献都是研究各种因素对企业研发绩效、研发投入的影响，从高新技术企业资格持续认定入手，创新性地探究了企业研发税收激励的可持续性问题。创新点包括两方面，一方面创新性地提出了研发税收激励的新研究视角，即可持续性，通过使用国泰安数据库及巨潮资讯网，基于上市高新技术企业财务报表及资格认定信息，对数据进行整理和分析，采用实证分析的方法，将研发税收激励可持续性作为因变量，经过实证检验，发现高融资约束抑制着企业研发税收激励可持续性，政治关联与企业研发税收激励呈现负相关，建立了政治关联的企业在研发税收激励可持续性问题上并未占优势以及规模较大的企业、国有企业更容易持续获得研发税收激励；另一方面为了进一步说明企业研发税收激励可持续性的意义，对可持续性与研发绩效做了相关实证分析，说明了研发税收激励可持续性的利好，经过实证分析，发现相比于未持续获得研发税收激励的企业，持续获得研发税收激励企业的研发绩效更好，说明高新技术企业在持续认定过程中由于存在多次复核和重新认定，加大了研发操纵的难度，反而会因为持续获得了研发税收激励而提升了自己的研发绩效。

但是这里的研究仍存在不足之处，还需要进一步改进。一方面由于某些公司某个年份的数据不全，所以把这些数据不全的公司剔除掉，这就导致所选数据的减少，未能覆盖全国所有的上市高新技术企业，使得在数据上有一定的局限性；另一方面研发税收激励包括资格认定型和项目审核型，仅在高新技术企业资格持续认定的视角下分析了资格认定型研发税收激励的可持续性问题，未来可以考量项目审核型的研发税收激励可持续问题，进而为推动企业研发活动和完善政府研发税收激励政策做出一份贡献。

## 5.2 相关概念及研究假设

### 5.2.1 相关概念

（1）税收激励的概念与类型

税收激励政策是一种运用税收杠杆对特定的消费和生产等经济活动或行为产生激励作用的运行机制，是指政府为了提高纳税人的生产积极性，节省成本，增加现金流而用税收手段对特定的纳税对象、纳税人或纳税地区给予的应纳税额上的减免。作为税收激励的具体体现，税收激励政策有较强的自主性，属于政府的一种间接补贴，可以通过企业的运营操作实现，同时对于政府而言，可以通过税收激励来引导纳税人，使其服从宏观经济的需要。

税收激励的对象和领域很广泛，大致可分为国内生产一般激励、国内生产特别激励和对外贸易激励三种类型。国内生产一般激励是指对国内一般生产的普通激励，其措施有税收假期即在企业的开业初期实行一定期限的免税期、鼓励利润保留即在一定的范围内对未分配利润实行减免税和使用相关固定资产时采取加速折旧政策以鼓励投资等；国内生产特别激励是指对特殊产业部门或地区的特别鼓励与刺激，即对国民经济中的关键部门、新兴产业和国家鼓励扶持的行业给予特别的减免税待遇，对必要的地区实行区别对待和特别鼓励，如目前国家鼓励的软件集成电路企业和动漫企业的税收激励；对外贸易激励指鼓励国内自主生产产品，尤其是具有技术含量的产品，在出口、对外投资和拓展海外市场时采取的激励措施。

（2）研发税收激励的概念及类型

我们已知税收激励对于特定的消费和生产活动具有激励作用，其表现为对特定的生产活动进行减免税，以节省企业成本，鼓励企业生产等。而研发税收激励政策是国内生产特别激励的一种，它是国家为鼓励生产积极性、节省成本、刺激研发而出台的一项税收政策，具体是指在企业研发创新投入方面，通过税收激励政策减少企业研发创新成本，激励企业增加研发创新投入。由于开发成果和技术手段存在外溢性、不确定性及长周期性，使得研发活动存在着高投入与高风险的情况，致使整个社会最优水平高于企业最优投入水平，因此政府会通过研发补贴、研发税收激励等措施来矫正技术创新的这种外部性，通过研发税收激励政策以促进企业创新并实现经济高质量发展。研发税收激励在企业研发创新方面具有两种作用：（1）研发税收激励可以节省研发成本。开发阶段的税收优惠，如研发加计扣除、加速折旧等，都有助于降低企业研发成本，将一部分现金流保留在企业内。（2）研发税收激励可以提高企业的创新积极性。由于研发税收激励的存在，可以在一定程度上分散企业创新失败的风险，给予企业鼓励和扶持，比如产成品阶段的税收优惠就是直接作用于企业技术创新带来的产成品，增加创新成果的预期收益，使得研发投入更具吸引力，高新技术企业转化科技成果的预期收益、专利盒制度就是很好的例子。

目前我国的研发税收激励分为两种类型，即项目审核型和资格认定型。其中项目审核型是指依据企业的研发项目，进行相关审核后实行的税收减免，如企业开发新技术、新产品、新工艺发生的研究开发费用加计扣除优惠，企业经审核的软件产品及培训费等费用享受增值税即征即退优惠，企业经审核的技术转让、开发减免企业所得税和增值税优惠。而资格认定型是指与特定身份相关联的企业资格认定型研发税收减免，如高新技术企业的所得税优惠，科技创新创业企业的所得税优惠，集成电路企业和软件企业的企业所得税优惠，动漫企业增值税、企业所得税优惠等，其共同特征是将企业的类型进行划分认定，一旦被认定即享受税收优惠。仅就高新技术企业来看，取得高新技术企业资格的纳税人，可申报享受企业所得税等优惠政策，包括15%的优惠所得税率、两免三减半、技术转让所得免征减征、固定资产加速折旧、研发费用加计扣除等。

这两种类型的研发税收激励政策在中国占据着核心地位，也是激励企业创新、让利于企业的重要政策，但是国内外理论研究普遍关注第二类研发税收激励，即资格认定型研发税收激励，Thomson（2013），Castellacci、Lie（2015）都对相关文献做了总结，所提到的研发税收激励是指资格认定型研发税收激励。由于资格认定型研发税收激励的认定身份较多，所以将仅以高新技术企业的资格认定研发税收激励作为研究对象。

（3）研发税收激励可持续性概念界定

可持续性是指一种可以长久维持的状态，是相对于一次性、短暂性、间断性提出来的。可持续性表现为：具有连续的过程、长远的目标及持久的存在。由于分析是基于高新技术企业资格持续认定的视角，所以研发税收激励可持续性是指一个高新技术企业可以连续地获得资格认定。因为《高新技术企业认定管理办法》（国科发火〔2008〕172号）和《高新技术企业认定管理工作指引》（国科发火〔2016〕195号）中都对高新技术企业的有效期做出了规定，即高新技术企业资格自证书颁发之日起有效期为三年。不论是2008年的文件还是2016年的文件，都要求高新技术企业应在有效期满前提出复审申请或者重新认定，对于不提出复审申请或复审不合格或年度汇算清缴前未继续取得高新技术企业资格的，其高新技术企业资格自动失效。所以基于可持续性的定义，研发税收激励可持续性是指高新技术企业在第一次获得资格认定后，在未来年度持续地、不间断地获得高新技术企业资格。

总而言之，研发税收激励可持续性是指高新技术企业在有效期满后能够通过重新认定，继续享受该资格的一种连续状态，即一个企业从某一年度获得资格认定开始，在未来的若干年仍然具备资格，不会产生中断。

（4）融资约束概念

Fazzari、Hubbard、Petersen（1988）对融资约束做出定义：融资约束是指在不完美资本市场中，外部资金成本由于信息不对称和委托代理成本的存在而出现的明显高于内部资金成本的情况，企业因此难以实现外部资金对内部资金的完美替代。

信息不对称是指在市场活动中交易双方因为信息获取渠道和成本的

不同造成信息的掌握程度存在较大的差异。其表现为信息优势方可能利用所拥有的信息优势谋求超额利益，损害信息劣势方的利益；信息劣势方为了维护自身利益，可能会更加谨慎地进行交易，甚至拒绝交易。从筹集资金的角度看，这种情况很可能会使公司存在一定程度的融资约束。可以说造成研发活动融资约束问题的根本原因是信息不对称，对于研发活动这种特殊的投资项目而言，因为研发项目的周期长，投资者更难区分该项目的好坏，所以就促使企业研发活动投入的外部融资成本更高，进而导致企业无法投入足够的研发资金，导致企业无法达到资格认定标准而未能持续享有研发税收激励。

委托代理成本是指企业通过融资获取资金后，资金的获取方更乐意将资金投资于高风险高收益项目，甚至出现私自改变资金用途将其用于高风险项目的情况，而资金的提供方并不愿意从事这种高风险项目投资，他们通常会提高贷款利率来弥补自身所面临的这种风险，甚至拒绝向冒险性公司提供资金。导致双方利益冲突的原因是资金的获取方是基于利润最大化的目标考虑，而资金提供方更关心的是能否按期收回本金和利息，这也就导致了企业融资约束的存在。融资约束一方面会增强公司对内部现金流的依赖，被迫放弃成本高昂的外部资金；另一方面会迫使企业改变投资策略，甚至放弃净现值大于零的项目。由此可知，委托代理成本的存在可能会导致公司存在一定程度的融资约束，影响研发活动的研发投入，进而使得企业因为无法获得重新认定而未能持续享有研发税收激励。

（5）政治关联的概念

关于政治关联的定义，国内外并未达成一致，Faccio将政治关联定义为企业的董事或者高管为州政府领导阶级或是议会成员或是与政府的官员具有某种联系，即企业的政治关联就是企业内部人员担任政府中的官员或者与政府中的官员有密切联系，这种非正式的政企关系能为企业建立政治关联。但是政治关联与企业的政府贿赂不同，政治关联是合法且积极的，是出于理性经济人的角度建立的一种有益于企业的关系，这种关系在全世界范围内广泛存在。

企业之所以要建立政治关联，一般出于两种动机。一种是企业的利益动机。企业耗费成本建立政治关联是为了满足自身的发展战略、保持自己在行业内的竞争水平以及自身利益最大化。通过建立政治关联可以有效降低企业的信息不对称，可以获得更多的信息来帮助企业进行决策，进而提高经济效益，而且高管作为理性经济人，出于自身利益的考虑，由于经济地位已经得到满足，为了实现自身更高的价值，提高个人荣誉、社会地位及政治地位，也会乐于与企业建立政治关联。另一种是企业可持续性发展的动机。企业耗费成本建立政治关联就是为了获取资源，资源对于每个企业而言是必争之物，而政府又是掌控资源者，企业高管为了获取资源都会想方设法地建立政治关联，企业通过建立政治关联，一方面可以得到政府资源配置方面的优势，有利于企业的可持续发展，另一方面也能够在第一时间得到政府政策信息以及一些政府的优惠政策从而有利于进行未来的战略决策。

### 5.2.2 研究假设

（1）影响企业研发税收激励可持续性因素

融资约束与企业研发税收激励可持续性关系。企业研究开发费用分为两部分：直接费用和间接费用。直接费用是指研发活动的材料、动力等直接被消耗的费用，间接费用是指研发人员的工资、固定资产折旧费等非直接消耗的费用，这两种费用不仅数额巨大且需长期投入，《高新技术企业认定管理办法》（国科发火〔2016〕32号）对企业近三个会计年度（实际经营期不满三年的按实际经营时间计算）的研究开发费用总额占同期销售收入总额的比例做了规定，这就意味着企业必须使得研发的投入与营收规模有同幅度的提升才能使其在有效期满后继续获得资格认定，即在有效期满后，在研发投入环节中伴随着营收规模的扩张，企业研发支出和研发人力的投入需要同幅度提高。而企业的研发投入资金一般有两部分来源：自有资金和外部融资。李林木、汪冲（2017）认为研发带来的当期净利润并不一定能够超越同期营收和资产规模变化，这也意味着随着企业营收规模的增大，企业的净利润占营收规模的比值在下降。汪冲、江笑云（2018）认为企业营收规模的增长将会因为制约自有资金和企业盈利能力并最终对持续减免产生负面影响，产生了更高的减免不可持续性。因为企业的研发投入来源于自有资金和外部融资，当企业的自有资金和盈利能力跟不上企业同期营收规模的幅度变化时就需要企业通过融资来增加研发投入，以便达到研发投入与营收规模同幅度增长，但Brown、Petersen（2011）认为企业研发活动筹资具有更高的融资约束，研发活动的不确定性和外溢性使得企业缺乏担保品和信息不对称，造成了更加明显的融资约束，企业很可能无法从金融市场融集到足够的资金，进而无法增加研发投入，随着营收规模的增大，企业便会因无法达到比例规定而无法持续获得资格认定。

基于以上分析，提出假设1：企业研发税收激励可持续性受到高融资约束的抑制。

（2）所有制与企业研发税收激励可持续的关系

所有制类型是我国特有的经济制度，所有制对研发税收激励可持续的影响分为两类：国有企业更容易持续获得企业研发税收激励；非国有企业更容易持续获得企业研发税收激励。假设国有企业更容易持续获得企业研发税收激励，一方面是因为国有企业具有公有产权属性，其更多是要承担稳财政的任务，承担国家特殊行业和关键领域的建设，推动经济的发展（吴延斌，2012）。而在21世纪，创新是推动经济发展的高效手段，国有企业或许因为创新要求的推动，会持续增加研发投入，更容易达到资格认定的标准，进而持续获得研发税收激励。另一方面是因为国有企业相对于非国有企业而言具有政策优势且国有企业有政治背景，国有企业不仅可以通过政策优势获得更多的财政补贴，也可以因为有政府声誉作为融资担保，获得外部融资，持续性地加大研发投入，使得企业在有效期满后更容易通过高新技术企业认定比例标准，持续获得研发税收激励。

基于以上分析，提出假设2：与民营企业相比，国有企业更容易持续获得企业研发税收激励。

（3）企业规模与企业研发税收激励可持续的关系

在以往的文献中可以看出企业规模是影响企业创新的重要因素，Schumpeter（1942）的创新理论中提出大企业比小企业更具创新力。一方面，由于创新力的推动和强烈的研发动机，大企业更偏向于持续增加研发投入，进行长期研发，所以相比于小规模企业，大规模企业由于雄厚的资金支持和良好的融资环境能够投入更多的研发资金，而更容易满足资格认定的标准。另一方面，张西征等（2012）认为研发投入的频度会随着企业规模的扩大而增大，就全部企业而言研发投入强度与企业规模之间呈正相关关系。这意味着大规模企业对于研发的积极性比小规模企业更高，随着研发投入强度的增大，对持续享受研发税收激励的需求也就更大，更依赖于持续的研发税收激励来积累现金储备和建立流动性缓冲池，所以也就更注意有效期满后的资格重新认定问题，进而能够持续获得研发税收激励。

基于以上分析，提出假设3：与小规模企业相比，大规模企业更容易持续获得企业研发税收激励。

（4）政治关联与企业研发税收激励可持续的关系

假设具有政治关联的企业更容易持续获得研发税收激励，因为企业通过建立政治关联可以获得各种稀缺资源及更多的信息，并且在权力监督体制机制不健全时，高新技术企业的复审、重新认定为政府官员的自由裁量权发挥提供了空间。游家兴等（2010）认为建立了政治关联的企业对研发活动失败是具有高度包容性的，这类企业往往更乐意将资金投向企业创新这种长期投资活动中，再者基于理性行为的考量，企业建立政治关联后，能够拓宽融资渠道，降低融资成本，有利于企业快速有效获取资金。由于它们有能力且愿意大量为研发活动投入资金，所以这种企业在有效期满后更容易达到资格认定的标准以及对于研发税收激励的需求更高，从而能够持续享受研发税收激励。

基于以上分析，提出假设4：与未获得政治关联的企业相比，获得政治关联的企业更容易持续获得研发税收激励。

### 5.2.3 可持续获得研发税收激励与研发绩效

企业一旦被认定为高新技术企业，在享受研发税收激励后，就可以按15%的税率缴纳企业所得税且能享受开发阶段的研发加计扣除等税收优惠政策。杨国超等（2017）认为企业会通过研发操纵来使企业达到资格认定的标准，进而享受税收优惠并获得更多的政府补助，这种公司的本意并非为研发，这种行为也并未真正提升企业的研发绩效。但是对于持续享受研发税收激励的企业而言，因为《高新技术企业认定管理办法》（国科发火〔2016〕32号）规定对已认定的高新技术企业，有关部门在日常管理过程中发现其不符合认定条件的，应提请认定机构复核，复核后确认不符合认定条件的，由认定机构取消其高新技术企业资格，并通知税收机关追缴其不符合认定条件年度起已享受的税收优惠。由于持续享受研发税收激励的企业，被认定的资格时间长，增大了企业研发操纵的风险，所以持续性享受研发税收激励的企业很可能就是为了获得更多的税收优惠及补助以便将更多的人力、物力、财力投入研发创新活动中，并非单纯地为了降低自己的税负。为了验证这个假设，就需要检验企业研发税收激励可持续性与研发绩效的关系。

基于以上分析，提出假设5：与未持续获得研发税收激励的企业相比，可持续获得研发税收激励的企业，其研发绩效更好。

## 5.3 实证分析

### 5.3.1 模型设定及变量选取

（1）模型设定

①企业研发税收激励可持续的影响因素模型设定

二值选择模型最大的特点在于其被解释变量是二元变量，取值仅为0或1。在企业研发税收激励可持续性的影响因素研究中，由于其被解释变量是研发税收激励可持续性，是一个虚拟变量，其取值仅为0和1，故采用二值选择模型。通过二值选择模型的回归结果和概率比说明四种影响因素对研发税收激励可持续性的影响。为此构建回归模型1，表达式如式（1）所示：

$$persist_i = \alpha + \beta_1 fc + \beta_2 soe + \beta_3 size + \beta_4 pc + \beta_5 X + \varepsilon_t \quad (1)$$

persist代表企业研发税收激励可持续性，i代表企业，α代表常数项，fc代表融资约束，soe代表企业所有制，size代表企业规模，pc代表政治关联，X代表控制变量，ε代表随机扰动项。

②可持续获得研发税收激励的研发绩效的模型设定

Poisson回归模型的被解释变量通常为计数变量。由于黎文婧、郑曼妮（2016）认为实用新型和外观设计的技术要求较低，含金量小，而发明专利则是对产品、方法或者改进提出新技术方案，技术要求较高，更能代表公司的研发绩效，所以使用发明专利来衡量企业的研发绩效。根据杨国超等（2017）的研究方法，研发绩效用企业的发明专利申请数量和发明专利授权数量代替。为证明持续获得研发税收激励可以带来研发绩效的提升，将引入研发税收激励可持续性与研发投入的交互项，检验研发投入与研发绩效的关系在有了研发税收激励可持续性的介入后，会发生怎样的变化，即分析持续获得研发税收激励企业的研发投入与公司未来一年、两年的发明专利申请数量和发明专利授权数量间的关系。由于该假设的被解释变量为计数变量，即企业i在t+1年或者t+2年的发明专利申请数量（invapp）和发明专利授权数量（invgran），故采用Poisson模型，构建回归模型2，表达式如式（2）所示：

$$inv_{(i,\ t+1;\ i,\ t+2)} = \alpha + \beta_1 persist_{i,\ t} + \beta_2 rd_{i,\ t} + \beta_3 persist_{i,\ t} \times rd_{i,\ t} + \beta_4 X + \varepsilon_{it} \quad (2)$$

inv代表企业的研发绩效，i和t分别代表企业和年份，persist代表研发税收激励可持续性，rd代表研发投入，persist×rd代表研发投入与企业研发税收激励可持续性的交互项，X代表控制变量，ε代表随机扰动项。

（2）被解释变量

研发税收激励可持续性，用persist表示，Busom等（2017）将研发减免可持续性定义为本年度获得的研发税收减免企业在下一年没有继续获得减免=0；本年度获得减免企业在下一年度继续获得减免=1，但是可持续性概念的定义为有效期满后能否继续获得高新技术企业资格认定，所以借鉴其思路，被解释变量（研发减免可持续性）仍采用虚拟变量，但将其定义为有效期满后获得研发税收减免的企业在下一年没有继续获得减免=0；有效期满后在下一年度继续获得减免=1。该变量在模型1中为被解释变量，在模型2中为解释变量。

研发绩效用inv表示，杨国超等（2017）将研发绩效定义为企业单位研发投入获得的创新产出，采用未来一期和未来两期的发明专利申请数量和专利授权数量度量公司创新产出，所以借鉴该学者的思路，用发明申请数量（用invapp表示）和授权数量（用invgran表示）来度量，研发绩效这个被解释变量仅在模型2中出现。

（3）解释变量

融资约束指数，用FC表示。由于无法直接观察到企业融资约束程度，学者们也都是采用代理变量进行描述，其中包括单变量法和多变量法，由于单变量法指标可能存在片面性，所以将选择构建多变量指数来测度企业的融资约束情况。借鉴顾群等（2011）研究模型构建融资约束指数，首先对样本观测值按照利息保障倍数从大到小排序进行预分组，分别选取前33%的观察值作为低融资约束组，后33%的观察值作为高融资约束组，构建融资约束二元离散变量：低融资约束=0，高融资约束=1，共有4 847个观测值。其次以净资产收益率、财务冗余、资产负债率、流动比率作为解释变量进行logit回归，因为净资产收益率是衡量公司运用自有资本的效率、反映股东权益收益水平的指标，可以体现出上市公司在证券市场融资的难易程度；财务冗余是体现企业财务灵活性的指标，一般认为该指标越大，企业越能够以较低的风险满足资金的需求；资产负债率是反映企业长期负债融资水平的指标，一般认为该指标越大，企业的长期负债融资的风险越大，即企业的融资约束程度越大；流动比率是反映企业短期负债融资水平的指标，即反映公司是否有足够的现金或可以变现的流动资产以支付相关费用以及即将到期的债务。最后通过上述分析，构建融资约束指数模型，表达式如式（3）所示，具体相关指标定义如表5-2所示。

$$FC = \beta_0 + \beta_1 roe + \beta_2 slack + \beta_3 lev + \beta_4 lb \quad (3)$$

表5-2 **相关指标定义**

| 变量 | 定义 | 名称 |
|---|---|---|
| 净资产收益率 | 净资产收益率=净利润/平均净资产 | roe |
| 财务冗余 | 财务冗余=（现金+交易性金融资产+存货×0.5+应收账款×0.7-短期借款）/固定资产净值 | slack |
| 资产负债率 | 资产负债率=负债总额/资产总额 | lev |
| 流动比率 | 流动比率=流动资产/流动负债 | lb |

回归结果如表5-3所示，其中（1）是使用普通标准误进行logit估计，（2）是使用稳健标准误进行logit估计，可以看出财务冗余和净资产收益率与融资约束的系数在1%的水平上显著为负，而流动比率和资产负债率与融资约束在1%的水平上显著为正。所以根据稳健标准误的回归结果，可以得到融资约束指数模型，表达式如式（4）所示，然后通过对融资约束指标的计算，将超过中位数的企业定义为高融资约束组，FC=0，将低于中位数的企业定义为低融资约束组，FC=1。

$$FC=-3.05-0.218roe-0.646slack+0.186lev+0.602lb \quad (4)$$

表5-3　**融资约束指数模型回归结果**

| 变量 | FC | FC |
|---|---|---|
| slack | −0.621*** (0.135) | −0.646*** (0.128) |
| roe | −0.25*** (0.022) | −0.218*** (0.028) |
| lb | 0.579*** (0.149) | 0.602*** (0.18) |
| lev | 0.193*** (0.027) | 0.186*** (0.012) |
| 常数值 | −3.28*** (0.611) | −3.05*** (0.539) |
| 观测值 | 4 847 | 4 847 |
| R-squared | 0.416 | 0.44 |

注：表中方括号内为稳健的标准误，***、**、*表示显著性水平分别小于1%、5%、10%。

企业实际控制人，用soe表示，将公司实际控制人为国有的企业定义为1，否则为0。

企业规模，用size表示，借鉴胡凯（2018）关于企业规模的定义，为了避免营业收入与研发支出强度之间的共线性，以2008—2016年平均雇员数量来衡量企业规模，将大于中位数的样本定义为大规模企业=1，小于中位数的样本定义为小规模企业=0。

政治关联，用pc表示，企业基于理性行为考虑通过建立政治关联以获得各种稀缺资源，借鉴余明桂等（2010）的方法，以上市公司董事长、总经理是否为人大代表、政协委员来量化政治关联。所以企业董事长、总经理是人大代表、政协委员=1，否则=0。

研发投入，用rd表示，借鉴胡凯（2018）计算研发支出的方法，由样本期间内的上市公司年报董事会报告中的研发支出数据（经过会计师事务所专门审计）、管理费用中的研究与开发费相加后平均得到，并对其求自然对数。

（4）控制变量

企业资本结构，用lev来表示。计算方法为：期末总负债／期末总资产，将样本期内的所有数据平均后得到。过高的资产负债率在抑制研发投入的同时也制约着企业持续享受研发减免。

企业成长率，用g-rate来表示，通常具有较强成长能力的公司往往需要更多的研究开发投入和持续性的资格认定来保证其长久发展和企业竞争力的提升。其计算方法为：（本年营业收入－上年营业收入）/上年营业收入，将样本期内的所有数据平均后得到。

企业现金流量，用cfo来表示，企业的现金流量充足与否影响着企业对于资金的选择，一般现金流量充足的企业更偏好于选择内部资金。计算方法为：经营活动中的现金流/总资产的账面价值，将样本期内的所有数据平均后得到。表5-4是变量描述性统计。

表5-4　　**变量描述性统计**

| 变量 | 定义 | 名称 | 观测值 | 均值 | 标准差 |
| --- | --- | --- | --- | --- | --- |
| 研发税收激励可持续性 | 有效期满后在下一年度继续获得研发税收激励=1，有效期满后在下一年没有继续获得=0 | persist | 9 697 | 0.47 | 0.412 |
| 融资约束指数 | FC=0代表高融资约束组，FC=1代表低融资约束组 | fc | 9 697 | 0.43 | 0.476 |

续表

| 变量 | 定义 | 名称 | 观测值 | 均值 | 标准差 |
|---|---|---|---|---|---|
| 企业实际控制人 | 公司实际控制人是否为国有企业，是=1，否=0 | soe | 9 697 | 0.367 | 0.385 |
| 企业规模 | 大规模企业=1，小规模企业=0 | size | 9 697 | 0.422 | 0.492 |
| 政治关联 | 企业董事长和总经理是否是人大代表、政协委员，是=1，否=0 | pc | 9 697 | 0.132 | 0.298 |
| 企业资本结构 | 期末总负债 / 期末总资产 | lev | 9 697 | 0.676 | 0.728 |
| 企业成长率 | （本年营业收入 - 上年营业收入）/上年营业收入 | g-rate | 9 697 | 9.06 | 10.234 |
| 企业现金流量 | 经营活动中的现金流/总资产的账面价值 | cfo | 9 697 | 8.267 | 8.946 |
| 研发绩效 | 企业发明专利申请数量 | invapp | 9 697 | 4.383 | 4.11 |
| 研发绩效 | 企业发明专利授权数量 | invgran | 9 697 | 1.486 | 1.281 |
| 研发投入 | 企业研发投入金额的自然对数 | rd | 9 697 | 8.986 | 4.33 |
| 研发税收激励可持续性与研发投入的交互项 | 研发税收激励×研发投入 | persist×rd | 9697 | 4.648 | 3.927 |

（5）相关性分析

表5-5列示了模型1中所涉及的自变量多重共线性检验的结果。发现模型中各自变量的皮尔森相关系数均小于0.8，根据表中数据可以看出选取的解释变量和控制变量都与被解释变量（persist）显著相关，但是相关程度不高，解释变量与控制变量、控制变量与控制变量之间不存在高度相关，所以总的来看，选取的变量之间不存在严重的多重共线性。

表5-5 **模型1相关性分析**

| | persist | fc | soe | size | pc | lev | g-rate | cfo |
|---|---|---|---|---|---|---|---|---|
| persist | 1.000 | | | | | | | |
| fc | 0.368** | 1.000 | | | | | | |
| soe | 0.139** | 0.283* | 1.000 | | | | | |
| size | 0.272*** | 0.721* | 0.089* | 1.000 | | | | |
| pc | -0.005* | 0.031** | 0.058** | 0.025 | 1.000 | | | |
| lev | -0.522*** | -0.61* | -0.779 | 0.098 | 0.521** | 1.000 | | |
| g-rate | 0.106 | 0.148 | 0.346 | -0.279* | 0.513 | 0.202** | 1.000 | |
| cfo | 0.023 | 0.009* | 0.106* | 0.401* | 0.426* | -0.725* | 0.361* | 1.000 |

注：***、**、*分别表示在1%、5%、10%水平上存在显著相关。

表5-6列示了模型2中所涉及的自变量多重共线性检验的结果。发现模型中各自变量的皮尔森相关系数均小于0.8。但该分析仍需进一步回归，以检验结果的可靠性，另外解释变量与控制变量、控制变量与控制变量之间不存在高度相关，总的来看，选取的变量之间不存在严重的多重共线性。

表5-6 **模型2相关性分析**

| | invapp | invgran | persist | rd | persist×rd | lev | g-rate | cfo |
|---|---|---|---|---|---|---|---|---|
| invapp | 1.000 | | | | | | | |
| invgran | -0.293 | 1.000 | | | | | | |
| persist | 0.435** | -0.275** | 1.000 | | | | | |
| rd | -0.012* | 0.228** | 0.067* | 1.000 | | | | |
| lev | -0.066** | -0.371* | 0.5054* | 0.528 | 0.43 | 1.000 | | |
| g-rate | -0.175 | 0.15* | 0.146 | 0.037* | 0.268* | 0.054* | 1.000 | |
| cfo | 0.023 | 0.003 | 0.017 | 0.172* | 0.472 | 0.528* | 0.472 | 1.000 |

注：***、**、*分别表示在1%、5%、10%水平上存在显著相关。

### 5.3.2 数据来源

本部分以国泰安数据库提供的上市公司资质认定信息中的高新技术企业数据为样本。由于《高新技术企业认定管理办法》是2008年颁布的，且上市公司对于研发投入的规范披露是2008年才开始的，所以样本始于2008年，由于要分析可持续获得研发税收激励企业的研发投入与研发绩效问题，需要用企业未来年度的发明专利数据代替研发绩效，但由于数据库中企业发明专利的申请和授权数量截止于2018年，所以将样本截止于2016年的高新技术企业数据，共获得5 957家公司，9 809个观测数据，通过CSMAR、CIRD、Wind数据库和巨潮资讯网，获取了上市高新技术企业的利润表、资产负债表、研发投入情况表、国内外专利申请获得情况表，并且样本为了数据的连续性稳定性，剔除了非连续性企业观测数据112个，所以共有9 697个观测数据。

### 5.3.3 回归分析及稳健性检验

（1）企业研发税收激励可持续性影响因素的回归分析

对模型1进行logit回归，回归结果见表5-7，（1）是使用普通标准误进行的logit估计，（2）是使用稳健标准误进行的logit估计，可以看出，稳健标准误和普通标准误比较接近。fc的系数显著为正，且在1%的水平上显著，这表明融资约束程度越低的企业越容易持续获得研发税收激励，即高融资约束制约了企业研发税收激励可持续性，验证了假设1；soe的系数显著为正，且在5%的水平上显著，说明相比于民营企业，国有企业更能持续获得研发税收激励，表明高新技术企业的实际控制人为国有企业时，在有效期满后，相较于民营控制的企业更容易继续获得高新技术企业资格认定，假设2成立；以企业平均职工数的中位数为标准，将超过中位数的企业定义为大规模企业，低于中位数的企业定义为小规模企业，回归结果显示，size的系数显著为正，表明企业规模越大时，越能持续获得研发税收激励，即相较于规模较小的企业而言，在有效期满后，规模较大的高新技术企业更容易继续获得资格认定，假设3成立；回归结果中pc的系数为负，且在1%的水平上显著，说明企业建立政治关联并未能给企业带来持续的资格认定，假设4不成立，这可能与企业建立政治关联以后改变经营模式有关，企业会将资金投入一些短期内能盈利的项目，使得长期资本结构失调，也可能是因为企业耗费大量的成本建立政治关联以获得更多的市场信息，从而减少了对于研发活动的资源投入，进而影响企业的研发活动，未能达到高新技术企业资格认定的标准，而这也与之前部分学者的观点相同。

以上的回归结果并不是线性关系，而是对数关系，所以通过汇报概率来说明每个变量对persist的影响。表5-7的（3）汇报了概率比而非系数，根据回归结果可知，当融资约束由高变低时会引起概率（持续获得研发税收激励/未能持续获得研发税收激励）增大41.3%，所以融资约束的程度越大，企业享受研发税收减免的可持续性越低；国有企业持续享受研发税收激励的概率是民营企业的1.02倍，更加说明了国有企业比民营企业更易获得持续性研发税收激励；当企业从小规模企业变为大规模企业时，概率会增大0.7%，虽然大规模企业更易持续获得研发税收激励，但企业规模对于研发税收激励可持续性的影响不如融资约束和企业所有制明显；当企业从未建立政治关联变为建立政治关联时，会引起概率减少8.6%，反而降低了企业享受研发税收激励的可持续性。

综上所述，低融资约束、规模较大、实际控制人为国有的高新技术企业更容易持续获得研发税收激励。

表5-7 **企业研发税收激励可持续性影响因素检验**

| 变量 | （1） | （2） | （3） |
|---|---|---|---|
| | persist | persist | persist |
| fc | 0.312*** | 0.312*** | 0.413*** |
| | （0.178） | （0.173） | （0.07） |
| soe | 0.482** | 0.482** | 1.02** |
| | （0.195） | （0.197） | （0.412） |
| size | 0.026*** | 0.026*** | 0.007*** |
| | （0.017） | （0.016） | （0.026） |

续表

| 变量 | (1) | (2) | (3) |
|---|---|---|---|
| | persist | persist | persist |
| pc | −0.371*** | −0.371*** | −0.086*** |
| | (0.147) | (0.15) | (0.005) |
| lev | −0.35*** | −0.35*** | 0.656*** |
| | (0.24) | (0.22) | (0.258) |
| g-rate | 0.291** | 0.291** | 2.314** |
| | (0.11) | (0.07) | (0.148) |
| cfo | 0.582 | 0.582 | 10.705 |
| | (0.291) | (0.31) | (0.455) |
| 常数项 | 2.014*** | 2.014*** | 28.228*** |
| | (0.478) | (0.479) | (1.033) |
| 观测值 | 9796 | 9796 | 9796 |
| R-squared | 0.217 | 0.217 | 0.605 |

注：表中方括号内为稳健的标准误，***、**、*表示显著性水平分别小于1%、5%、10%。

最后，通过检验模型预测的准确性可知该模型预测的准确率达到70.03%，超过了50%，说明该模型很好地拟合了企业研发税收激励可持续性。

（2）企业持续获得研发税收激励与研发绩效的回归分析

为了进一步说明企业研发税收激励可持续性的意义，根据假设5：持续获得研发税收激励的企业，其研发绩效也会随之增加，所以将检验持续获得研发税收激励企业的研发投入与未来一年、未来两年的企业发明申请数量、授权数量之间的关系，预期假设研发投入与发明申请数量、授权数量间的系数应为正数，对模型2进行回归，回归结果见表5-8，可以看出变量persist×rd项与$InvApp_{i+1}$的系数为0.22，且在5%的水平上显著，$InvGran_{i+1}$的系数为0.206，且在1%的水平上显著，$InvApp_{i+2}$的系数为0.178，且在5%的水平上显著，$InvGran_{i+2}$的系数为

0.2，且在1%的水平上显著，persist×rd的系数都为正数，这与预测一致，虽然研发投入与研发绩效的系数为负数，但是结合了企业研发税收激励可持续性变量后，对企业研发绩效的影响截然不同，意味着研发投入与发明申请数量、授权数量间的正相关关系更强，与未能持续获得研发税收激励的企业相比，持续获得研发税收激励的企业的研发绩效更好。

表5-8　　**研发减免可持续性与研发绩效关系的回归分析**

| 变量 | (1) | (2) | (3) | (4) |
|---|---|---|---|---|
| | $InvApp_{i+1}$ | $InvGran_{i+1}$ | $InvApp_{i+2}$ | $InvGran_{i+2}$ |
| persist | 2.65*<br>(0.178) | 1.63**<br>(0.173) | 0.038***<br>(0.07) | 0.022***<br>(0.407) |
| rd | −0.026**<br>(0.195) | −0.013**<br>(0.197) | −1.05**<br>(0.412) | 0.056***<br>(0.212) |
| persist×rd | 0.22**<br>(0.017) | 0.206***<br>(0.016) | 0.178**<br>(0.026) | 0.20***<br>(0.423) |
| lev | −0.135**<br>(0.0724) | −0.167**<br>(0.076) | −0.167**<br>(0.076) | 8.228***<br>(0.52) |
| g-rate | 0.032<br>(0.036) | 0.491**<br>(0.37) | 0.03**<br>(0.148) | 8.228*<br>(0.67) |
| cfo | 0.029**<br>(0.011) | 0.182<br>(0.31) | 0.705<br>(0.415) | 0.228**<br>(0.307) |
| 常数项 | 4.852***<br>(0736) | 6.26**<br>(0.429) | 3.228***<br>(0.833) | 8.228**<br>(0.857) |
| 观测值 | 9 796 | 9 796 | 9 796 | 9 796 |
| R-squared | 0.611 | 0.631 | 0.602 | 0.618 |

注：表中方括号内为稳健的标准误，***、**、*表示显著性水平分别小于1%、5%、10%。

### 5.3.4 稳健性检验

（1）企业研发税收激励可持续影响因素的稳健性检验

为了保证结果稳健，对企业研发税收激励可持续影响因素的回归结果进行稳健性检验。由于是基于高新技术企业资格持续认定视角，所以高新技术企业资格认定的时间至关重要。通过CMSAR数据库查阅到上市公司资质认定信息表，发现有些高新技术企业认定时间栏中的信息与认定所获政府优惠栏中的信息不一致，经过查询发现，高新技术企业资格认定时间包括两个：一个是公告时间，另一个是认定时间。前文对于高新技术企业资格认定时间以公告时间为准，以一个企业的公告时间作为研发税收激励可持续性的判定依据，现将高新技术企业资格认定时间以认定时间为准，以一个企业的认定时间作为研发税收激励可持续的判定依据。

从表5-9的回归结果上看，当以认定时间作为判定依据时，其回归结果与前文的回归结果相似，其中（1）是使用普通标准误进行的logit估计，（2）是使用稳健标准误进行的logit估计，（3）汇报了logit回归的概率比。可以看出融资约束、企业规模、所有制系数显著为正，政治关联的系数依旧为负，说明企业研发税收激励可持续性确实受到高融资约束的抑制，国有企业、大规模企业确实更容易持续获得研发税收激励，建立了政治关联并未使企业持续享受研发税收激励，稳健性检验与前文的回归结果一致，表明原回归结果稳健性良好。

表5-9 稳健性检验结果

| 变量 | （1） | （2） | （3） |
|---|---|---|---|
| | persist | persist | persist |
| fc | 0.112** | 0.114** | 0.598*** |
| | （0.21） | （0.184） | （0.297） |
| soe | 0.524*** | 0.503*** | 1.723** |
| | （0.17） | （0.197） | （0.561） |

续表

| 变量 | (1) | (2) | (3) |
|---|---|---|---|
| | persist | persist | persist |
| size | 0.028*** | 0.026*** | 0.108* |
| | (0.082) | (0.076) | (0.06) |
| pc | -0.119*** | -0.21*** | -0.076** |
| | (0.15) | (0.119) | (0.105) |
| lev | -0.237** | -0.285** | 0.85** |
| | (0.192) | (0.142) | (0.353) |
| g-rate | 0.41** | 0.39** | 2.88** |
| | (0.143) | (0.09) | (0.21) |
| cfo | 0.628*** | 0.60*** | 4.526* |
| | (0.179) | (0.21) | (0.263) |
| 常数项 | 3.001*** | 3.526*** | 19.254** |
| | (0.586) | (0.512) | (1.583) |
| 观测值 | 9796 | 9796 | 9796 |
| R-squared | 0.29 | 0.223 | 0.559 |

注：表中方括号内为稳健的标准误，***、**、*表示显著性水平分别小于1%、5%、10%。

（2）研发税收激励可持续性与研发绩效的稳健性检验

为了保证结果稳健，对研发税收激励可持续性与研发绩效关系的回归结果进行稳健性分析，因此将改变被解释变量的定义，前文对研发绩效是以专利申请数量、专利授权数量定义的，为了避免有的企业为保护自己的专利发明，不一定申请专利等现象造成回归结果不稳健，所以将用财务指标定义研发绩效，借鉴任海云、师萍（2009）的研究，用高新技术企业的主营业务利润率指标和总资产收益率指标来衡量企业研发绩效，其中主营业务收益率（oir）的计算方式为主营业务利润/主营业务收入，总资产收益率（rota）的计算方式为净利润/平均资产总额。

表5-10回归结果显示，其中（1）是以主营业务利润率定义研发绩效，（2）是以总资产收益率定义研发绩效，从（1）可以看出研发投入

与企业研发绩效呈负相关关系，研发投入每增加1个单位，主营业务利润率就会下降2.11个单位，但是企业研发税收可持续性与研发投入的交互值每提高1个单位，企业的主营业务利润率就会提高0.108个单位，可以看出persist×rd依旧在5%的水平上显著为正，即企业一旦持续获得研发税收激励后，其研发绩效一定会提高，证明之前的回归结果稳健。从（2）看出无论企业是否持续获得研发税收激励，研发投入与研发绩效的系数始终为正，虽然没有很好地说明持续享受研发税收激励对于研发绩效的影响，但是也没有驳斥该观点。所以从两组稳健性检验来看，之前的回归结果稳健。

表5-10　**稳健性回归结果**

| 变量 | （1）<br>oir | （2）<br>rota |
|---|---|---|
| persist | 0.016**<br>（0.005） | 0.875**<br>（0.332） |
| rd | -2.11**<br>（0.278） | 0.128*<br>（0.197） |
| persist×rd | 0.108**<br>（0.04） | 0.412**<br>（0.11） |
| lev | -0.135**<br>（0.073） | -0.298**<br>（0.156） |
| g-rate | 0.032<br>（0.036） | 0.112**<br>（0.037） |
| cfo | 0.029**<br>（0.011） | 0.44<br>（0.081） |
| 常数项 | 4.852***<br>（0.736） | 8.25**<br>（0.53） |
| 观测值 | 9 796 | 9 796 |
| R-squared | 0.333 | 0.279 |

注：表中方括号内为稳健的标准误，***、**、*表示显著性水平分别小于1%、5%、10%。

## 5.4 研究结论和政策建议

### 5.4.1 研究结论

本章采用实证研究和比较分析的方法，探究了企业研发税收激励可持续性的影响因素和对研发绩效的作用。在《高新技术企业认定管理办法》（国科发火〔2016〕32号）有效期的规定下，企业必须在有效期满后重新达到资格认定标准才能继续享受研发税收激励，所以针对研发税收激励可持续性问题，结合已有文献，采用融资约束、政治关联、所有制和企业规模四个因素分析了对企业研发税收激励可持续性造成的影响，并且从研发投入和研发绩效的角度揭示了企业研发税收激励可持续性的意义，通过回归分析，得到以下结论：

融资约束程度越低，企业越容易持续获得研发税收激励，对于具有高融资约束的高新技术企业而言，很难在资格有效期满后继续获得资格认定，一定程度上是因为研发活动的特殊性致使企业缺少融资担保而导致企业的研发投入无法和营收规模同比例增加，造成了企业无法在期满后通过资格认定；建立了政治关联的企业在研发税收激励可持续问题上与未建立政治关联的企业相差无几，所以即使高新技术企业花费了一定的成本和资源建立了政治关联，也并不能使企业持续获得研发税收激励，而这也与认为政治关联对研发活动有负向作用的学者意见一致，企业一旦建立了政治关联后，很可能会因为改变了经营方式而减少了研发活动的投入，转向一些短期盈利的项目，或者由于建立政治关联而减少了对于研发活动的资源投入，使得企业无法达到高新技术企业资格认定标准；相比于规模较小的高新技术企业，大规模企业更容易在有效期满后继续获得资格认定，即更容易持续享受研发税收激励，相比于实际控制人为民营的高新技术企业，那些实际控制人为国有的企业更容易持续获得研发税收激励。

为了进一步说明企业研发税收激励可持续性的意义，探究了持续享受研发税收激励的企业的研发绩效问题。通过实证研究发现，加入研发税收激励可持续性这个变量后，企业的研发投入和研发绩效呈现了正相关关系，可以得到结论：与未持续获得研发税收激励的企业相比，可持续获得研发税收激励的企业，其研发绩效会得到提高，这也说明相较于那些通过研发操纵获得资格的高新技术企业，由于企业连续地获得资格认定，致使这种企业相较于其他企业会面临更多的日常检查，所以相比于通过研发操纵短期获得资格的企业而言，持续性的享受研发税收激励有助于研发绩效的实质性提高。

### 5.4.2 政策建议

成功的研发税收激励政策有助于形成企业核心竞争力，实现长久发展目标，提升一个国家的科技水平，带动经济向好增长，然而研究结论显示，融资约束、所有制和企业规模都会影响着企业研发税收激励可持续性，能够持续获得研发税收激励的企业通常是一些低融资约束、实际控制人为国有或者是大规模企业，反而具有高融资约束、实际控制人为民营、规模较小的企业很难彻底享受到研发税收激励的利好，无法持续享受研发税收激励，但是这些企业恰恰是更需要税收方面优惠，更需要政策扶植的对象。企业能否持续享受研发税收激励在一定程度上影响着我国企业的研发投入和产出，所以基于研究结论，对企业和政府提出以下建议：

(1) 合理制定企业经营方式，加强研发活动投资

由于研发活动的特性，很多企业会更愿意选择短期盈利的经营方式，但是对于企业而言，在经济发展的浪潮中，研发活动会有助于企业核心竞争力的形成，是企业可持续发展的根源，所以企业需要从宏观战略角度出发，对研发活动的投资战略进行全局规划，减少企业的短视行为，而且就研发税收激励而言，两免三减半、三免三减半等税收优惠都要求企业项目活动的长久性，所以对于企业而言，尽可能地加大研发投入，使得企业的研发投入与营收规模能够同比例增加，提高企业持续享受研发税收激励的可能性，进而降低研发活动所带来的外部性和高风险性。

（2）合理利用政治关联，提高研发税收激励可持续性

企业建立政治关联是基于理性经济人的角度考虑，而且政治关联不同于企业贿赂，政治关联是具有合法性的，所以一旦企业建立了政治关联就要合理利用它来增加自己持续享受研发税收政策的可能性，最大限度地降低自己的税负，减少研发活动所带来的高风险，这要求企业一方面要充分利用已建立的政府关系来获取资源和信息，做出有利于自己的发展决策；另一方面企业要理性看待政治关联，尽可能地避免为了建立政治关联而减少研发投入的情况，拓宽自己的融资渠道，充分利用政治关联来增加自己的融资担保，进而减少融资约束对企业的影响，尽可能地平滑研发支出，避免研发投入无法和营收规模同比例增长的情况出现，最大限度地提高持续获得研发税收激励的可能性。

（3）提高企业税务管理水平，及时进行资格认定

企业税务管理作为企业管理的重要组成部分，在降低企业税收成本、提高企业经营效益方面有着积极的作用。因为《高新技术企业认定管理工作指引》（国科发火〔2016〕195号）中规定高新技术企业资格期满当年内，在通过重新认定前，其企业所得税暂按15%的税率预缴，在年度汇算清缴前未取得高新技术企业资格的，应按规定补缴税款，而2008年出台的高新技术企业资格认定政策中，对于有效期满的企业，要求在期满前三个月进行资格复审，否则将丧失高新技术企业资格，可以看出新政策为企业有效期满后的资格认定留出了更多的时间，所以企业应该利用好这个时间段，在期满当年及时重新认定。通过提高企业的税务管理水平，增加企业税务会计人员，增强对于会计人员的税收政策培训，可以在最大程度上规避因为认定不及时而带来的成本增加。

（4）加强政策引导，改善企业的外部融资环境

目前我国虽然有高新技术企业资格认定等研发税收激励政策，但是这些政策的有效期为三年，期满后需要按照资格认定标准重新认定。很多企业由于融资约束问题使得自己的研发投入不能和营收规模同比例增长而未能达到资格认定的标准，进而使得自己丧失高新技术企业资格，导致税负增大。为改善这种局面，需要政府改善企业的外部融资环境，由于高新技术企业的性质特殊，在很大程度上无法用产出作为融资担

保，所以迫切需要政府健全外部融资体系，以政府担保等方式减少企业由于研发活动的特殊性所带来的融资约束。另一方面也可以加快风投事业的发展，引导风险投资参与到企业的自主创新当中去。

（5）加强政策倾斜，有针对性地制定政策

企业的研发投入水平影响着一国的科技进步与经济增长，高新技术企业认定等研发税收激励对于企业而言是一项利好政策，但是，从前文的分析可以知道这种优惠更多地利好于规模较大的企业和实际控制人为国有的企业，对于规模较小的企业和民营企业这种更需要税收扶持的，其优惠效果并不显著，所以，加强民营企业和小规模企业的税收政策倾斜，在政策设计方面可以按照所有制和企业规模，有针对性地制定税收政策，例如对于民营企业可以适当降低高新技术企业资格认定中的比例规定，适当延长小规模高新技术企业的资格有效期，分门别类制定研发税收激励政策，以达到研发税收激励政策的效果最大化。

（6）鼓励第三方代理机构发展

税务师事务所作为第三方代理机构，不论是在政策的解读方面还是在税务代理方面都具有很强的专业性和可靠性，企业通常因为研发活动的特殊性而无法在金融市场融集大额资金，但是一旦有了第三方机构，就会在一定程度上使得双方的信息尽可能对称，并且作为税务代理机构，对于高新技术企业资格的认定条件更加敏感，所以鼓励第三方代理机构的发展，完善相关的法律，规范相应的行为，合理化收费标准，鼓励企业与第三方代理机构合作，减少因信息不对称所导致的融资约束和因企业会计人员对税收政策缺乏敏感度而造成企业无法持续享受税收激励的情况。

# 6 个人所得税税负对地区间劳动力迁移的影响[①]

## 6.1 引言

改革开放以来，我国经济高速增长，与此同时，地区经济发展水平不均衡现象却越来越突出，大量劳动力从西部和东北地区向东部发达地区迁移。我国2010年的第六次人口普查（简称六普）数据显示：大量人口迁移的现象还在加剧，离开户籍所在地的人口数量较2000年增加了81.03%，有2亿多人离开了原籍。河南省的人口净流出1 025万，净流出人口数量超过瑞典的总人口（976万），而在人口流入最多的广东省，人口净流入2 050万，净流入人口数量超过罗马尼亚的总人口（1 994万）。其中，在流出人口中，并非所有人都涌向沿海城市，部分中国更边远的地区，实际上也出现了人口净流入。

根据国家卫生健康委员会发布的《中国流动人口发展报告2018》，

① 本部分是和鞠楠合作完成。

20世纪80年代以来，我国流动人口规模的变动过程大致可以分为三个时期：

第一个时期是20世纪80年代初期至90年代初期，我国流动人口规模从1982年的657万人增加至1990年的2 135万人，年均增长约7%。第二个时期是1990—2010年，流动人口规模以更快的速度增长，从1990年的2 135万人增加至2010年的22 143万人，年均增长约12%。第三个时期是2010年以来至今，这段时期相对缓和，2010—2015年的流动人口增长速度明显下降，年均增长约2%。

在人口流动空前活跃的同时，我国经济社会发展进入新常态，经济社会结构转型的步伐明显加快，地区之间人才的竞争亦日趋激烈。近年来，各地政府纷纷出台优惠政策，吸引人才落户，希望为本地区的发展引入源源不断的劳动力资源。从二线城市慢慢扩展到三四线城市，各地的人才引进政策围绕着落户、住房以及个人所得税优惠几个方面展开，其中落户直接指向户籍问题，户籍直接影响了个人在居住地的权益，主要是各类基础公共服务和社会保障制度的权益，而个人所得税是劳动力个体选择工作机会时最直观的成本之一。从这个角度看，各地人才引进政策的出发点依然是最为基础的理论依据，即税收会直接影响劳动力迁移决策过程。

研究表明，目前我国居民平均总税负、个人所得税负担和财产税负担分别为2.63%、1.99%和0.64%[①]。个人所得税和财产税是居民直接缴纳的税收，对居民的迁移决策具有直接影响，而相对于财产税，个人所得税负担明显高出许多。从表6-1可以看到，2003—2018年间，居民直接缴纳的各项税收逐年显著增加，主要原因在于居民可支配收入的逐年增长，从而拉动居民直接缴纳的个人所得税和财产税逐年增加。同时，从历年的税收数据可以看出，居民直接缴纳的个人所得税的税收显著高于居民直接缴纳的房产税等财产税税收，表明个人所得税仍是居民直接承担的主要税收，居民直接缴纳的税收中个人所得税占比大约为75%，而财产税仅占比大约为25%，表明个人所得税是居民直接缴纳的主要税

① 吕冰洋. 中国居民税收负担报告［EB/OL］.（2019-08-23）. http://www.rdcy.org/index/index/news_cont/id/55881.html..

收，个人所得税税负直接影响劳动力个体的收入，又会间接影响劳动力个体对公共服务的评价。

表6-1 **居民直接缴纳的各项税收** 单位：亿元

| 年份 | 个人所得税 | 房产税 | 车船税 | 车辆购置税 | 契税 |
|---|---|---|---|---|---|
| 2003 | 1 417.33 | 75.64 | 16.08 | 237.17 | 83.62 |
| 2004 | 1 736.20 | 84.62 | 17.88 | 267.34 | 124.76 |
| 2005 | 2 093.96 | 95.70 | 19.45 | 279.13 | 161.42 |
| 2006 | 2 452.67 | 114.44 | 24.99 | 343.73 | 192.89 |
| 2007 | 3 184.94 | 127.21 | 34.08 | 438.44 | 266.67 |
| 2008 | 3 722.31 | 137.89 | 72.09 | 494.94 | 265.02 |
| 2009 | 3 943.59 | 144.16 | 93.26 | 581.96 | 311.24 |
| 2010 | 4 837.27 | 149.65 | 120.81 | 896.29 | 412.58 |
| 2011 | 6 054.08 | 193.92 | 151.00 | 1 022.44 | 486.51 |
| 2012 | 5 820.32 | 256.90 | 196.51 | 1 114.45 | 537.95 |
| 2013 | 6 531.53 | 287.93 | 236.98 | 1 298.17 | 699.85 |
| 2014 | 7 376.60 | 339.85 | 270.53 | 1 442.56 | 734.29 |
| 2015 | 8 617.27 | 376.77 | 306.65 | 1 396.28 | 716.19 |
| 2016 | 10 088.98 | 406.43 | 341.34 | 1 337.08 | 786.90 |
| 2017 | 11 966.37 | 476.59 | 386.79 | 1 640.33 | 898.60 |
| 2018 | 13 872.00 | 528.69 | 496.00 | 1 726.50 | 1 048.59 |

数据来源：吕冰洋. 中国居民税收负担报告［EB/OL］.（2019-08-23）. http://www.rdcy.org/index/index/news_cont/id/55881.html.

美国1986年的税制改革引发了人们对美国各州为吸引人才进行税收竞争的关注，虽然当时美国的个人所得税税率并不高（各州的实际平均税率为2.4%），但仍有研究表明（Wald，1991），各州之间会为了吸引劳动力资源而调整个人所得税税率，个人所得税税负的差异会影响劳动力在各州之间的流动。按照分税制财税管理体制规定，我国个人所得税从2002年起成为中央和地方共享税，其主要来源是技术工人和高收入群体，地方政府为了吸引这些专业人才，往往采取各种政策来降低个人所得税实际税负（马蔡琛、郑改改，2014）。郭杰、李涛（2009）的研究表明，在信息不对称的情况下，地方政府总是可以实现税收竞争，其中个人所得税表现出显著的竞争效应。

目前，中国正处于产业结构深度调整过程中，各地方政府均致力于吸引人才，各个地区为争夺人力资源，就需要制定有吸引力的政策，设法降低个人所得税实际税负。在此背景下，将以个人所得税税负对异质性劳动力迁移影响为研究对象，通过模型分析不同地方政府个人所得税税负水平对劳动力迁移产生的影响。

税收对资源配置的影响是税收经济影响理论的重要组成部分。对个人所得税税负对劳动力迁移的作用机理、影响程度的探索和深入研究，有利于丰富和完善个人所得税影响劳动力迁移的理论体系，对于丰富税收对劳动力空间资源配置影响理论具有一定的理论意义。特别是通过中国的实际数据，运用实证方法验证个人所得税税负对劳动力迁移的影响，为政府制定和实施吸引人才的地方性财税政策提供理论依据。中国正处于产业结构深度调整过程中，各地急需专业化人才。高素质、高技能人才流动性强、收入高，相应要承担较高的个人所得税税负，他们在选择工作地点时，必然会考虑税收因素。尽管中国的地方政府缺乏独立的税权，但分税制的实施所形成的特定财政分权体制使得地方政府可能展开事实上的税收竞争。研究结论有助于政府制定人才发展战略和地区间财税竞争策略，选择最适合各个地区发展的财税政策，充分考虑本地区经济发展现状与需求，有针对性地选择最能促进发展、人力资源成本最小的劳动力群体，制定最有效率的个人所得税政策，有较强的现实意义和实践应用价值。

20世纪60年代以来，关于劳动力迁移的理论与实证研究多以蒂布特模型理论为基础而展开。Tiebout（1956）在其发表的《一个关于地方支出的纯理论》中，最早提出了辖区的公共支出和税收组合会影响居民在不同地区间的迁移行为。此后，涌现出大量文献对蒂布特模型进行理论完善和实证分析。Sharp（1986）计量分析了美国住宅与城市发展署的普查数据，发现城市居民在迁入地选择方面，主要关注住房质量与价格、教育质量和相对税率这些因素；而在迁出方面，公共服务则表现得很重要。Oates（1969）进行的税收与公共服务资本化研究，证实了在公共服务水平越高的地方，对人口迁入该地区影响和吸引的程度也越大。Day（1992）在考察加拿大省际人口迁移时也发现各省的地方公共支出差异在居民迁移行为中的作用非常显著。Borrow（2002）在探讨美国华盛顿特区的案例时，发现该地区的公共物品提供水平（如公立学校教育质量）对当地家庭的居住地选择起着相当重要的作用。Day（1992），Cebula、Alexander（2006）证实了人口迁移量与地区公共支出水平存在显著的正相关关系，与地区税负水平存在显著的负相关关系。还有一些学者，如Schultz（2001），Dahlberg、Fredriksson（2001），Woo（2007），做了进一步细化，区分不同类型的人群，例如年龄、性别、收入状况等。

国外研究人口迁移与税收关系的文献较多。美国最早在20世纪90年代开始就个人所得税对劳动力在美国各州之间的影响作用进行了研究。Day（1992）建立多元logit模型分析了政府税收政策和财政支出分配是否会影响人口迁移决策，发现所得税税率会显著影响人口迁移决策。Etal（2001）建立了嵌套logit模型以分析政府财政政策对人口迁移的影响，发现所得税税率和财产税税率都对人口迁移有显著影响。之后，随着数据的进一步丰富，越来越多的学者开始了微观数据研究，如Borrow（2002）利用了美国华盛顿特区的家庭与个人迁移数据，也得出了类似的研究结论，即个体会被较低的个人所得税税负所吸引。Gius（2011）利用NLSY-Geocode微观数据库，发现白人和美籍黑人的迁移过程确实受到所得税率的影响。Lai、Steindel（2015）重新检验了新泽西州百万富翁税对人口流出的影响，结果发现税率政策的调整的确提高了人口流出。Moretti、Wilson（2016）检验明星科学家的住址选择，发现明星科学家和其他高收入者在迁移的过程中确实受到州税的影响。与上述研究结论与观点不同的是，Liebig（2006）用cox比例风险模型分析了瑞士各地税收政策对人口迁移的影响，结果发现，即使在个人所得税主要受所在地影响的瑞士，税收对人口迁移也没有产生显著影响。

在国内，人口迁移理论起步发展较晚，并且大多现有的研究都是在国外研究理论的基础上加以实证研究，而且研究主要集中在迁移人口的统计属性和空间分布、影响人口迁移的因素、人口迁移与城镇化的关系、人口迁移与经济发展之间的关系等领域。20世纪80年代中期以后我国展开了几次大规模的人口普查及人口抽样调查，为研究人口迁移提供了大量数据并且也有大量学者在此基础上做了一些研究。丁金宏（1994）对省与省之间人口迁移模式进行了研究并指出距离是影响迁移的主要因素。李树茁（1994）利用1987年的1%人口抽样调查数据和1990年人口普查数据来解析20世纪80年代我国人口迁移的原因，发现经济水平是影响迁移率的主要原因，同时经济结构也不同程度地影响了迁移率。张善余（1996）发现人口迁移与性别有关，利用第四次人口普查的数据指出不同性别、不同学历对迁移的偏好不一致。李立宏（2000）指出了经济发展水平、省际距离、失业率、产业结构、文化差距、制度等10个影响人口迁移的因素；通过logit模型，段成荣（2000）发现年龄、性别、教育水平及婚姻状况对人口迁移起了显著的影响。其后朱传耿（2001）发现人口迁移和国民经济增长率存在着很强的正相关关系。蔡昉（1990，2001）指出我国人口流动与我国的改革体系和进程相关。在改革开放以前，政府大力提倡发展重工业，并且在户籍制度的限制下，大量的劳动力被限制在农村，然而在改革开放之后，我国的产业结构发生了重大变化，城市出现越来越多的劳动密集型产业，对劳动力的需求增加，同时政府对户籍和迁移的限制减少，大量的劳动力由农村流向城市。周皓（2001）指出迁移并不是个人决策行为，而是与家庭决策有关，家庭从收益最大化的角度对收益和成本进行比较，从而做出最优的迁移决策。不同类型的劳动力群体面临不同的迁移决策情境。付文林（2007）研究发现，户籍制度的限制并没有完全消除，知识、技术水平较低的劳动者在迁移中面临着明显的公共福利歧视，地方政府存在依据户籍供给公共服务的倾向。这种情况下，不同劳动力群体对居住地的选择决策必然面对不同的情境，目前区分异质性劳动力的研究似乎较少。

关于人口迁移经济影响因素多集中在分析收入差距、工资水平、城乡差异、经济发展水平等方面，但如今经济高速发展，居民越来越重视公共物品和服务，因而从以公共物品和服务为代表的公共支出角度分析人口迁移的研究成果较为丰硕。夏纪军（2004）通过税收政策和对公共物品供给的研究，指出不同地区的公共物品供给和税负能力是有差距的，各地方政府追求目的有所不同，有的追求公共物品的最优供给，有的追求税收利益最大化，因此采取的政策措施也有所不同，发达地区政府相比落后地区给予的政府公共福利较多，当地的教育水平、医疗水平、社会保险服务等也会因此较落后地区有显著性的优势，而正是这些优势才吸引了人口在区域间的移动，这也指出控制地方公共物品供给的外部性是人口可流动存在的唯一合理性解释。乔宝云（2005）指出由于中国各地方政府追求经济增长率而忽视了公共物品的供给模式，连同影响人口流动的制度障碍这两方面原因使得蒂布特模型难以发挥其相应的作用。付文林（2007）利用格兰杰因果检验分析了公共支出和人口迁移二者之间的相互作用关系，认为尽管人口流动迁入地区的公共服务性支出出现下降的情况，但是地方政府的总支出或者社会公共福利性支出的增加会使得该地人口增加。汤韵（2009）等利用我国各省的面板数据，并通过引力模型指出公共物品对人口迁移有正向的影响，其迁移的具体表现为2000年前由于迁入地公共物品的引力作用使得迁入地有大量的人口迁移活动，而2000年后则主要是由于迁出地的一系列推力作用而引发迁移活动。张丽（2011）等通过全国第四次人口普查（简称四普）和第五次人口普查（简称五普）数据以及2005年人口抽样调查数据分析提出相比地方政府基础建设，文化水平和社会保障等对人口迁移有很大的作用。雷小乔、杜子芳（2017）基于我国各省1992—2012年的户籍人口迁移和人均财政负担数据，利用面板VAR模型分析了人口迁移、人均财政负担间可能存在的相互影响关系和人均财政负担对人口迁入和迁出所造成的不同影响。结果显示，人口迁入与人均财政负担间只存在人均财政负担影响人口迁入量这一单向因果关系；人口迁出与人均财政负担间存在双向因果关系，但人口迁出量对人均财政负担的影响需经过较长的一段时间才能显现。

董理（2014）在内生增长模型中引入公共支出，认为税收和生产率效应的相互作用决定了公共支出对人口迁移的影响，并用计量的实证方法得出政府公共支出对人口迁移有显著的影响作用，与此同时，另有一些学者通过对政府公共支出分类进一步研究对迁移的影响，并得出了不同的结论。方大春、杨义武（2013）将我国分为东中西三个不同区域，并且提出各个区域的影响是不一致的，在我国中西部地方公共支出对人口迁移的影响比较大，然而东部地区却表现出反向作用，还细致提出城市医疗卫生对人口迁移表现为正向作用，交通服务表现为反向作用，而教育水平的影响作用却并不显著。

国内关于税收对劳动力迁移影响的研究多从地方税收竞争角度而展开。卢宇燕、王韬（2005）在研究税收竞争对劳动力流动的影响时，证实了工资税率的区域性降低会吸引劳动力要素流入。王贞（2007）发现，政府间的税收竞争活动极大地影响了劳动力（特别是高级劳动力）要素的流动，使之存在一个向经济发达的东部地区及部分中西部经济高地集中的趋势。陆军、杨志勇（2010）发现，在将劳动力区分为流动性偏好不同的异质性劳动力的情况下，流动性偏好强的劳动力群体和流动性偏好弱的劳动力群体，都会被较低的个人所得税实际税负所吸引。李智慧（2017）运用probit模型回归分析，发现居民迁入决策对税率因素的响应是显著的，且税率与迁入的可能性呈现出负相关关系。这说明地区间的税收竞争是有效的，可以影响人们的迁移决策；保持较低的税率水平，有助于吸引居民入住。尤其是所得税和消费税的税收竞争，将所得税税率或消费税税率降至低水平，可以提高人们的预期收入，增加工作努力程度，增强地区的居民吸引能力。陈帅、方宏（2019）在总结国内外文献的基础上，通过2013—2017年31个省份的面板数据建立回归模型，实证研究个人所得税调整对劳动力供给空间分布影响的动态效应。利用最小二乘法的估计结果表明，我国个人所得税和劳动力供给之间呈现出倒U形关系。对东部、中部和西部地区分别进行参数估计，结果表明，个人所得税调整对劳动力供给的分布影响存在着显著的空间差异，东部和西部地区呈现倒U形关系，中部地区呈现出负相关关系。

综合以上国内外关于劳动力迁移的研究可以发现：西方学者对人口迁移理论的研究由来已久，并且正在不断的完善中。在关于人口迁移原因的研究中有多方面的阐述分析。自从Tiebout（1956）提出用脚投票的公共理论之后，众多经济学者对此问题加以关注并进行研究。随着如今社会福利越来越好，居民对公共物品和公共服务的质量要求也越来越高，因此有越来越多的居民在迁移时不仅将距离、工资水平等条件纳入迁移的考虑范围之内，更将公共服务的质量也纳入考虑的范围之内，而关于地方公共支出对人口迁移影响的研究通常是建立在蒂布特模型的基础上来进行扩展研究的，而蒂布特模型的提出，为公共物品对人口迁移影响研究提供了一个新的理论依据。国外研究开展得非常广泛而且深入，我国研究开展得却比较晚，在国内，诸多学者研究地方公共支出对人口迁移影响，但是不同学者研究程度有一定的差距，也有些学者将公共支出的具体用途进行展开分类，从教育水平、卫生服务、社会保障等具体方面对人口迁移影响做出验证分析，得到的结论有所差异。在众多的解释文献中，关于政府税收特别是个人所得税对劳动力迁移影响的研究比较缺乏。多数国内学者研究认为，税收竞争之于居民迁移的重要作用备受关注，但仍存争议。一方面，居民迁移动机多样多变，迁移机制错综复杂，决策周期长短不一，受到经济因素和非经济因素的共同影响，其中税收的影响程度更未可知；另一方面，与资本相比，劳动要素流动性较差，往往与工作机会关系密切，难以清晰界定税收的影响作用。然而，纵然存在诸多问题，税收与劳动力迁移之间的作用机制问题不可回避。基于以上论述，试图将个人所得税税负和公共服务一起放进劳动力迁移模型中，探索其分别对迁移的影响程度，借鉴李智慧（2017）的做法，不仅将税收看作一个直接影响变量，而且看作一个中间变量，分析其对迁移行为的作用机制。

研究内容分为以下五部分：第一部分介绍了选题背景与意义，并对相关问题做了国内外文献综述。第二部分是劳动力迁移的理论基础，先介绍了基本的劳动力迁移模型，进而详细介绍了加入个人所得税税负和消费性公共支出的劳动力迁移模型，并根据此模型得到两个关于异质性劳动力迁移的假设。第三部分是我国劳动力迁移与个人所得税税负现状分析，以及目前各地方利用个人所得税吸引劳动力迁移存在的一些问题。第四部分是实证部分，分别使用基本多元回归模型、空间计量模型以及加入交互项的空间计量模型对个人所得税税负劳动力迁移的影响进行实证分析，通过对三次回归结果的对照，验证了第二部分提出的两个假设。第五部分是对理论假设与实证结果的结论，并据此提出了政策建议。

本研究采取了理论和实证分析相结合的研究方法：一是建立异质性劳动力迁移的理论分析模型，据此得出个人所得税税负和公共支出影响异质性劳动力迁移的假设。二是利用2011—2017年的省级数据，使用多元回归模型、空间计量模型以及加入交互项的空间计量模型等多种计量分析方法进行了实证分析。

创新之处：一是引入了个人所得税与消费性公共支出的交互项，探究了个人所得税税负影响劳动力迁移决策的作用机制；二是在研究个人所得税税负对劳动力迁移决策的影响时，将劳动力群体分成了受教育程度不同的异质性劳动力；三是运用空间计量模型，引入空间交互项，分析同一经济区域内相邻省份的空间相关性，不再将各个地区的人力资源变化视为孤立的过程。在以下方面可能还存在不足，需要在以后的研究工作中改进：一是由于缺乏微观数据，个人所得税税负水平用地区平均税负表示，没有考虑到不同个体适用的不同边际税率；二是空间权重矩阵属于主观设定的非随机的矩阵，很可能无法完全反映不同地区之间复杂的相互关系，需要更多研究结果支持。

## 6.2 个人所得税税负影响劳动力迁移的理论分析

### 6.2.1 个人所得税影响劳动力迁移的作用机制

影响劳动力迁移的因素很多，主要可以概括为四个。一是个体决策。劳动力迁移首先是个体的行为，其中重要的影响因素包括劳动力的受教育水平、年龄、性别、婚姻状况、外出经验以及从事的职业种类。二是家庭决策。主要影响因素包括户主的受教育水平、家庭劳动力数量、家庭收入状况和市场流动性限制。三是地区经济发展水平。经济发展水平会影响地区的生产生活条件、资本短缺情况、基础设施条件和收入分配状况等，进而会影响劳动力的就业机会。四是制度变迁。制度作为社会群体的基本行为规范和管理准则，对行为主体构成约束。劳动力迁移行为也是如此，必须在一定的制度框架内运行，如果制度发生了变化，则迁移行为的动因和结果均会发生变化。国内的户籍制度、土地制度和住房制度等都对劳动力的迁移决策产生了重大影响。

分析的主题是个人所得税税负对劳动力迁移的影响。在我国高度集中的税收管理体制下，个人所得税税制的地区差异相对较小，但地方政府在个人所得税优惠政策、分享的个人所得税收入等方面仍有适度的税收管理权限。通过个人所得税减免、税收返还等政策手段，吸引高素质人才的迁移流入，不同地区个人所得税实际税负是存在一定差异的。地方政府在制定人力资源相关政策时，可以通过降低劳动力的个人所得税实际税负来吸引劳动力的流入，更低的个人所得税税负意味着更高的收入，也就是更好的生活条件，付出更低的成本而获得更好更多的公共服务和社会保障。劳动力个体在进行迁移决策时，往往会以生活条件的变化作为对迁移行为的效用评价，通过迁移决策实现最大效用，从这个角度分析，个人所得税实际税负将直接影响劳动力个体的迁移决策。

### 6.2.2 区分异质性劳动力个人所得税税负的劳动力迁移模型

对于受教育程度不同的劳动力来说，他们面临的就业机会不同，得到的劳动报酬也就不同，在个人所得税适用超额累进税率的情况下，面临的税负水平也就不同，因此，要区分异质性劳动力，就必然要区分他们实际税负的不同。借鉴吴伟平、刘乃全（2016）建立的劳动力迁移模型，在他们的基础上做进一步简化，并加入差异化的地区个人所得税税负，进而将个人所得税税负单独提取出来，得到个人所得税对劳动力迁移的边际影响公式，分析个人所得税税负对受教育程度不同劳动力群体迁移行为影响的作用途径。在模型构建中，也考虑了公共支出等因素的影响。地方政府公共支出可划分为生产性和消费性两种类型（Barro，1990）。其中，生产性公共支出可以提高厂商的生产率（董理、张启春，2014），间接地提高了劳动者的效用。消费性支出提高了劳动者的福利水平，直接进入效用函数，而由于户籍制度的影响，不同劳动力群体享受到的公共服务水平不同（甘行琼，2015），即效用函数中消费性支出的作用系数不同。

（1）劳动力行为

假定劳动力经历两个时期，第一期直接参与劳动，第二期依靠第一期的储蓄进行消费。假设第一期劳动时间供给无弹性，劳动工资为w，单位劳动的实际税率为$\tau$，跨期替代率为1，利率为0，劳动力效用函数为CRRA形式，将地方政府消费性公共支出加入效用函数中。故得到劳动力的行为决策方式：

$$\begin{aligned}&\max\frac{\left(c_{1t}\cdot\tilde{G}_t\right)^{1-\delta}-1}{1-\delta}+\frac{\left(c_{2t+1}\cdot\tilde{G}_{t+1}\right)^{1-\delta}-1}{1-\delta}\\&\text{s.t. } c_{1t}=(1-\tau)\cdot w_t-s_t\\&\quad c_{2t+1}=s_t\end{aligned}\tag{1}$$

其中，效用函数中$c_{1t}$为劳动力在第一期的消费，$c_{2t+1}$为劳动力在第二期的消费，等于第一期的储蓄，$\tilde{G}_t$是政府在t时期的消费性公共支出规模。

由于知识、技术水平较低的劳动者在迁移中面临着明显的公共福利歧视，较高学历的劳动力群体相对于整个劳动力群体来说，得到的消费性支出效用较高（付文林，2007），故效用函数表示为：

$$\begin{aligned}&\max\frac{\left(c_{1t}\cdot\mu\tilde{G}_t\right)^{1-\delta}-1}{1-\delta}+\frac{\left(c_{2t+1}\cdot\mu\tilde{G}_{t+1}\right)^{1-\delta}-1}{1-\delta}\quad(\mu>1)\\&\text{s.t. } c_{1t}=(1-\tau)\cdot w_t-s_t\\&\quad c_{2t+1}=s_t\end{aligned}\tag{2}$$

（2）厂商行为

Barro（1990）指出，生产性公共支出能够提升厂商的生产效率，所以这部分支出以生产外部性的形式进入生产函数。假设产量模型为：

$$Y_t=A\cdot K_t^{\alpha}\cdot\left(\frac{\bar{G}_t}{N_t}\right)^{\beta}\cdot N_t^{1-\alpha-\beta}\ \left(0<\alpha,\ \beta<1\right)\tag{3}$$

其中，A是代表技术水平的生产率，假定无外生的技术进步，即A为常量，$K_t$为第t期资本量，$\bar{G}_t$为第t期政府的生产性支出规模，$N_t$为第t期的劳动力数量。

厂商的生产决策即最大化利润：

$$\max \prod_t = A \cdot K_t^{\alpha} \cdot \left(\frac{\overline{G}_t}{N_t}\right)^{\beta} \cdot N_t^{1-\alpha-\beta} - w_t \cdot N_t \tag{4}$$

### 6.2.3 一般均衡分析

假定政府收支平衡，生产性公共支出和消费性公共支出都来自对劳动力工资的课税。假设第t+1期的资本投入量等于第t期的总储蓄，劳动力数量变化取决于人口自然增长率n和劳动力迁移率m。在一般均衡框架下，得：

$$K_{t+1} = \frac{\left(\frac{\tilde{G}_{t+1}}{\tilde{G}_t}\right)^{\frac{1-\delta}{\delta}}}{1+\left(\frac{\tilde{G}_{t+1}}{\tilde{G}_t}\right)^{\frac{1-\delta}{\delta}}} \cdot (1-\tau) \cdot (1-\alpha-2\beta) \cdot A \cdot K_k^{\alpha} \cdot \overline{G}_t^{\beta} \cdot N_t^{1-\alpha-2\beta} \tag{5}$$

$$K_t = \left(\frac{\tilde{G}_t + \overline{G}_t}{\tau \cdot (1-\alpha-2\beta) \cdot A \cdot K_k^{\alpha} \cdot \overline{G}_t^{\beta} \cdot N_t^{-\alpha-2\beta}}\right)^{\frac{1}{\alpha}} \tag{6}$$

在平衡增长路径上，各投入要素增长率保持不变，即资本量、政府支出以及劳动力数量均以相同比率增长，故人均资本量、人均生产性支出、人均消费性支出保持不变。可得：

$$\frac{\left(\overline{g}_t + \tilde{g}_t\right)^{1-\alpha}}{\overline{g}_t^{\beta}} \cdot \frac{N_t^{\beta}}{\tau^{1-\alpha} \cdot (1-\tau)^{\alpha} \cdot A \cdot (1-\alpha-2\beta)} = \left[\frac{(1+n+m)^{\frac{1-\delta}{\delta}}}{1+(1+n+m)^{\frac{1-\delta}{\delta}}}\right]^{\alpha} \cdot (1+n+m)^{-\alpha-\beta} \tag{7}$$

求导得：

$$\frac{\partial m}{\partial \tilde{g}} = \frac{N^{\beta} \cdot (\alpha-1) \cdot \left[1+(1+n+m)^{\frac{1-\delta}{\delta}}\right]^2 \cdot \left\{\frac{1-\delta}{\delta} \cdot (1+n+m)^{\frac{1-\delta+\alpha-2\alpha\delta-\delta\beta}{\delta}} - \left[\frac{(1-\delta) \cdot \alpha}{\delta} - \alpha - \beta\right] \cdot (1+n+m)^{\frac{(1-\delta)\alpha}{\delta}-\alpha-\beta-1} \cdot \left[1+(1+n+m)^{\frac{1-\delta}{\delta}}\right]\right\}}{\left(\overline{g}+\tilde{g}\right)^{\alpha} \cdot \overline{g}^{-\beta} \cdot \tau^{1-\alpha} \cdot (1-\tau)^{\alpha} \cdot A \cdot (1-\alpha-2\beta)} \tag{8}$$

针对受教育程度较高的劳动力群体

$$\frac{\partial m'}{\partial \tilde{g}} = \frac{N^{\beta} \cdot (\alpha-1) \cdot \left[1+(1+n+m')^{\frac{1-\delta}{\delta}}\right]^2 \cdot \left\{\frac{1-\delta}{\delta} \cdot (1+n+m')^{\frac{1-\delta+\alpha-2\alpha\delta-\delta\beta}{\delta}} - \left[\frac{(1-\delta) \cdot \alpha}{\delta} - \alpha - \beta\right] \cdot (1+n+m')^{\frac{(1-\delta)\alpha}{\delta}-\alpha-\beta-1} \cdot \left[1+(1+n+m')^{\frac{1-\delta}{\delta}}\right]\right\}}{\left(\overline{g}+\mu\tilde{g}\right)^{\alpha} \cdot \overline{g}^{-\beta} \cdot \tau^{1-\alpha} \cdot (1-\tau)^{\alpha} \cdot A \cdot (1-\alpha-2\beta)} \tag{9}$$

保持其他条件不变，将固定税率 $\tau$ 减小为 $\theta\tau(0<\theta<1)$，则（9）变为：

$$\frac{\partial m''}{\partial \tilde{g}}=\frac{N^{\beta}\cdot(\alpha-1)\cdot\left[1+\left(1+n+m''\right)^{\frac{1-\delta}{\delta}}\right]^{2}\cdot\left\{\frac{1-\delta}{\delta}\cdot\left(1+n+m''\right)^{\frac{1-\delta+\alpha-2\alpha\delta-\delta\beta}{\delta}}-\left[\frac{(1-\delta)\cdot\alpha}{\delta}-\alpha-\beta\right]\cdot\left(1+n+m''\right)^{\frac{(1-\delta)\alpha}{\delta}-\alpha-\beta-1}\cdot\left[1+\left(1+n+m''\right)^{\frac{1-\delta}{\delta}}\right]\right\}}{\left(\bar{g}+\tilde{g}\right)^{\alpha}\cdot\bar{g}^{-\beta}\cdot(\theta\tau)^{1-\alpha}\cdot(1-\theta\tau)^{\alpha}\cdot A\cdot(1-\alpha-2\beta)} \tag{10}$$

由式（8）（9）（10）比较可知，在其他条件相同的情况下，受教育程度高的劳动力群体的 $\frac{\partial m}{\partial \tilde{g}}$ 大于受教育程度低的劳动力群体，而对于同一劳动力群体，税负较低则 $\frac{\partial m}{\partial \tilde{g}}$ 较大。

从实际角度分析，个人所得税显然会增加劳动力选择工作地点时的成本，所以实际税负越高，越能阻碍劳动力的迁移决策。当我们将劳动力分为受教育程度不同的异质性劳动力时，由于户籍制度等问题的存在，受教育程度较低的劳动力群体不能公平享有与受教育程度高的劳动力群体相同的公共服务和社会保障。在这样的状况下，劳动力个体缴纳的税额作为获得公共服务与社会保障的成本，对于受教育程度较低的劳动力来说就会显得负担更大而不愿承担，所以，公共支出对受教育程度更低的劳动力群体吸引力较弱，相对应地，个人所得税税负对受教育程度更低的劳动力群体迁移行为抑制性更强。

综合以上分析，提出如下理论假设：

假设1：在其他条件相同的情况下，个人所得税税负对受教育程度较低的劳动力群体迁移的负效应大于受教育程度较高的劳动力群体；消费性公共支出对受教育程度较高劳动力群体的吸引力净效应大于其对受教育程度较低劳动力群体的吸引力净效应。

假设2：在其他条件相同的情况下，个人所得税税负越低，则消费性公共支出对劳动力迁移的净效应越大。

## 6.3 我国地区间劳动力迁移与个人所得税税负现状分析

### 6.3.1 我国地区间劳动力迁移现状

我国人口的迁移离不开国家出台的一系列政策及区域经济的稳健发展，它们在人口迁移的历程中产生了重大的影响。新中国成立至20世纪70年代，由于我国生产力水平有限，在计划经济体制以及政治性因素的影响下，政府为支持边疆建设以及建设新的工业基地，根据各地区的资源状况及区域经济发展水平状况有计划地组织移民，才出现了我国从新中国成立以来的一次大规模的迁移活动，这个时期的劳动力主要从经济水平较为发达的东部沿海城市向中部及西部进行迁移。

20世纪80年代开始，随着我国改革开放政策实施，市场经济活跃，农村经济进一步发展，并且城镇化的推行为城市补充了大量的资源和劳动力，劳动力的流动得到较大的发展，于是出现了大量剩余农村劳动力向城市流动的现象。随着我国改革开放政策的进一步实施，发展东部沿海城市的策略得到重视，于是完善的基础设施和优先发展的国家政策吸引大量中西部地区人口向东部地区迁移。而且从20世纪90年代开始，户籍制度的放开进一步使我国之前的个人迁移行为转向为以家庭为单位的迁移，短期人口流动向长期人口流动转变，人口迁移规模随之进一步加大。

（1）我国地区间劳动力迁移概况

随着限制城乡人口迁移的管理制度的松动，我国人口与劳动力的流动性不断增强，跨地区的人口迁移浪潮逐步掀起，至今方兴未艾。1982年第三次全国人口普查及此后的历次全国人口普查和全国1%人口抽样调查的结果充分反映了这一历程。20世纪80年代以来，我国流动人口规模的变动过程大致可以分为三个时期：

第一个时期是20世纪80年代初期至90年代初期，国家放宽了对农村人口进入中小城镇就业生活的限制，促进了农村人口的乡城转移，我国流动人口规模从1982年的657万人增加至1990年的2 135万人，年均增长约7%。

第二个时期是1990—2010年，流动人口规模以更快的速度增长，从1990年的2 135万人增加至2010年的22 143万人，年均增长约12%。2010年，六普时期，离开户口登记地半年以上的跨省迁移的人数为7 929万人，而五普时期为4 713万人，跨省迁移的人口数在总的迁移人口中所占比重由29.38%上升到32.56%，年平均总人口迁移率也由10.94‰上升为17.15‰。全国31个省级行政区中，人口净流入地区有14个，具体包括：北京、天津、内蒙古、辽宁、上海、江苏、浙江、福建、广东、海南、西藏、青海、宁夏、新疆。人口净流出地区有17个，具体包括：河北、山西、吉林、黑龙江、安徽、江西、山东、河南、湖北、湖南、广西、重庆、四川、贵州、云南、陕西、甘肃。人口流失数量超过200万人的省份已超过10个，省际人口流动呈加速态势。人口流失数量最多的安徽省，已有962.3万人在其他省生活或工作，占到全国跨省流动人口的11.2%。东北三省的情况尤其引人注目：在面临经济下行压力的同时，三省总和持续多年人口净流出。东部地区没有上过学及仅有初等教育文化素质的迁移人口跨省区迁移的比重呈上升态势，而具有高等教育文化素质的迁移人口更倾向于在东部地区本省范围内流动；中部地区作为我国最核心的人口迁出地，迁出人口中受过高等教育的比重相对其他两个地区来说最高，但呈下降趋势，高素质的劳动力转而倾向于选择在本省范围短距离迁移；西部地区人口受教育水平普遍较低，亟待提高迁移人口的基本文化素质水平，尤其是宁夏、青海、新疆。

第三个时期是2010年以来至今，这段时期相对缓和，2010—2015年的流动人口增长速度明显下降，年均增长约2%。从2015年开始，流动人口规模发展出现新的变化。全国流动人口规模从此前的持续上升转为缓慢下降，2015年国家统计局公布全国流动人口总量为2.47亿人，比2014年减少了约600万人；2016年全国流动人口规模比2015年减少了171万人，2017年继续减少了82万人。

我国1990年、2000年和2010年省际人口净迁移率情况见表6-2。

表6-2 **1990年、2000年和2010年我国省际人口净迁移率比较** 单位：‰

| 地区 | 1990年 | 2000年 | 2010年 | 地区 | 1990年 | 2000年 | 2010年 |
|---|---|---|---|---|---|---|---|
| 北京 | 49.97 | 26.1 | 37.26 | 湖北 | 1.21 | -6.21 | -11.32 |
| 天津 | 25.44 | 8.06 | 22.81 | 湖南 | -4.29 | -10.08 | -12.8 |
| 河北 | -3.34 | -0.31 | -3.1 | 广东 | 14.88 | 27.49 | 25.37 |
| 山西 | 1.36 | 0.31 | -1.7 | 广西 | -9.76 | -7.46 | -10.18 |
| 内蒙古 | -1.82 | -1.02 | 1.57 | 海南 | 3.57 | 2.46 | 2.49 |
| 辽宁 | 6.49 | 1.84 | 2.33 | 重庆 | * | -4.9 | -8.49 |
| 吉林 | -3.99 | -2.22 | -3.99 | 四川 | -8.15 | -10.15 | -9.64 |
| 黑龙江 | -7.20 | -3.83 | -6.58 | 贵州 | -3.53 | -5.71 | -12.53 |
| 上海 | 41.71 | 25.39 | 40.23 | 云南 | -1.03 | 1.66 | -2.05 |
| 江苏 | 3.68 | 1.91 | 7.92 | 西藏 | * | 2.91 | 2.22 |
| 浙江 | -7.73 | 7.78 | 26.17 | 陕西 | -0.92 | -1.74 | -3.39 |
| 安徽 | -3.63 | -9.11 | -17.7 | 甘肃 | -5.20 | -2.92 | -6 |
| 福建 | 2.33 | 4.56 | 8.06 | 青海 | 1.46 | -1.95 | 1.22 |
| 江西 | -1.19 | -13.95 | -13.1 | 宁夏 | 4.61 | 1.52 | 2.89 |
| 山东 | 1.13 | 0.06 | -1.45 | 新疆 | 4.66 | 9.65 | 5.31 |
| 河南 | -0.93 | -4.1 | -10.84 | | | | |

数据来源：《1991年人口统计年鉴》[①]《中国2000年第五次人口普查主要数据》[②]《中国2010年第六次人口普查主要数据》[③]。*：1990年重庆隶属于四川省；1990年西藏无普查人口迁入数据。

（2）我国地区间劳动力迁移的特点

比较五普和六普迁移数据的绝对值可以发现，我国省际人口迁移具有以下特点：

---

① 国家统计局. 1991年人口统计年鉴［M］. 北京：中国统计出版社，1991.

② 国家统计局. 中国2000年第五次人口普查主要数据［M］. 北京：中国统计出版社，2001.

③ 国家统计局. 中国2010年第六次人口普查主要数据［M］. 北京：中国统计出版社，2011.

省际人口迁移规模呈不断扩大趋势。1990—2000年离开户籍登记地半年以上、跨省迁移人口的人数为4 713万人，而在2000—2010年期间，我国跨省迁移的人数达到了7 929万人，跨省迁移的人数占全部迁移人数的比重由五普的29.38%增加到六普的32.56%，从我国省际迁移人口中可以看出，2000年之后我国省际人口迁移规模在不断扩大，并且趋势在加快。

迁移流向呈现由中西部地区向东部发达沿海地区迁移趋势。观察五普和六普两次普查数据，可以发现人口迁移基本上是由一些中西部地区向东部地区迁移，浙江省、江苏省、天津市迁入人口数量增长最快，分别为303%、348%、231%，湖北、河南、安徽、江西是迁出人口最多的地区，与2000年数据相比较，2010年湖北、河南、安徽的迁出人口同比增长85%、172%、82%，上述数据特征都表明我国现在基本的人口迁移规律是由中西部较落后城市向东部发达沿海城市迁移。

从迁移数据中可以看出无论是五普还是六普，我国大部分省份人口迁入率要高于人口迁出率，在2000年五普中，北京、上海、浙江、广东、新疆的人口迁入率较高，其中除新疆位于我国西北部地区，其余人口迁入率高的城市基本位于我国东部沿海地区，而迁出率较高的城市多位于安徽、江西、湖南、四川等中西部地区，这与中西部地区经济发展水平有关。

省际人口迁移率呈先增后减趋势。五普时期是我国人口迁移快速增长阶段，跨省迁移的人口数在总的迁移人口中所占比重由29.38%上升到32.56%。在2000年，全国人口迁入率为15.15‰，人口迁出率为13.49‰，人口净迁移率为2.02‰，到了2010年，全国人口迁入率下降为12.05‰，人口迁出率为11.33‰，人口净迁移率下降到0.72‰，这些都表明，我国人口并不像刚经历改革开放时有大规模的迁移，这说明我国经济水平有所提高，居民不再一味地为追求生活而进行省际迁移，政府出台的一些限制条令也是限制人口迁移的原因。

### 6.3.2 我国地区间个人所得税税负现状

（1）我国个人所得税制概况

1980年9月，第五届全国人民代表大会第三次会议通过了《中华人民共和国个人所得税法》，这是新中国成立以后制定的第一部个人所得税法。

20世纪80年代中期，随着中国经济体制改革的全面展开，为了适应城乡个体工商业户迅速发展的需要，利用税收调节个人收入分配，防止社会成员收入差距悬殊，1986年1月和9月，国务院先后发布了《中华人民共和国城乡个体工商业户所得税暂行条例》和《中华人民共和国个人收入调节税暂行条例》，对个体工商业户和国内公民征收所得税。至此，中国按照不同的纳税人分别设立个人所得税、个人收入调节税和城乡个体工商业户所得税，形成了内外有别的个人所得课税制度。

1993年10月，第八届全国人民代表大会第四次会议通过了对个人所得税法的第一次修正，将个人所得税与城乡个体工商业户所得税、个人收入调节税合并，设置了统一的个人所得税。

此后，为适应社会经济发展状况需要，全国人大常务委员会于1999年8月、2005年10月、2007年6月、2007年12月、2011年6月先后对个人所得税法进行了五次修订。1994年进行分税制管理体制改革，个人所得税由地方税务机关负责征收。2002年将个人所得税确定为中央地方共享税，中央、地方分享比例各为50%；2003年之后调整为中央60%、地方40%；恢复征收存款利息所得税收入为中央收入。

2018年，按照中央逐步建立综合与分类相结合的个人所得税制的要求，结合我国税收征管能力和配套条件等实际情况，我国对个人所得税法进行了重大修订。将居民个人纳税人的工资、薪金所得，劳务报酬所得，稿酬所得，特许权使用费所得等4项劳动性所得（以下称综合所得）纳入综合征税范围，适用统一的超额累进税率，实行按年汇总计算纳税；对非居民个人纳税人综合所得，实行按月或者按次分项计算个人所得税。这是1994年个人所得税法大修以来的第一次重大突破，标志着我国个人所得税制向综合税制迈出了关键性的第一步，是个人所得税制历史性的转变。

（2）我国地区间个人所得税税负与劳动力迁移情况分析

税率的高低直接影响国家财政收入和纳税人税收负担，是税收制度的中心环节。

很多学者采用平均税率来衡量税负状况，但在累进税制下，个人所得税平均税率是随着边际税率提高而提高的，且平均税率低于边际税率，而我国个税的主要收入项目是采用超额累进税率。因此，考虑到主要对省际个人所得税税负进行比较，故选用地区个人所得税实际税负这一指标，即：

某省个人所得税实际税负=该省个人所得税税额/该省地区GDP×100%

不同地区个人所得税税负水平与地区经济发展水平有关，根据研究需要，将中国内地31个省、自治区和直辖市分为8个经济体区域，各区域划分及所包括省份见表6-3。

表6-3 **中国内地经济体区域划分**

| 区域 | 包括的省（自治区、直辖市） |
|---|---|
| a.东北区域 | 黑龙江、吉林、辽宁 |
| b.泛渤海湾区域 | 北京、天津、山东、河北、内蒙古、山西 |
| c.陕甘宁区域 | 陕西、甘肃、宁夏 |
| d.中原区域 | 河南、湖北、湖南 |
| e.泛长江三角洲区域 | 上海、江苏、浙江、江西、安徽 |
| f.泛珠江三角洲区域 | 广东、广西、福建、海南 |
| g.西南区域 | 重庆、四川、贵州、云南 |
| h.西部区域 | 西藏、新疆、青海 |

我国内地不同经济体区域人口净迁移率与个税平均税负情况见表6-4。

表6-4 不同经济体区域人口净迁移率与个人所得税平均税负情况

| 区域 | 省份 | 人口净迁移率（‰） | | 个人所得税平均税负（%） | |
|---|---|---|---|---|---|
| | | 五普（2000年） | 六普（2010年） | 2001—2010年 | 2011—2017年 |
| 东北区域 | 辽宁 | 1.84 | 2.33 | 0.38 | 0.46 |
| | 吉林 | -2.22 | -3.99 | 0.29 | 0.65 |
| | 黑龙江 | -3.83 | -6.58 | 0.26 | 0.61 |
| 泛渤海湾区域 | 北京 | 26.1 | 37.26 | 1.48 | 4.78 |
| | 天津 | 8.06 | 22.81 | 0.51 | 1.20 |
| | 河北 | -0.31 | -3.1 | 0.26 | 0.54 |
| | 山东 | 0.06 | -1.45 | 0.21 | 0.40 |
| | 内蒙古 | -1.02 | 1.57 | 0.28 | 0.74 |
| | 山西 | 0.31 | -1.7 | 0.35 | 0.84 |
| 陕甘宁区域 | 陕西 | -1.74 | -3.39 | 0.31 | 0.78 |
| | 甘肃 | -2.92 | -6 | 0.27 | 0.68 |
| | 宁夏 | 1.52 | 2.89 | 0.36 | 0.81 |
| 中原区域 | 河南 | -4.1 | -10.84 | 0.20 | 0.42 |
| | 湖北 | -6.21 | -11.32 | 0.24 | 0.65 |
| | 湖南 | -10.08 | -12.8 | 0.25 | 0.57 |
| 泛长江三角洲区域 | 上海 | 25.39 | 40.23 | 1.35 | 4.61 |
| | 江苏 | 1.91 | 7.92 | 0.39 | 1.17 |
| | 浙江 | 7.78 | 26.17 | 0.52 | 1.20 |
| | 江西 | -13.95 | -13.1 | 0.25 | 0.64 |
| | 安徽 | -9.11 | -17.7 | 0.23 | 0.62 |
| 泛珠江三角洲区域 | 广东 | 27.49 | 25.37 | 0.64 | 0.96 |
| | 广西 | -7.46 | -10.18 | 0.32 | 0.54 |
| | 海南 | 2.46 | 2.49 | 0.40 | 1.09 |
| | 福建 | 4.56 | 8.06 | 0.41 | 0.69 |
| 西南区域 | 重庆 | -4.9 | -8.49 | 0.35 | 0.81 |
| | 四川 | -10.15 | -9.64 | 0.31 | 0.89 |
| | 贵州 | -5.71 | -12.53 | 0.50 | 1.00 |
| | 云南 | 1.66 | -2.05 | 0.38 | 0.95 |
| 西部区域 | 青海 | -1.95 | 1.22 | 0.24 | 0.63 |
| | 新疆 | 9.65 | 5.31 | 0.40 | 1.40 |
| | 西藏 | 2.91 | 2.22 | 0.19 | 0.77 |

数据来源：2002—2019年《中国统计年鉴》[①]《中国2000年第五次人口普查主要数据》[②]《中国2010年第六次人口普查主要数据》[③]。

① 国家统计局. 中国统计年鉴［M］. 北京：中国统计出版社，2002—2019.
② 国家统计局. 中国2000年第五次人口普查主要数据［M］. 北京：中国统计出版社，2001.
③ 国家统计局. 中国2010年第六次人口普查主要数据［M］. 北京：中国统计出版社，2011.

从表6-4中的数据可以看出：2001年以来，除北京、上海个人所得税实际税负较高之外，其他省际个人所得税实际税负存在一定差异，但在同一经济区域内各省份之间差异不大。

从我国31个省份人口净迁移率情况看，无论是五普还是六普，我国大部分省份人口迁入率要高于人口迁出率，在2000年第五次人口普查中，北京、上海、浙江、广东、新疆的人口迁入率较高，其中除新疆位于我国西北部地区，其余人口迁入率高的城市基本位于我国东部沿海发达地区，而迁出率较高的安徽、江西、湖南、四川等多为中西部地区，这与中西部地区经济发展水平有关。2010年第六次人口普查发现我国省际人口迁入率和人口迁出率较2000年都有所增加，其中人口迁入率较高的仍然是北京、上海、浙江、广东等地区，多数仍为东部沿海发达地区，而人口迁出率较高的亦为中西部地区，例如安徽、江西等，比较两次人口普查的数据不难发现，我国人口基本是由中西部较落后地区向东部沿海发达地区迁移。

比较不同区域人口净迁移率与个人所得税实际税负可以发现：东部经济发达地区工资水平相对较高，在个人所得税实行累进税率的条件下，个人所得税的税收负担要高于中部和西部，在预期收入主导下，工资水平高的地区如北京、上海等虽然个人所得税税负重，但劳动力迁入较多。同时收入越低面临的个人所得税税率越低，所负担的个人所得税越低。农村劳动力到东部发达地区的城镇劳动，普遍从事收入较低的工作，因此基本处于免税或低税的状态。这也表明，劳动力的区际流动是劳动者做出的经济选择行为，这种行为同其他经济行为一样，是在理性预期的基础上预期收益和预期成本的比较。在其他条件不变的情况下，个人所得税税负就是劳动力做出迁移决策时考虑的一项预期成本。

### 6.3.3 我国地区间劳动力迁移个人所得税税负存在的问题

地方政府对于个人所得税税收管理权限过小。我国个人所得税政策由中央政府统一制定，地方政府权限十分有限，地方政府如果希望通过个人所得税政策影响和吸引劳动力迁移，则操作空间比较有限。这可能导致地方政府对利用个人所得税政策吸引劳动力迁入的认识存在地域上的差异。

我国不同地区经济发展存在较大差距，产业结构也不相同，因此需要的劳动力情况也各不相同。从各地区出台的吸引劳动力流入的政策看，大多采取实施落户安家费、购（租）房补贴等政府补贴形式，对利用个人所得税优惠政策吸引劳动力迁入重视程度不够。仅有广东、福建、上海①等地区实行个人所得税优惠政策。

### 6.3.4 地区间吸引劳动力迁入的个人所得税竞争需要协调

目前，我国利用个人所得税政策吸引劳动力迁入的情况主要发生在东部沿海发达地区，特别是各自由贸易试验区，如上海、广东、福建、海南等。上述地区吸引劳动力迁入的个人所得税存在一定程度的恶意税收竞争问题。各地区竞相以个人所得税较低税负吸引境内外高端人才的流入。一些地方政府对人才竞争的看法存在一定偏颇，认为与相邻省份或自由贸易试验区存在人才竞争关系，亟须转变理念和人才引进思路，协调地区间吸引劳动力迁入的个人所得税政策，避免出现吸引劳动力迁入的个人所得税恶意税收竞争。

## 6.4 个人所得税税负影响劳动力迁移的实证分析

### 6.4.1 计量模型设定

（1）空间自回归模型的选择

由于相邻地区的经济发展水平比较接近，而且地方政府的税收竞争

① 《财政部国家税务总局关于福建平潭综合实验区个人所得税优惠政策的通知》（财税〔2014〕24号）规定，自2013年1月1日起至2020年12月31日，福建省人民政府按不超过大陆与台湾地区个人所得税税负差额，给予在平潭综合实验区工作的持有《台湾居民来往大陆通行证》的个人给予补贴，并且对给予的补贴免征个人所得税；《前海深港现代服务业合作区境外高端人才和紧缺人才个人所得税财政补贴暂行办法》（深府〔2012〕143号）规定，自2013年1月1日起在深圳前海工作、符合前海优惠类产业方向的境外高端人才和紧缺人才，其在前海缴纳的工资薪金所得个人所得税已纳税额超过工资薪金应纳税所得额15%的部分，由深圳市人民政府给予财政补贴。申请人取得上述财政补贴免征个人所得税；《广东省财政厅关于在珠海市横琴新区工作的香港、澳门居民个人所得税税负差额补贴的暂行管理办法》（粤财法〔2012〕93号）规定，自2013年1月1日起至2020年12月31日，广东省人民政府分别按照不超过内地与港澳地区个人所得税税负差额，给予在横琴新区工作的香港、澳门居民的补贴，免征个人所得税。《关于粤港澳大湾区个人所得税优惠政策的通知》规定，对在大湾区工作的境外（含港澳台）高端人才和紧缺人才，按内地与香港个人所得税税负差额给予补贴，并对补贴免征个人所得税。

行为存在明显空间相关性，很可能造成相邻地区人才吸引能力的空间相关性，而对于不同地区间的空间相关性，空间计量模型是很好的刻画工具。一般来说，空间效应分为空间依赖性和空间异质性。最基本的空间计量模型有三种类型，分别是空间自回归模型（SAR）、空间杜宾模型（SDM）、空间误差模型（SEM）。其中，空间自回归模型假设某地区的被解释变量受到其相邻地区被解释变量的综合影响，一般使用最大似然估计方法进行估计。空间杜宾模型假设某地区的被解释变量受到其相邻地区解释变量的综合影响，可以直接用OLS方法进行估计，但解释变量容易存在多重共线性问题。空间误差模型假设空间依赖性通过误差项来体现，即不包含在X中的遗漏变量存在空间相关性，或者不可观测的随机冲击存在空间相关性。空间误差模型一般使用最大似然估计（MLE）方法进行估计。这三种基本模型在不同的实际情况中相互组合，即构成更为一般化的空间计量模型。针对研究的问题，虽然个人所得税税负存在空间依赖性，但由于关注重点在于相邻地区劳动力状况的区域协调性，而同时存在邻近地区被解释变量与解释变量（即空间自回归模型与空间杜宾模型结合）比较严重的多重共线性问题，故而选择面板数据的空间自回归模型（SAC）。

（2）验证假设1的空间自回归模型

针对假设1，即在其他条件相同的情况下，个人所得税税负对受教育程度较低的劳动力群体迁移的负效应大于受教育程度较高的劳动力群体，选用空间自回归模型进行验证，具体模型如下：

$$y_i = \lambda \cdot W \cdot y_j + X \cdot \beta + \mu \tag{11}$$

其中，$\mu = \rho W \mu_i + \varepsilon$，$\varepsilon \sim N(0,\ \sigma^2 I_n)$。

$y_i$为被解释变量（$i = 1, 2, \ldots, n$），反映该地区吸引劳动力的能力，用不同学历劳动力在就业人口中的占比变化来反映。

X包括解释变量个人所得税税负，以及控制变量地区人均GDP、人口密度、失业率、城镇人口占比、产业结构、人均可支配收入、固定资产投资占比和人均消费性公共支出。$\mu$是扰动项，表示可能存在不可观测的随机冲击也可能存在空间相关性。$\varepsilon$是误差项。$\lambda$和$\beta$是待估参数，

$\beta$表示本地区人均GDP、人均消费性公共支出以及其他解释变量对该地区吸引劳动力能力的影响，$\lambda$为空间滞后项的反应系数，如果显著为正，说明同区域内各省份对劳动力的吸引是协同关系，如果显著为负，则是相互竞争关系，如果不显著则无关。

W是给定的$n\times n$维空间权重矩阵，作用是度量各地区之间的空间关系。一般来讲，设置空间权重矩阵所用的距离函数由研究者根据实际情况自行设定，实际操作中，有时将空间权重矩阵进行行标准化（row standardization），即将矩阵中的每个元素（记为$w_{ij}$）除以其所在行元素之和，则每行元素之和为1。行标准化的优点在于可以更好地反映各个相邻地区产生影响的权重，行标准化后的空间权重矩阵不再是一个对称矩阵。与已有文献惯用的地理相邻权重矩阵不同，这里认为竞争关系与地理位置和经济发展水平均有关，因此按照表6-4所示将31个省份划分为8个不同的经济区域。若地区i和地区j同属一个区域，则$w_{ij}$取1，否则取0。$Wy_j$是空间滞后项，可以解释为除地区i以外其他地区的加权影响。

扰动项$\mu$具有空间依赖性，即假设可能存在不可观测的随机冲击，空间依赖性有一部分通过误差项来体现。

（3）验证假设2的加入交互项的空间自回归模型

关注的主要解释变量为个人所得税税负，同时将劳动力群体细分为不同学历的异质性劳动力，对于不同类型的劳动力，政府无法提供差异化的公共服务，所以更加重视对个人所得税税负的分析，故而进一步引入个人所得税税负与公共支出的交互项，由此不仅可以分析出个税税负和公共支出分别对劳动力迁移的影响，还可以分析出个人所得税税负和公共支出对劳动力迁移的作用是否存在交互效应。交互项能在一定程度上解决遗漏变量偏差的问题，但同时又带来了多重共线性的问题，故而，是否在模型中添加交互项，需要在遗漏变量偏差和多重共线性之间进行权衡。

对于假设2，即在其他条件相同的情况下，个人所得税税负越低，则消费性公共支出对劳动力迁移的净效应越大，验证方法是在前式的基础上加入个人所得税税负与人均消费性公共支出的交互项，根据统计学中的层级原则，在模型中加入交互项的同时，必须保留原有的一次项。层级原则认为，如果模型中包含交互效应，则一定应包含主效应，即使主效应并不显著（因为包含无关变量的危害性很小），由此得到：

$$y_i = \lambda \cdot W \cdot y_j + X \cdot \beta + \eta \cdot tax_i \cdot expend_i + \mu \tag{12}$$

其中，$tax_i$表示地区i的个人所得税税负，$expend_i$表示地区i的人均消费性公共支出，η为个人所得税税负与人均消费性公共支出交互项的系数，表示个人所得税税负的变化和人均消费性公共支出对劳动力迁移边际效应的影响程度。

（4）作为基准对照的多元回归模型

一般来说，如果模型中加入了交互项，则应当同时给出仅包含一次项的简单模型，即基本的多元回归模型的估计结果，将其与包含交互项的完整模型的估计结果进行对比，这是一种稳健性检验的方法。如果两种模型的估计定性结果类似，或者不影响关键变量的显著性与符号，则说明在模型中加入交互项是合理的。同理，空间交互项的加入也需要将其估计结果与基本的多元回归模型的估计结果对比。因此，为了验证在模型中加入空间交互项和交互项的合理性，选取不包含空间交互项和交互项的多元回归作为基准对照：

$$y_i = X \cdot \beta + \varepsilon \tag{13}$$

其中，$\varepsilon \in N(0, \sigma^2)$。$y_i$为被解释变量($i = 1, 2, \ldots, n$)，反映该地区吸引劳动力的能力，选取总人口变化率和不同学历劳动力在就业人口中的占比变化来反映。X包括解释变量个人所得税税负，以及控制变量地区人均GDP、人口密度、失业率、城镇人口占比、产业结构、人均可支配收入、固定资产投资占比和人均消费性公共支出。根据回归结果与加入交互项和空间交互项后的回归结果的比较，分析回归系数的变化，可以判断加入空间交互项和交互项是否正确。

### 6.4.2 变量说明与数据来源

（1）被解释变量

被解释变量有三个：一是地区总人口变化率（本年度总人口/上一

年度总人口），通过人口总体的变化状况来对比区分不同受教育程度群体的变化状况；二是不同省份就业人口中本科学历占比；三是不同省份就业人口中高中学历占比。被解释变量表示该地区对劳动力的吸引能力，把它们的变化情况作为对照，关注不同组别中回归系数是否不同，从而验证假设。没有选取更低学历占比变化情况作为被解释变量的主要原因是它们很容易受到本地区人口自然增长的影响，不能完全反映劳动力迁移变化。

（2）解释变量

解释变量是个人所得税税负。参考郭杰、李涛（2009）研究税收竞争时的做法，个人所得税税负用该省份本年个人所得税收入与GDP之比表示，虽然我国各个省份实行相同的个人所得税制度，但各个地区出于吸引优质人力资源的考虑，会通过各种方法进行税收竞争，降低本地区个税实际税率。目前我国个人所得税对不同所得项目实行不同形式和水平的税率，这一点在针对不同劳动力群体的回归结果分析时会考虑到，受教育程度不同的劳动力群体平均收入水平存在差异，适用的个人所得税税率可能会不同，而解释变量代表了全社会总体平均值，故而在解释不同劳动力群体个税税负的回归系数时要做适当的调整。

（3）控制变量

在参考吴伟平、刘乃全（2016），段成荣（2005），王永培、晏维龙（2013），张耀军、岑俏（2014），李拓、李斌（2015）等文献的基础上，选取的控制变量主要有人均消费性公共支出、人均GDP、人均可支配收入、产业结构、固定资产投资比例、城镇人口占比、失业率和人口密度等。关于控制变量的具体说明如下：

人均消费性公共支出是区分异质性劳动力的依据，由于假设消费性公共支出直接进入劳动者效用函数，故人均消费性公共支出选择对于劳动力个体来说最为直观也最能影响劳动力个体生活状况的人均医疗支出、人均社保支出和人均教育支出加总。

人均GDP（GDP/人口）。经济发展总体水平对劳动力迁移的影响不言而喻，经济发达地区毫无疑问可以吸引到最有价值的人力资本，劳动力迁移的大趋势是由经济欠发达地区向经济发达地区迁移。

人均可支配收入，是居民可用于最终消费支出和储蓄的总和，即居民可用于自由支配的收入，被认为是消费开支的最重要的决定性因素，因而常被用来衡量一个地区的生活水平状况。与经济总量比较而言，人均可支配收入更能够直观反映一个地区居民的基本生活状况，是劳动力个体在迁移决策中着重考虑的因素之一。

产业结构（第二产业占比/第三产业占比）。产品直接取自自然界的部门称为第一产业，对初级产品进行再加工的部门称为第二产业，为生产和消费提供各种服务的部门称为第三产业。第二产业和第三产业的比值反映了该地区的经济发展阶段，决定了该地区目前以及未来一段时间内对劳动力的需求数量和需求类型。

固定资产投资比例（固定资产投资额/GDP）。固定资产投资可以提高企业的生产效率，让企业发展得更快，是重要的再生产手段，合理的固定资产投资会让这个地区具有更强劲的发展动力，会提高劳动力个体对该地区未来经济发展状况的预期，从而影响劳动力的迁移决策；同时，固定资产投资本身也会创造大量的工作机会，吸引劳动力。

城镇人口占比，是指居住于城市、集镇的人口占总人口的比重，主要依据人群的居住地和所从事的产业进行归类。一般认为城镇人口占比的高低反映出一个地区的工业化、城镇化或城市化水平。劳动力在进行迁移决策时会倾向于工业化水平、城市化水平较高的地区。

失业率，反映该地区的就业机会状况，而是否能够获得就业机会会直接影响劳动力个体的迁移决策，同时，某地区的失业率也在某种程度上反映了该地区的经济发展状况以及社会保障制度等因素，进而间接影响劳动力个体的迁移决策。鉴于数据可获得性，参考吴伟平、刘乃全（2016）的做法，选取城镇登记失业率，该数据虽然不能全面反映就业状况，但在某种程度上可以反映地方政府治理水平，地方政府公共服务水平高的地区可以给迁入的劳动力提供更好的保障，吸引外来人口的能力更强。

人口密度（人/平方千米），直接影响居民居住环境，也会间接影响生活成本，劳动力在迁移决策过程中要考虑居住的舒适性及居住成本，人口密度大的地区意味着更高的居住成本和更差的舒适性，但人口密度过低则影响生活的便利性，这些都会影响劳动力迁移决策。

（4）数据来源与描述性统计

就业人口数据选取自2011—2017年《中国劳动统计年鉴》[①]、2011—2017年《中国人口和就业统计年鉴》[②]。其他解释变量数据来源于2011—2017年《中国统计年鉴》[③]、2011—2017年《中国税务年鉴》[④]。表6-5报告了各变量的描述性统计分析结果。

表6-5 **变量描述性统计分析**

| 变量 | 观测量（个） | 均值 | 标准差 | 最大值 | 最小值 |
|---|---|---|---|---|---|
| 地区总人口（万人） | 217 | 4 398.839 | 2 770.528 | 11 169 | 303 |
| 本科学历人数占比（%） | 217 | 8.548 | 5.113 | 27.6 | 2.4 |
| 高中学历人数占比（%） | 217 | 11.735 | 2.988 | 17.4 | 3.6 |
| 个人所得税税负水平 | 217 | 1.131 | 1.177 | 8.49 | 0.35 |
| 人均消费性公共支出（万元） | 217 | 0.425 | 0.188 | 1.415 | 0.188 |
| 人均GDP（万元） | 217 | 4.999 | 2.337 | 12.904 | 1.644 |
| 人均可支配收入（万元） | 217 | 2.768 | 0.851 | 6.26 | 1.5 |
| 产业结构 | 217 | 107.032 | 34.599 | 192.93 | 23.570 |
| 固定资产投资占比（%） | 217 | 80.718 | 25.294 | 150.7 | 23.660 |
| 城镇人口占比（%） | 217 | 55.582 | 13.383 | 89.6 | 22.71 |
| 失业率（%） | 217 | 3.296 | 0.650 | 4.5 | 1.2 |
| 人口密度（人/平方千米） | 217 | 2 796.94 | 1 164.114 | 5 821 | 515 |

① 国家统计局. 中国劳动统计年鉴［M］. 北京：中国统计出版社，2011—2017.
② 国家统计局. 中国人口和就业统计年鉴［M］. 北京：中国统计出版社，2011—2017.
③ 国家统计局. 中国统计年鉴［M］. 北京：中国统计出版社，2011—2017.
④ 国家税务总局. 中国税务年鉴［M］. 北京：中国税务出版社，2011—2017.

上述变量中，人均GDP、人均可支配收入、城镇人口占比、固定资产投资占比和产业结构是反映地区发展水平的一组变量，具有很强的相关性，KMO检验结果为0.673（KMO统计量的取值在0和1之间，越接近于1，意味着变量间的相关性越强）。为避免多重共线性问题，经过相关矩阵检验后，对这组变量采取主成分分析的方法，选取第一、第二主成分放入实证模型，分别以经济发展水平1和经济发展水平2表示。表6-6显示了人均GDP、人均可支配收入、城镇人口占比、固定资产投资占比和产业结构五个解释变量对主成分的贡献量。

表6-6 主成分分析结果

| | 人均GDP | 人均可支配收入 | 城镇人口占比 | 固定资产投资占比 | 产业结构 |
|---|---|---|---|---|---|
| 经济发展水平1 | 0.4998 | 0.4887 | 0.4856 | -0.4023 | -0.3372 |
| 经济发展水平2 | 0.2723 | -0.1520 | 0.3777 | -0.1146 | 0.8643 |

为解决可能存在的异方差问题，对所有的变量都进行了取对数处理。

### 6.4.3 实证结果

（1）空间相关性检验

在使用空间计量模型之前，需要检验数据是否存在空间依赖性，存在则可以进行空间计量模型的估计。如同时间序列数据一样，空间序列数据也存在相关性。空间自相关可理解为位置相邻的区域具有相似的变量取值，如果高值和高值聚集在一起，低值和低值聚集在一起，称为正空间自相关，反之则称为负空间自相关。检验空间自相关常用的指标是莫兰指数I（Morans'I）：

$$I = \frac{\sum_{i=1}^{n}\sum_{j=1}^{n} w_{ij}(x_i - \bar{x})(x_j - \bar{x})}{S^2 \sum_{i=1}^{n}\sum_{j=1}^{n} w_{ij}} \tag{14}$$

其中，$S^2$为样本方差。莫兰指数I的取值一般介于-1到1之间，大于0表示正自相关，即高值与高值相邻、低值与低值相邻；小于0表示负自相关，即高值与低值相邻。

空间相关性检验结果见表6-7。

表6-7 **莫兰指数I**

| | 总人口莫兰指数I | 高中组别莫兰指数I | 本科组别莫兰指数I |
|---|---|---|---|
| 2011年 | 0.168*<br>(0.067) | 0.107**<br>(0.021) | 0.206*<br>(0.045) |
| 2012年 | 0.197*<br>(0.044) | 0.237*<br>(0.098) | 0.116**<br>(0.056) |
| 2013年 | 0.112**<br>(0.009) | 0.186**<br>(0.109) | 0.198***<br>(0.004) |
| 2014年 | 0.075*<br>(0.073) | 0.097<br>(0.056) | 0.106*<br>(0.095) |
| 2015年 | 0.228**<br>(0.026) | 0.208***<br>(0.102) | 0.367*<br>(0.064) |
| 2016年 | 0.212*<br>(0.093) | 0.237*<br>(0.076) | 0.342**<br>(0.022) |
| 2017年 | 0.196**<br>(0.087) | 0.184**<br>(0.045) | 0.201*<br>(0.097) |

注：*、**、***分别表示回归结果在10%、5%、1%水平上显著，括号内是回归系数估计量的标准误。

根据检验结果，基本可以认为，各地区的观测值具有空间正相关性。

（2）回归结果分析

空间自回归模型的作用是估计解释变量和控制变量的作用系数，加入交互项的空间自回归模型的作用是估计个人所得税税负水平与消费性公共支出交互作用的系数，基本的多元回归作用是检验加入空间交互项和交互项是否合理。

将地区总人口变化率、高中学历就业人数占比和本科学历就业人数占比分别按照上述三个计量模型，即在多元回归的基础上依次加入空间交互项和交互项这一递进层次进行回归分析，得到三组共九次回归结果。表6-8报告了回归结果。

表6-8 **回归结果**

| 被解释变量 | 总人口变化率 | | | 高中学历就业人数占比 | | | 本科学历就业人数占比 | | |
|---|---|---|---|---|---|---|---|---|---|
| | 回归1 | 回归2 | 回归3 | 回归4 | 回归5 | 回归6 | 回归7 | 回归8 | 回归9 |
| | 多元回归模型 | 空间自回归模型 | 加入交互项的空间自回归模型 | 多元回归模型 | 空间自回归模型 | 加入交互项的空间自回归模型 | 多元回归模型 | 空间自回归模型 | 加入交互项的空间自回归模型 |
| 个人所得税税负 | $-0.044^{*}$ (0.097) | $-0.063^{**}$ (0.103) | $-0.079^{*}$ (0.073) | $-0.089^{*}$ (0.076) | $-0.102^{**}$ (0.051) | $-0.267^{***}$ (0.065) | -0.077 (0.086) | -0.118 (0.088) | $-0.191^{*}$ (0.108) |
| 经济发展水平1 | $0.732^{**}$ (0.074) | $0.668^{*}$ (0.054) | $0.603^{**}$ (0.067) | $0.982^{**}$ (0.073) | $0.636^{***}$ (0.123) | $0.678^{***}$ (0.119) | $1.173^{**}$ (0.063) | $0.766^{***}$ (0.168) | $0.783^{***}$ (0.166) |
| 经济发展水平2 | $0.209^{*}$ (0.079) | $0.156^{**}$ (0.082) | 0.103 (0.064) | $0.338^{***}$ (0.058) | $0.357^{***}$ (0.073) | $0.391^{***}$ (0.074) | $0.234^{*}$ (0.097) | 0.038 (0.113) | 0.054 (0.114) |
| 人均消费性公共支出 | $0.198^{**}$ (0.176) | $0.277^{*}$ (0.097) | $0.322^{**}$ (0.065) | $0.356^{**}$ (0.132) | $0.258^{**}$ (0.128) | 0.344 (0.140) | $0.624^{***}$ (0.093) | $0.705^{***}$ (0.203) | $0.731^{***}$ (0.206) |
| 失业率 | -0.097 (0.088) | -0.038 (0.054) | $-0.076^{*}$ (0.062) | $-0.082^{*}$ (0.121) | -0.003 (0.091) | -0.017 (0.103) | -0.114 (0.147) | -0.122 (0.138) | -0.080 (0.144) |
| 人口密度 | $-0.108^{*}$ (0.056) | -0.175 (0.029) | $-0.142^{*}$ (0.107) | -0.098 (0.125) | $-0.114^{**}$ (0.045) | $-0.137^{***}$ (0.049) | -0.035 (0.098) | $-0.181^{***}$ (0.070) | $-0.180^{*}$ (0.070) |
| 空间自回归系数 | | $0.063^{**}$ (0.091) | $0.077^{*}$ (0.044) | | $0.090^{***}$ (0.028) | $0.084^{***}$ (0.029) | | 0.073 (0.050) | 0.058 (0.061) |
| 空间误差系数 | | $-0.134^{*}$ (0.066) | $-0.183^{**}$ (0.121) | | $-0.259^{***}$ (0.060) | $-0.178^{***}$ (0.067) | | -0.052 (0.078) | -0.025 (0.086) |
| 交互项系数 | | | $-0.047^{**}$ (0.065) | | | $-0.182^{***}$ (0.048) | | | -0.082 (0.069) |
| $R^2$ | 0.6383 | 0.7792 | 0.6739 | 0.7933 | 0.6827 | 0.7093 | 0.8489 | 0.7963 | 0.8025 |

注：$^{*}$、$^{**}$、$^{***}$分别表示回归系数在10%、5%、1%水平上显著，括号内是回归系数估计量的标准误。

回归1、4、7为式（13）分别针对总人口变化率、高中学历就业人数占比和本科学历就业人数占比的回归结果，是基本的多元回归。由回归结果可以看出，加入交互项后，回归系数的显著性明显提高，证明存在空间交互效应。加入个人所得税税负和人均消费性公共支出的交互项后，各个回归系数的数值都变化不大，证明加入交互项后的回归结果是可以接受的。回归2、5、8为式（11）分别针对总人口变化率、高中学历就业人数占比和本科学历就业人数占比的回归结果，重点关注不同组别个人所得税税负的系数。回归3、6、9为式（12）分别针对总人数变化率、高中学历就业人数占比和本科学历就业人数占比的回归结果，重点关注人均消费性支出与个税税负交互项的系数。

表6-8的回归结果分析如下：

① 不同样本组中空间自回归系数均为正值，且绝对值大小相差不大，说明上述空间权重矩阵所划分的不同区域内不同学历劳动力人数均存在一定的正相关性。同一区域内不同省份的人口吸引能力具有协同效应，相邻地区对人才的争取并非竞争关系，而是相互促进，即某一地区吸引人才的能力提高的同时，同一区域内其他地区吸引到的人才也在同步增加。

② 个人所得税税负反应系数均为负值。总人口变化率的系数绝对值比高中学历样本和本科学历样本都小，原因是高中学历以上劳动力在总劳动人口中比例并不大，绝大多数劳动力受教育程度更低，收入水平较低，可能达不到个人所得税费用扣除标准。个人所得税税负对高中学历就业人数占比和本科学历就业人数占比的影响系数均为负值，且系数绝对值差距不大。考虑到高中学历就业人口中未达到个税起征点的占比较高，样本中真正缴纳个税的个体比例较低，所以不同组别作用系数差别不大，表明高中学历劳动力群体中涉及个人所得税缴纳的个体对个人所得税税负反应更加敏感，其迁移行为更易受到个人所得税税负的抑制。

③ 个人所得税税负与人均消费性公共支出交互项系数均为负值。回归3中，个人所得税税负和消费性公共支出的交互项系数为-0.047；回归6中，个人所得税税负和消费性公共支出的交互项系数为-0.182；回归9中，个人所得税税负和消费性公共支出的交互项系数为-0.082。这一结果与假设2相符，即个人所得税税负越低，则消费性公共支出对

劳动力迁移的净效应越大。总人口变化率交互项系数最小的原因是总劳动力人口中达到个税起征点的比例不大，对个人所得税税负反应不敏感。值得注意的是，本科学历组别的交互项系数绝对值小于高中学历组别，一个可能的解释是，地方公共支出受到税收收入的约束，个人所得税税负降低虽然会使人均消费性公共支出的作用效果提高，但同时会限制消费性公共支出的整体规模，由于本科学历组别对消费性公共支出的影响更加敏感，所以降低个人所得税税负对消费性公共支出作用效果的提升反而较小。

④ 人均消费性公共支出的回归系数均为正值。在回归1、回归2和回归3中系数分别为0.198、0.277和0.322；在回归4、回归5和回归6中系数分别为0.356、0.258和0.344；在回归7、回归8和回归9中系数分别为0.624、0.705和0.731。人均消费性公共支出对受教育程度高的劳动力群体吸引效应更大，原因可能包括以下两点：一是户籍制度的限制依然存在，较低学历的劳动力受到户籍制度、社会保障制度的限制，在教育、医疗方面受到歧视，所以消费性公共支出对高中学历人群的吸引力较小；还有一种可能是较低学历劳动力在迁移地的长期居住意愿比较低，在迁移决策过程中更看中工作机会与工资水平，并不太考虑消费性公共支出所提供的教育、医疗等服务。

⑤ 失业率的反应系数均为负值。在回归1、回归2和回归3中系数分别为-0.097、-0.038和-0.076；在回归4、回归5和回归6中系数分别为-0.082、-0.003和-0.017；在回归7、回归8和回归9中系数分别为-0.114、-0.122和-0.080。表明失业率越高，劳动者获得工作机会的预期就越低，故不同组别中失业率对劳动力数量的影响均为负值。而本科学历就业人数占比系数绝对值大于高中学历就业人数占比，可能的原因是，受教育程度较高的劳动力对工作机会更加挑剔，适合他们的工作岗位也更少，更不易取得，故对失业率反应更加敏感。

⑥ 人口密度的反应系数均为负值。在回归1、回归2和回归3中系数分别为-0.108、-0.175和-0.142；在回归4、回归5和回归6中系数分别为-0.098、-0.114和-0.137；在回归7、回归8和回归9中系数分别为-0.035、-0.181和-0.180。人口密度对劳动力迁移的影响大致分两个

方面：一方面，人口密度大会产生集聚效应，为劳动者带来较高的经济收益，对迁移具有正向作用；另一方面，人口密度过高会降低生活质量，提高生活成本，对迁移具有负向作用。回归结果显示，不同组别中人口密度对就业人数的影响均为负值且绝对值差距不大，说明人口密度过高对不同受教育程度的劳动力均产生负向影响，且影响程度接近。

⑦ 由人均GDP、城镇人口占比、固定资产投资占比、产业结构、人均可支配收入提取的主成分如表6-6所示。经济发展水平1的回归系数，在回归1、回归2和回归3中分别为0.732、0.668和0.603；在回归4、回归5和回归6中分别为0.982、0.636和0.678；在回归7、回归8和回归9中分别为1.173、0.766和0.783。经济发展水平2的回归系数，在回归1、回归2和回归3中分别为0.209、0.156和0.103；在回归4、回归5和回归6中分别为0.338、0.357和0.391；在回归7、回归8和回归9中分别为0.234、0.038和0.054。

经济发展水平1比较平均地包含了各个解释变量的信息，综合反映了地区经济发展水平，而经济发展水平对劳动力具有正向的吸引作用，故不同组别中经济发展水平1作用系数均为正且绝对值差距不大。经济发展水平2主要包含产业结构这一解释变量的信息，产业结构以第二产业占比与第三产业占比的比值表示，回归结果显示总人口变化率对经济发展水平的反应系数较小，说明高中以上学历人群更容易受到经济发达地区的吸引。高中学历就业人数对经济发展水平2的反应系数明显高于本科学历人数占比的反应系数，这可能是由于受教育程度较低的劳动力更加依赖第二产业的工作机会，因此对产业结构更加敏感。

### 6.4.4 稳健性检验

（1）利用初中学历和研究生学历样本进行的稳健性检验。

前文回归结果分别是针对高中学历就业人口占比和本科学历就业人口占比两组样本进行的分析。这里，选择另外两组学历样本，即研究生学历就业人口占比和初中学历就业人口占比进行稳健性分析。虽然学历差距较大，但更能体现不同学历就业人口的差异。这里的回归分析，除被解释变量外，解释变量和控制变量同前文回归分析中的变量。回归结果如表6-9所示。

表6-9　　**不同样本的稳健性检验回归结果**

| 被解释变量 | 初中学历就业人数占比 | | | 研究生学历就业人数占比 | | |
|---|---|---|---|---|---|---|
| | 回归1 | 回归2 | 回归3 | 回归4 | 回归5 | 回归6 |
| | 多元回归模型 | 空间自回归模型 | 加入交互项的空间自回归模型 | 多元回归模型 | 空间自回归模型 | 加入交互项的空间自回归模型 |
| 个人所得税税负 | −0.109* (0.076) | −0.103*** (0.054) | −0.093** (0.065) | −0.152 (0.168) | −0.187* (0.072) | −0.127** (0.091) |
| 人均消费性公共支出 | 0.213** (0.089) | 0.247** (0.087) | 0.279*** (0.032) | 0.224* (0.116) | 0.324** (0.092) | 0.317*** (0.074) |
| 经济发展水平1 | 0.899** (0.053) | 0.858*** (0.068) | 1.074*** (0.048) | 1.471*** (0.111) | 0.972** (0.072) | 1.378*** (0.076) |
| 经济发展水平2 | 0.546*** (0.098) | 0.572*** (0.098) | 0.421** (0.098) | −0.031* (0.126) | −0.072** (0.078) | −0.057* (0.044) |
| 失业率 | −0.122* (0.908) | −0.103 (0.130) | −0.194* (0.161) | −0.168 (0.147) | −0.136** (0.089) | −0.137 (0.072) |
| 人口密度 | −0.108 (0.132) | −0.040 (0.066) | −0.096 (0.073) | −0.160* (0.138) | −0.076 (0.097) | −0.107* (0.113) |
| 空间自回归系数 | | 0.092*** (0.028) | 0.107*** (0.087) | | 0.083* (0.050) | 0.089** (0.053) |
| 空间误差系数 | | −0.109*** (0.160) | −0.079* (0.043) | | −0.042 (0.078) | −0.093** (0.056) |
| 交互项系数 | | | −0.127*** | | | −0.088** |
| $R^2$ | 0.7603 | 0.7825 | 0.7879 | 0.8881 | 0.8043 | 0.8025 |

注：*、**、***分别表示回归结果在10%、5%、1%水平上显著，括号内是回归系数估计量的标准误。

回归1、回归4是初中学历就业人数占比和研究生学历就业人数占比根据式（13）的回归结果，作为后续加入空间交互项和交互项的对照，以验证其合理性。回归2、回归5是初中学历就业人数占比和研究生学历就业人数占比根据式（11）的回归结果，用以验证样本是否存在空间效应。回归3、回归6是初中学历就业人数占比和研究生学历就业人数占比，根据式（12）的回归结果，用以验证个人所得税税负和人均消费性公共支出是否存在交互效应。由以上回归结果可知，初中学历就业人数占比和研究生学历就业人数占比基本符合前述受教育程度不同劳动力群体的迁移假设。

从表6-9的回归结果可以看出，在计量模型中分别加入空间交互项、消费性公共支出和个人所得税税负交互项，以及同时加入这两个交互项后，各个回归系数的大小和正负没有发生太大变化，而各个系数和整体的显著性均有一定程度的提高，故证明在计量模型中加入空间交互项和交互项是合理的。

表6-9的回归结果分析如下：

① 个人所得税税负对两组样本的劳动力数量占比均为负向作用，且对研究生劳动力样本抑制程度高于初中劳动力样本，在回归1、回归2和回归3中系数分别为-0.109、-0.103和-0.093；在回归4、回归5和回归6中系数分别为-0.152、-0.187和-0.127。这与基准回归结果不同，原因可能是在初中学历劳动力群体中，只有一小部分人达到了个税缴纳标准，所以个税税负对初中劳动力群体迁移决策的影响较小；而对于研究生学历人群来说，不仅需要缴纳个税的个体比例很高，而且面临的边际税率也较高，所以会对个税税负更加敏感。

② 初中学历样本和研究生学历样本中个人所得税税负与人均消费性公共支出的交互项系数也均为负值，且研究生学历就业人数占比的回归系数绝对值较小，在回归3中交互项系数为-0.127；在回归6中系数为-0.088。结果仍与基准回归基本一致，符合前述理论假设2。

③ 人均消费性公共支出对于研究生学历就业人数占比的影响大于其对初中学历劳动力就业人数占比的影响，在回归1、回归2和回归3中系数分别为0.213、0.247和0.279；在回归4、回归5和回归6中系数

分别为0.224、0.324和0.317。这符合前述理论假设1，也与基准回归的实证检验结果基本一致。

④ 失业率的反应系数均为负值。在回归1、回归2和回归3中系数分别为-0.122、-0.103和-0.194；在回归4、回归5和回归6中系数分别为-0.168、-0.136和-0.137，与基准回归的实证检验结果基本一致。

⑤ 人口密度的反应系数均为负值。在回归1、回归2和回归3中系数分别为-0.108、-0.040和-0.096；在回归4、回归5和回归6中系数分别为-0.160、-0.076和-0.107，与基准回归的实证检验结果基本一致。

⑥ 经济发展水平1的影响均为正值，且对研究生学历就业占比的影响略高于初中学历就业占比。回归1、回归2和回归3中系数分别为0.899、0.858和1.074；回归4、回归5和回归6中系数分别为1.471、0.972和1.378。符合之前的结论，即经济总体发展水平对受教育程度较高的劳动力群体的吸引力更强，与基准回归的实证检验结果基本一致。

⑦ 经济发展水平2主要代表产业结构，即第二产业与第三产业的比值。第二主成分对初中学历就业人口占比的影响是正向的，但其对研究生学历就业人口占比的影响却是负向的。回归1、回归2和回归3中系数分别为0.546、0.572和0.421；回归4、回归5和回归6中系数分别为-0.031、-0.072和-0.057。这与基准回归结果中经济发展水平2对高中学历就业人数占比和本科学历就业人数占比的影响不同，在基准回归中，经济发展水平2对高中学历和本科学历的劳动力群体的迁移吸引力均为正向影响，但对高中学历劳动力群体的吸引力更大，因为相对于本科学历劳动力，高中学历劳动力对第二产业提供的工作机会更为依赖。而对于初中学历和研究生学历两组劳动力群体来说，受教育程度差距更为明显，初中学历人口就业占比对产业结构呈正向反应，研究生学历劳动力对第三产业就业机会倾向程度更高，导致对第二产业产生一定程度的排斥，所以对产业结构呈负向反应，与基准回归的结果基本一致。

⑧ 两个样本组的空间自回归系数均为正数，回归2、回归3中系数分别为0.092、0.107，回归5、回归6中系数分别为0.083、0.089，与基准回归的实证检验结果基本一致。

基准回归选择空间自回归模型，现选择空间杜宾模型进行稳健性检验。空间杜宾模型假设地区 $i$ 的被解释变量 $y_i$ 依赖于其相邻地区的自变量：

$$y = X \cdot \beta + W \cdot X \cdot \delta + \varepsilon \quad (15)$$

其中 $W \cdot X \cdot \delta$ 表示来自相邻地区自变量的影响，称为空间滞后项。被解释变量、解释变量及控制变量均与基准回归相同。回归结果如表6-10所示。

表6-10　　利用空间杜宾模型进行的稳健性检验回归结果

| 被解释变量 | 总人口变化率（回归1） | 高中学历就业人数占比（回归2） | 本科学历就业人数占比（回归3） |
|---|---|---|---|
| 个人所得税税负 | −0.058* (0.103) | −0.122** (0.051) | −0.183 (0.035) |
| 人均消费性公共支出 | 0.187** (0.127) | 0.458** (0.028) | 0.725*** (0.203) |
| 经济发展水平1 | 0.632** (0.066) | 0.736*** (0.123) | 0.976** (0.168) |
| 经济发展水平2 | 0.236** (0.092) | 0.437*** (0.103) | 0.038 (0.013) |
| 失业率 | −0.093 (0.044) | −0.034 (0.091) | −0.055 (0.078) |
| 人口密度 | −0.126 (0.057) | −0.094** (0.045) | −0.117*** (0.070) |
| 个人所得税税负滞后项 | 0.022* (0.066) | 0.062** (0.081) | 0.070 (0.109) |
| 人均消费性公共支出滞后项 | 0.027* (0.063) | 0.011** (0.033) | 0.071* (0.089) |
| 经济发展水平1滞后项 | 0.101** (0.112) | 0.088** (0.012) | 0.147** (0.066) |
| 经济发展水平2滞后项 | 0.038* (0.049) | 0.019 (0.085) | 0.078* (0.092) |
| 失业率滞后项 | −0.007 (0.034) | −0.010 (0.078) | −0.037 (0.021) |
| 人口密度滞后项 | −0.036 (0.121) | −0.068* (0.091) | −0.022 (0.061) |
| $R^2$ | 0.523 | 0.497 | 0.683 |

注：*、**、***分别表示回归结果在10%、5%、1%水平上显著，括号内是回归系数估计量的标准误。

（2）利用空间杜宾模型进行的稳健性检验

由表6-10回归结果可知，总人口变化率、高中学历就业人数占比和本科学历就业人数占比的回归结果基本符合前述回归分析所得到的结论。

表6-10的回归结果分析如下：

① 个人所得税税负的回归系数均为负值，在回归1、回归2和回归3中系数分别为-0.058、-0.122和-0.183，与基准回归的实证检验结果基本一致。

② 人均消费性公共支出的回归系数均为正值，在回归1、回归2和回归3中系数分别为0.187、0.458和0.725，与基准回归的实证检验结果基本一致。

③ 经济发展水平1的回归系数均为正值。回归1、回归2和回归3中系数分别为0.632、0.736和0.976。符合之前的结论，即经济总体发展水平对受教育程度较高的劳动力群体的吸引力更强，与基准回归的实证检验结果基本一致。

④ 经济发展水平2的回归系数均为正值。回归1、回归2和回归3中系数分别为0.236、0.437和0.038，与基准回归的实证检验结果基本一致。

⑤ 失业率的回归系数均为负值。回归1、回归2和回归3中系数分别为-0.093、-0.034和-0.055，与基准回归的实证检验结果基本一致。

⑥ 人口密度的回归系数均为负值。回归1、回归2和回归3中系数分别为-0.126、-0.094和-0.117，与基准回归的实证检验结果基本一致。

⑦ 个人所得税滞后项回归系数均为正值，回归1、回归2和回归3中系数分别为0.022、0.062和0.070，即同一区域内相邻地区个人所得税税负越高，则本地区对劳动人口吸引能力越强。人均消费性公共支出滞后项系数均为正，回归1、回归2和回归3中系数分别为0.027、0.011和0.071，即同一区域内相邻地区人均消费性公共支出越高，则本地区吸引劳动力迁入能力越强。经济发展水平1回归系数均为正值，回归1、回归2和回归3中系数分别为0.101、0.088和0.147。经济发展水平2滞

后项系数均为正值，回归1、回归2和回归3中系数分别为0.038、0.019和0.078，即同一区域内相邻地区经济越发达，则本地区吸引劳动力迁入能力越强。失业率滞后项系数均为负，回归1、回归2和回归3中系数分别为-0.007、-0.010和-0.037，即同一区域内相邻地区失业率越高，则本地区吸引劳动力能力越弱。人口密度滞后项系数均为负，回归1、回归2和回归3中系数分别为-0.036、-0.068和-0.022，即同一区域内相邻地区人口密度越大，则本地区吸引劳动力能力越弱。

## 6.5 研究结论与政策建议

### 6.5.1 研究结论

通过对个人所得税税负的异质性劳动力迁移理论模型和包含中国内地31个省、自治区和直辖市面板数据的空间自相关模型分析，得到以下基本研究结论：

第一，回归结果中空间自回归系数均为正值，说明同一区域内不同省份之间的人口吸引能力具有协同效应，相邻地区对人才的争取并非竞争关系，而是相互促进，即某一地区吸引人才能力提高的同时，同一区域内其他地区吸引到的人才也在同步增加。换言之，吸引人才对相邻地区而言并不是你增我减的零和博弈，而是互相促进的双赢结果。

第二，在其他条件相同的情况下，个人所得税税负对受教育程度较低的劳动力群体迁移的负效应大于受教育程度较高的劳动力群体。不同的劳动力群体获得收入后的最基本需求即是生存需求，由于低学历群体收入较低，受到基本生活费用的限制，可能导致他们对于个税更加敏感。

第三，个人所得税税负和消费性公共支出的交互项系数对于高中学历劳动力群体和本科学历劳动力群体来说均为负值，这说明，不管受教育程度如何，个税税负的提高都会导致劳动力对于公共服务的评价降低。虽然个税收入在总体税收收入中占比并不很高，但相对于其他税种，个税确实最易具有地区差异且对劳动力个体的收益感的影响也最为直观。故而个人所得税是劳动力个体对一个地区居住成本最为直观的感受之一，而成本的增加自然直接影响其对收益的评价。在这两个组别之间，高中学历劳动力群体对这种因素的反应明显更加敏感，结合上述个税税负和公共服务的单独分析，受教育程度低的个体由于收入较低，受制于基本生活费用从而对个税税负更加敏感，同时由于户籍制度、社保制度中存在的歧视，很难享受到高质量的公共服务，对公共服务的评价也比较低，综合作用之下，如果提高个税税负，受教育程度低的劳动力群体对该地区所提供公共服务的评价降低的程度比受教育程度高的群体明显要大。

第四，消费性公共支出对居民福利的影响最为直接，本科学历群体受人均消费性支出的影响要明显高于高中学历群体，可能是由于较高学历群体在户籍制度、社会保障制度上拥有更大的优势，更加能够享受到这类公共支出带来的便利和保障。

第五，经济发展水平也是影响劳动力迁移的重要因素，直接决定劳动力个体的工作机会和工资水平。对于两个组别的劳动力群体来说，经济总量的吸引力对本科学历群体更高，而第二产业占比越高的地区对高中学历群体的吸引力越强。即经济总量大的发达地区能够给受教育程度高的劳动力提供好的工作机会和收入，而受教育程度低的劳动力更加依赖第二产业的工作机会。

### 6.5.2 完善劳动力迁移个人所得税税负的政策建议

(1) 赋予地方政府适度的个人所得税税收管理权

各个地方政府面临不同的现实情况，一方面，降低个人所得税实际税负会在一定程度上吸引劳动力流入，另一方面，在现行分税制体制下，大幅降低个税税收可能会影响地方政府的财政收入。地方政府需要结合自身情况进行权衡，而目前来看，地方政府对于个人所得税的税收管理权限十分有限，影响到其利用个人所得税吸引劳动力的流入。为此，在费用扣除、税收优惠等方面，可以考虑赋予地方政府适度的个人所得税税收管理权。

(2) 提高劳动力迁移个人所得税税负政策的针对性和有效性

在利用个人所得税政策吸引劳动力迁移时，可以适当提高对受教育程度不同的劳动力群体的针对性。经济欠发达地区更需要大量第二产业劳动力，可以倾向于吸引受教育程度较低的劳动力，这种情况下，降低个人所得税税负相对来说并不是最为合适的选择。因为各种制度限制使得个人所得税在受教育程度低的劳动力群体眼中负效用过高，而以第二产业为经济主导的地区，即使在这方面给予降低个税税负的优惠，受教育程度高的劳动力也很难得到足够多的合适工作机会，最后的结果是地方政府付出了成本，却没有吸引到足够的人力资本。因此，为提高劳动力迁移个人所得税政策的针对性和有效性，以第二产业为主导的地区在制定劳动力迁移政策时，应倾向于户籍制度改革以及完善相关联的外来劳动力社会保障制度，外来劳动力在劳动所在地缴纳了个人所得税和社保费用，应保障他们得到对等的权益。

以产业结构升级为主导的较发达地区，倾向于吸引更多受教育程度高的劳动力群体，而这些地区对这类劳动力的社会保障制度相对完善，为提高劳动力迁移个人所得税政策的针对性和有效性，适当降低高学历人才个人所得税税负是这些地区地方政府可行性最高的措施。因为公共服务应面向全体居民开放，虽然受现行制度的限制，有一部分居民并没有享受到应有的权益，但从公平角度来讲，不应在公共服务方面对不同劳动力群体实施差别对待，而个人所得税却可以在合理的程度内给予高学历人群一些优惠，从而提高本地区人力资本水平。

（3）协调毗邻地区的个人所得税税收竞争行为

从地方政府对人才竞争的看法角度来讲，统一经济区域内的各地方政府应转变思路，意识到与相邻省份并非竞争关系，而是相互协同、共同发展的关系，本地区吸引到了人才，发展了经济，也就带动相邻省份的发展，从而促进了相邻省份吸引人才，进而发展经济，如此良性循环，达成了区域协调发展。为吸引劳动力迁移而进行竞相降低个人所得税税负的税收竞争，不仅减少了本地区的税收收入，也不利于区域经济协调发展。因此，需要在毗邻经济体区域内，协调个人所得税税收竞争行为。同时，也要协调劳动力迁出地与迁入地的个人所得税税收利益分配关系。

# 主要参考文献


［1］ 陈春华，蒋德权，曹伟．高管晋升与企业税负——来自中国地方国有上市公司的经验证据［J］．会计研究，2019（4）：81-88.

［2］ 陈冬，孔墨奇，王红建．投我以桃，报之以李：经济周期与国企避税［J］．管理世界，2016（5）：46-63.

［3］ 陈运森，孟庆玉，袁淳．关系型税收优惠与税收政策的有效性：隐性税收视角［J］．会计研究，2018（2）：41-47.

［4］ 董理，张启春．我国地方政府公共支出规模对人口迁移的影响——基于动态空间面板模型的实证研究［J］．财贸经济，2014（12）：40-50.

［5］ 董晓庆，赵坚，袁朋伟．国有企业创新效率损失研究［J］．中国工业经济，2014（2）：97-108.

［6］ 樊勇，李昊楠，蒋玉杰．企业税负、税收凸显性与企业固定资产投资［J］．财贸经济，2018，39（12）：49-61.

［7］ 樊勇，王蔚．市场化程度与企业债务税盾效应——来自中国上市公司的经验证据［J］．财贸经济，2014（2）：44-55.

［8］ 方大春，杨义武．城市公共品供给对城乡人口迁移的影响——基于动态面板模型的实证分析［J］．财经科学，2013（8）：75-84.

［9］ 付文林，赵永辉．税收激励、现金流与企业投资结构偏向［J］．经济研究，2014（5）：19-33.

［10］ 高培勇，毛捷．间接税税收优惠的规模、结构和效益：来自全国税收调查的经验证据［J］．中国工业经济，2013（12）：143-155.

[11] 高培勇. 论完善税收制度的新阶段 [J]. 经济研究，2015 (02): 4-15.

[12] 行伟波. 税收激励、资本价格与投资行为——基于中国省级面板数据的实证分析 [J]. 世界经济文汇，2012 (4): 105-120.

[13] 胡祖铨，黄夏岚，刘怡. 中央对地方转移支付与地方征税努力——来自中国财政实践的证据 [J]. 经济学 (季刊)，2013 (3): 99-822.

[14] 贾俊雪，应世为. 财政分权与企业税收激励——基于地方政府竞争视角的分析 [J]. 中国工业经济，2016 (10): 23-39.

[15] 李林木，汪冲. 税费负担、创新能力与企业升级——来自“新三板”挂牌公司的经验证据 [J]. 经济研究，2017 (11): 119-134.

[16] 李明，赵旭杰，冯强. 经济波动中的中国地方政府与企业税负: 以企业所得税为例 [J]. 世界经济，2016 (11): 104-125.

[17] 李元旭，宋渊洋. 地方政府通过所得税优惠保护本地企业吗——来自中国上市公司的经验证据 [J]. 中国工业经济，2011 (5): 149-159.

[18] 刘斌，吴迪，张列柯. 地方政府的所得税依赖行为对谁更“雪上加霜”: 国有企业还是非国有企业? [J]. 财经研究，2020，46 (1): 155-169.

[19] 刘行，叶康涛，陆正飞. 加速折旧政策与企业投资——基于“准自然实验”的经验证据 [J]. 经济学 (季刊)，2019 (1): 213-234.

[20] 刘慧龙，吴联生. 制度环境、所有权性质与企业实际税率 [J]. 管理世界，2014 (4): 42-52.

[21] 刘啟仁，黄建忠. 企业税负如何影响资源配置效率 [J]. 世界经济，2018 (1): 78-100.

[22] 刘穷志. 税收竞争、资本外流与投资环境改善——经济增长与收入公平分配并行路径研究 [J]. 经济研究，2017 (3): 61-75.

[23] 刘瑞明. 国有企业、隐性补贴与市场分割: 理论与经验证据 [J]. 管理世界，2012 (4): 21-32.

[24] 刘笑霞，李明辉. 媒体负面报道、分析师跟踪与税收激进度 [J]. 会计研究，2018 (9): 64-71.

[25] 柳光强. 税收优惠、财政补贴政策的激励效应分析——基于信息不对称理论视角的实证研究 [J]. 管理世界，2016 (10): 62-71.

[26] 申广军，陈斌开，杨汝岱. 减税能否提振中国经济? ——基于中国增值税改革的实证研究 [J]. 经济研究，2016 (11): 70-82.

[27] 唐飞鹏. 地方税收竞争、企业利润与门槛效应 [J]. 中国工业经济，2017 (7): 99-117.

[28] 汪冲，江笑云. 研发税收激励、企业资格认定与减免可持续性 [J]. 经济研究，2018 (11): 65-80.

[29] 王小龙，余龙．财政转移支付的不确定性与企业实际税负［J］．中国工业经济，2018（9）：155-173.

[30] 王永钦，杜巨澜，王凯．中国对外直接投资区位选择的决定因素：制度、税负和资源禀赋［J］．经济研究，2014（12）：126-142.

[31] 王跃堂，王国俊，彭洋．控制权性质影响税收敏感性吗？——基于企业劳动力需求的检验［J］．经济研究，2012（4）：52-63.

[32] 吴伟平，刘乃全．异质性公共支出对劳动力迁移的门槛效应：理论模型与经验分析［J］．财贸经济，2016（3）：28.

[33] 许敬轩，王小龙，何振．多维绩效考核、中国式政府竞争与地方税收征管［J］．经济研究，2019（4）：33-48.

[34] 许伟，陈斌开．税收激励和企业投资——基于2004—2009年增值税转型的自然实验［J］．管理世界，2016（5）：9-17.

[35] 杨国超，刘静，廉鹏，等．减税激励、研发操纵与研发绩效［J］．经济研究，2017（8）：110-124.

[36] 于蔚，汪淼军，金祥荣．政治关联和融资约束：信息效应与资源效应［J］．经济研究，2012（9）：125-139.